PLATÃO

O BANQUETE

Tradução, notas e comentários de DONALDO SCHÜLER

www.lpm.com.br

L&PM POCKET

Coleção **L&PM** POCKET, vol. 711

Texto de acordo com a nova ortografia.
Título original: Πλάτωνος Συμπόσιον

Primeira edição na Coleção **L&PM** POCKET: agosto de 2009
Esta reimpressão: outubro de 2021

Tradução, notas e comentários: Donaldo Schüler
Capa: Ivan Pinheiro Machado. *Ilustração*: iStock

Preparação: Jó Saldanha
Revisão: Lia Cremonese e Gustavo de Azambuja Feix

CIP-Brasil. Catalogação na fonte
Sindicato Nacional dos Editores de Livros, RJ

P777b

Platão, 427-347 a.C.
O banquete / Platão; tradução, notas e comentários de Donaldo Schüler. – Porto Alegre, RS: L&PM, 2021.
176p. – (Coleção L&PM POCKET, v. 711)

ISBN 978-85-254-1788-6

1. Sócrates. 2. Amor platônico. I. Schüler, Donaldo, 1932-. II. Título. III. Série.

09-3212. CDD: 184
CDU: 1(38)

Rua Comendador Coruja, 314, loja 9 – Floresta – 90.220-180
Porto Alegre – RS – Brasil / Fone: 51.3225.5777

Pedidos & Depto. comercial: vendas@lpm.com.br
Fale conosco: info@lpm.com.br
www.lpm.com.br

Impresso no Brasil
Primavera de 2021

Sumário

Na caverna – *Donaldo Schüler* | 7

O banquete

Πλάτωνος Συμποσίον | 20

O banquete | 21

Anexos – *Donaldo Schüler*

Convivas do Banquete | 145

A caverna: sair ou permanecer? | 168

Sobre o tradutor | 173

Na caverna

Donaldo Schüler

A reprodução do que ocorreu é imperfeita por dois motivos: transmissão indireta e memória. É o que diz Apolodoro, o narrador. A tradição oral seletiva, lacunosa nos autoriza a entrar no *Banquete* como locutores, banquete de palavras, de ideias, ideias e palavras lentamente absorvidas. De outra forma estaríamos sujeitos a uma embriaguez intolerável, arrasadora. Deixemos para amanhã o que não é possível assimilar hoje. O prazer está nos buracos, nas falhas. A fidelidade a Platão não nos preocupa. Em literatura e filosofia, a fidelidade é desastrosa por nos condenar a um servilismo estéril. De resto, como ser fiel a Platão se nem ele é fiel a si mesmo? Cada diálogo é diferente dos outros, o que condiz com o pensamento criativo. Em lugar de tentar repetir Platão, tentemos pensar a partir de Platão. Não há fidelidade maior a um inventor de pensamentos do que pensar com ele. As omissões do texto propiciam emissões nossas.

Filosofia é a arte de produzir conceitos? A filosofia produz mais do que conceitos. Produz vocabulário, método, gênero literário. Os gêneros não se constituem com tanta clareza. Haja vista o *Banquete,* um dos documentos centrais da literatura ocidental. Relemos o *Banquete* para saber como foi construído, para compreender-lhe a engrenagem, para avaliar a importância das peças que o compõem.

Quem apresenta o tema é Erixímaco, é ele que determina a sequência dos discursos. O nome deriva de *éryxis* ou *éreuxis* (arroto, vômito) e *makhe* (combate). *Eryxímakhos* é aquele que combate arrotos, um arrototerapeuta. É este o nome que Platão atribui ironicamente ao médico. *Eréugomai*, o verbo de que deriva *éryxis*, tem um domínio mais amplo, significa rugir, mugir, além de vomitar, regurgitar, arrotar. A

embriaguez pode degradar a linguagem a sons produzidos por animais. Sem o devido cuidado, o discurso degenera em arroto, em rugido, em mugido. O terapeuta intervém para assistir convivas inteligentes na preservação da linguagem e da dignidade humana. Platão entende que a filosofia deve contribuir para salvar a linguagem, a cidade, o homem. A Lacan interessa o que o médico queria evitar: o arroto, o soluço, a falha. Lacan, o analista, abre buracos, mina o fundamento, desconstrói para reconstruir em outras bases. A construção de Platão nos convoca antes da reconstrução de Lacan.

A Erixímaco espanta que o encômio distinga coisas corriqueiras como o sal. O corriqueiro costuma fugir de nossas reflexões. Eros teria se perdido entre ninharias? Ainda que seja assim, a filosofia não bane banalidades. Eros instalou-se na poesia, mas Erixímaco pede um tratado em prosa (*syngraphein*). Só assim Eros poderá ser objeto de exame. Na prosa, a procura prospera. Na poesia, com seu jogo de encantos, não. A proposta de destacar Eros tem como resultado o esboço de vários sistemas. Que Agaton, o homenageado, recaia na rigidez da retórica acadêmica! Enfrenta-o Sócrates para desenvolver uma prosa ágil, inventiva, poética.

A sala do banquete fecha-se à maneira duma caverna. Os convivas distribuem-se como sombras. A caverna foi o útero terrestre na *Teogonia* hesiódica, o lugar em que se acomodavam no conforto das trevas seres temerosos de enfrentar os embates da vida. Por dez anos uma caverna abrigou Zaratustra à espera de iluminação. O inventor do *Banquete* percebe a caverna. Sair seria ultrapassar o não saber, fronteira infranqueável. O valor da filosofia está no exercício.

Atenas é o lugar da caverna. É aí que se reflete sobre a sorte da cidade. Há uma peste, mais grave do que a que dizimou o exército grego diante de Troia, mais grave do que a que levou Péricles. Grave como a que ameaçou Tebas no governo de Édipo. Propósito de Platão: salvar Atenas como político, como filósofo, como poeta. Por que salvar Atenas? A cidade erguera-se como centro da intelectualidade

helênica. No naufrágio de Atenas soçobraria a cultura. Essa era a tragédia que a vida mostrava a Platão. Combate, assim, políticos, filósofos e poetas, responsáveis pela ruína. A causa do descalabro, da peste? Esse é o objeto da investigação. Será a falta de justiça, assunto longamente discutido na *República*? Discutível é a eficácia das reformas propostas. Platão é prático. Enquanto a *República* é projeto, importa operar com o que existe: sofistas, políticos, poetas. Urgem medidas. Platão não tinha expulsado só os poetas, mas também Eros, criação de poetas.

No *Banquete*, Platão define a vontade de procriar como desejo de imortalidade. Eros vincula-se à dialética e à história. O discurso dos sofistas é estático, morto. Não cria nem produz, está fora da história. O discurso vivo é o que produz e se reproduz. Reproduz-se criando outros discursos. Surge o discursar sem fim. O enunciado fecundo gera outros enunciados. O caminho à *episteme* é dialético. A dialética de Platão é erótica, o prazer não está excluído de seus processos de investigação. Os que procriam para sobreviver adiam a morte. Platão desloca a criação, da carne para o discurso. O discurso erotizado cria não a filosofia austera, mas a filosofia apaixonada.

Na época de Agaton, o teatro já não tem a força de outras épocas. Não se apregoe saudosismo. A cidade sem fronteiras se esboça. O teatro novo, atento a banalidades, não sabe responder às exigências dos novos tempos. Dois autores teatrais, convertidos em atores, compareceram ao banquete, provocado pela festa de um deles, Agaton. O teatro é ponte para se chegar à verdade ou é barreira? Essa é a pergunta de Platão. Modelo lhe é *Édipo Rei.* Contestando a cultura em que se formou, o filósofo comporta-se como parricida. Sem pai, confronta-nos com enigmas desde a *Apologia.* O que as palavras querem dizer? A ação teatral incita os interlocutores, leva-os a falar. Tanto em *Édipo Rei* quanto no *Banquete*, a verdade é a meta.

Aos olhos dos sofistas, discurso é corpo. Não barra, entretanto, o corpo acesso ao que fica além do corpo verbal.

Essa é a tese de Platão. O tecido verbal da tragédia distancia. O falar cotidiano da comédia aproxima. Na teatralização, Platão mistura tragédia, comédia e a conversa indagativa praticada na praça. Tempo e espaço atuam transfigurados. Sem compromisso de fidelidade histórica, o diálogo inventa personagens. Nasce o herói das ideias. Sócrates chama-se o aventureiro que afronta barreiras. Pobre e cômico, expressa-se em linguagem comum. As ideias não concorrem citadas. Desenvolvem-se à vista do leitor. Sócrates, personagem silencioso até a conclusão, é um ausente presente como Aquiles.

O *Banquete* de Platão vem de linhagem antiquíssima. Esplende na *Ilíada* o banquete oferecido por Aquiles à embaixada que lhe enviara Agamênon. O resultado não foi o esperado. Mas a embaixada vale pela qualidade dos discursos: argumentos cuidadosamente elaborados, percepção de intenções veladas, eclosão de ressentimentos, lembrança de experiências antigas, revelação de caracteres... Homero conhece a sutileza de discursos que agregam e desagregam. O banquete não vale pela importância política ou social, não vale pelas iguarias oferecidas, vale pelos discursos proferidos.

Durante o banquete de Alcínoo, em Ogígia, a ilha dos feácios, a voz de Ulisses encanta os convivas. A palavra mágica do narrador dá carne e osso a gigantes, ninfas, sereias e sombras do Hades. A verdade está no ritmo, nas imagens, na articulação dos episódios, arquitetados na *Odisseia*. O estrangeiro domina com a força da poesia no calor do ócio.

O discurso no banquete de Hesíodo está subordinado às Musas. A verdade é doada. A origem das leis é Zeus matrimoniado com Têmis, a justiça. Falantes são homens, poetas e reis, tocados pelas Musas. Os demais não fazem mais do que aplaudir. Perdida a linguagem dos deuses (*Crátilo*), Platão entrega o discurso à responsabilidade de quem o profere. O filósofo vive na orfandade. Desamparado da Memória (*Mnemosyne*), Platão inventa *anámnesis* (reminiscência) – a busca, em lugar da doação.

Sócrates, no final do diálogo *Fedro*, conta a história de Teuth, inventor das artes e da escrita. Teuth rogou uma audiência com o rei para mostrar seus inventos. Com respeito à escrita, o inventor afirmou que essa descoberta tornaria os egípcios mais instruídos por amparar a memória e o saber. O rei expressou opinião contrária, sustentando que a escrita causaria esquecimento. Iniciadas na escrita, as pessoas passariam a confiar em caracteres exteriores com prejuízo à reminiscência, exercício interior. Na opinião do rei, Teuth estaria oferecendo a seus discípulos, em lugar da verdade, uma aparência do saber. A escrita tornaria os homens eruditos e não sábios de fato.

Mnemosyne ou *anámnesis*? *Mnemosyne*, casada com Zeus e mãe das Musas, deve ser removida porque petrifica. A poesia memorizada é dom. Em lugar da entrega, o trabalho, a *anámnesis*, a memória criativa. Os dotados de *anámnesis* reinventam a poesia. Nas veredas de *anámnesis*, Eros devém.

E *logos* (discurso)? O discurso, mesmo escrito, deverá preservar a espontaneidade criativa da oralidade. Encaminhando ao desejo de desvendar os segredos da verdade, Platão erotiza o discurso. Precedido por Górgias, Platão não foi o primeiro erotizador consciente do discurso. Mas o *Eros* teorizado por Górgias agigantou-se escravizador. O *Eros* de Platão liberta. O erotismo discursivo de Platão acontece na travessia dialética do corpo verbal. Paródico na construção dos discursos, Platão se alista na marcha da discursividade inventiva.

Platão tem motivos para construir sobre Hesíodo as análises feitas no *Banquete*, diálogo em que as muitas faces de Eros são cuidadosamente examinadas. Ao prolongar a excursão pelos textos, Eros é submetido a corajosas modificações. Em lugar da exposição oral, Platão escolhe a escrita. Há escrita para decorar e escrita para inventar. O discurso oral, no momento de acontecer, cria a ilusão de ser único, pleno, eterno: o discurso das Musas e o discurso dos sofistas. Na escrita, o discurso se circunscreve, se objetiva, se limita,

se fragmenta. A sequência dos discursos secciona o discurso em pontos de vista.

Em Platão, o discurso toma consciência de sua fraqueza. Os sofistas o tinham como força. Quem é o enunciador da página escrita, na qual textos de muitas origens se embaralham à vista do leitor? Na ausência do autor e das circunstâncias em que o texto foi produzido, a comunicação se complica. Platão recusa o enunciador autoritário, singular. Instaura enunciadores. Muitos. Surge o diálogo. Este origina, alimenta, desconstrói discursos e ideias, as platônicas e as demais.

Em Safo, Eros é *mythóplokos.* Tecelão de mitos, ele preside a arte de escrever. Leva a escrever diante de amores perdidos. A perda leva a escrever. Platão, na reinvenção da poesia, faz de Eros um *mythóplokos*, um construtor do diálogo. O objeto perdido já não é um corpo amado como ainda em Safo, mas a própria ideia do Belo. O problema já não é individual. Não sendo individual, todos os que estão distantes do belo podem reunir-se para procurar. Diante da perda, Eros se faz literatura, se faz filosofia. No séquito de Afrodite, Eros se encarna em discurso e gesto. Inflama corpos, sorrisos, palavras, enganos. A palavra erótica seduz, protela, apara o choque dos corpos, rasga veredas. Nessa tradição se agiganta o *Banquete* de Platão.

Platão vive numa sociedade organizada, provida de assembleia, tribunal, teatro, culto, praça pública e banquete. Para salvar a cidade, Platão reflete sobre cada uma das instituições. Como a *República* revigora a assembleia e as leis por ela geradas, como os diálogos restauram o teatro, como a palavra escrita fortalece o debate público, o *Banquete* reforma os banquetes. Platão quer o banquete não para lugar de diversão mas para cena de trabalho intelectual. O *Banquete* pode ser lido de várias maneiras. Podemos subordiná-lo a Diotima, podemos abordar cada um dos discursos sem orientação teleológica. Vale a pena considerar as duas perspectivas. Examine-se cada um dos discursos por si só, ponderem-se os elos das falas rumo ao fim.

Na *Apologia*, Platão não expulsa a poesia, expulsa os poetas (símbolo da poesia, a flautista), medida reiterada na *República*. Como arquitetar a constituição ideal em fundamentos frágeis de homens que não sabem o que dizem? No *Banquete*, Platão decide conviver com a poesia. Produção lúcida apequena prejuízos de autores que cantam ou escrevem como ébrios. Platão expulsa filósofos, não a filosofia; expulsa políticos, não a política. Limpo o território, Platão reinventa a filosofia, a poesia e a política. A *República* é invenção poética. Cabe a políticos propor respostas para questões concretas. A *República* não dá soluções, ensina a inventar.

Sócrates está entre sátiros. O êxito de um poeta (Agaton) os fez beber. Na comédia de Aristófanes, Afrodite e Dioniso se aproximam, a embriaguez báquica alaga a poesia. O discurso de Agaton testemunha o grau da tontura. Como sair da embriaguez sem negar a poesia, sem banir Dioniso? Bebida entorpece. Alinha-se ao discurso sofístico e à música ambiental executada pelas flautistas. A incapacidade física de prolongar o excesso propicia o trabalho do espírito. Erixímaco, o médico, declara a embriaguez um mal terrível. Não proscreve o hábito, prescreve o uso moderado. Sábios convivem com Baco. Bani-lo seria hostilizar a vida. Com a tontura báquica pereceria a loucura poética. A compulsão é sucedida pelo prazer de beber e de falar. Erixímaco elege a moderação contra o excesso da noite anterior, contra a desmedida de outras gerações. Não a banição, mas a medida. Filosofia se faz numa festa, não na austera academia. Calderón de la Barca: *La vida es sueño*. A vida é sonho e teatro. Isso radica em Platão. Mas ao passo que na modernidade não há como sair do sonho, Platão pretende atravessá-lo para encontrar a verdade além do sonho. Derrida, com a teoria do discurso envenenado, une Joyce a Platão. Busquemos outro vínculo, a embriaguez. *Finnegans Wake* é um lento despertar de um livro concebido e desenvolvido na embriaguez. Do leito à menestrelidade.

Discursos geram discursos: a proposta de Erixímaco vem da sugestão de Fedro. Na tragédia de Eurípides, *Mela-*

nipa, um dos personagens, afirma: "A palavra não é minha mas de minha mãe". O discurso nasce do desejo de falar. Eros o origina. Platão recusa o discurso que se contorce como puro jogo de palavras, trabalho de Sísifo, esforço que se dissolve em nada. O discurso não vem pronto, não salta memorizado, surge revestido da imprevisibilidade dos seres que nascem. A maiêutica intervém. A verdade não se dá de todo, não se dá de vez. Ela se oferece e se retrai, sedutora e velada. A cada discurso, mudam-se os véus. Como saber o seu destino? O caráter coletivo é sublinhado pelo *syggraphein* um escrito que resulta da concorrência (*syn*) de notas. *Kosmesai ton theon – kosmeo*: ordenar, preparar, fazer de pedaços um *kosmos*, um deus, Eros. Platão ergue a prosa ao patamar da poesia. Prosa, poesia, saber e Eros se confundem.

Em assuntos eróticos, Sócrates, o que não sabe, se declara entendido. Mais do que Aristófanes e Agaton, consagrados a Afrodite e Dioniso? Como? Observem-se os discursos. O que foi proposto como elogio a Eros desenvolve-se como investigação. A decisão de discursar fragmenta o saber. O saber sobre Eros excede saberes. Ninguém sabe e todos sabem porque Eros se alarga no dizer de cada um. A sequência dos discursos progride num pacto de humildade.

A latência acompanha os grandes assuntos. O discurso erra. Assuntos sem importância são tratados e assuntos relevantes ficam no esquecimento. A latência pode durar séculos. A descoberta é lenta. Discursos perseguem assuntos.

O *Banquete*, construído sobre os relatos de discípulos entusiasmados e nada inventivos, não repousa sobre fonte fidedigna. Esquecimentos esburacam o relato. O *Banquete* é reconstrução platônica. O esquecimento participa da construção. Permite tomar distância, refazer, reconstruir. Minada por esquecimentos, a memória é construtiva. Não houvesse esquecimento, estaríamos presos aos fatos, nocivos à imaginação.

A gestação de Eros foi lenta. Em Homero, Eros ainda não tem corpo, ainda não é deus. O notável contador de histórias conhece o nome *eros* e o verbo *éramai* como força

de atração desencadeada por alimentos, pela guerra, por pessoas. Textos mais recentes vinculam *eros* e *éramai* ao poder, à beleza, à terra nativa, à morte. O uso abundante de eros como força de atração pode ter levado Hesíodo a deificar Eros. É de seu hábito recorrer a nomes próprios para designar coisas que nossos hábitos linguísticos degradaram à banalidade cotidiana. Hesíodo diz com muito respeito Sono, Sonho, Dia, Noite, Morte. Não estranha que, em uma atmosfera divina, Eros se divinize. O autor da *Teogonia* instala Eros no respeitável colégio das potências primordiais: Terra, Tártaro, Caos, Eros. O poeta, autor de textos preparados para cantores (*aedoi*), começa a distanciar-nos da poesia oral. O texto destinado a cantores requer sua voz para soar. A cada recitação, o texto renasce. Não espanta que, saído das brumas, Eros compareça aparentado com o Caos. Na ordem do discurso, Eros e Caos se fazem corpo, fecundos como a Terra, fortes como Tártaro, em cujo seio vive a Morte. Isso não se faz sem o sacrifício da autonomia primitiva, suposta, indizível.

Eros? Quem sabe eros e justiça juntos, além de outras virtudes discutidas em outros diálogos? É bem possível que todos os diálogos tenham o mesmo fim. O mistério é tão grande como a pergunta: quem matou Laio? O que é eros? A discussão já começa em *Crátilo*. Não se indague por altares dedicados a Eros, ele vive no canto. Pintura e escultura o acolheram depois. Inseguro de sua origem, Platão procura indícios dele em palavras antigas. Viria Eros na força do fluxo que nos invade, corrente vital a que não podemos resistir? Haveria indícios de Eros em *esros* (afluxo)? Nesse caso, os olhos são canais sensíveis ao belo, e Eros seria a resposta. Ou teriam já os antigos concebido Eros como uma divindade alada e invisível a pousar onde bem lhe parece, sem aguardar convite? Veja-se a semelhança sonora entre *eros* e *pterón* (alado). Alado, Eros é concebido como produtor de asas, *pterophýtor.* Tocados por Eros, pairamos. As asas de Eros não cansam, não esbarram. Legado de gerações antigas, palavras passam de boca em boca, de geração a geração.

Palavras são arcas. Guardam mistérios. Por que reduzi-las a moedas no comércio de mercadorias? O conceito de Eros é reformulado nas relações humanas. É uma construção coletiva, não necessariamente convergente.

Hípias Maior: por causa do belo as coisas belas são belas. O *Banquete*: por causa de Eros as coisas eróticas são eróticas. Homero conhecia coisas eróticas, mas não conhecia Eros. Hesíodo, o inventor de Eros, já podia dizer: por causa de Eros, as coisas eróticas são eróticas. Por causa da Ira nos iramos. Por causa da Morte morremos. Eros é a ideia que movimenta os discursos no *Banquete*. O belo não basta. Algo deve levar-nos ao Belo – Eros.

Embora não seja fácil distinguir Eros de Amor, não traduzimos Eros por Amor. Amor nos leva a um conceito que se esboçou no período helenístico e adquiriu características peculiares no lirismo cortês dos séculos XI e XII, difundido, desde então, no Ocidente. O Amor concentrou-se em sentimentos privados, subjetivos, explorou a relação com o objetivo inalcançável. Eros é maior do que o Amor. Todas as relações são eróticas, o amor é uma província do erotismo universal. Platão tem motivos para construir sobre Hesíodo as análises feitas no *Banquete*, diálogo em que as muitas faces de Eros são cuidadosamente examinadas. Ao prolongar a excursão pelos textos, Eros é submetido a corajosas modificações. Mantemos os termos derivados de Eros. *Erasta* (ou *eronta*) é aquele que, tocado por Eros, age. *Erômeno* é o objeto de Eros. Tivemos a mesma cautela em todas as expressões dessa área. *Erao* não é amar, é desejar, agir eroticamente, ser tocado por Eros... *Paidiká* (derivado de *pais*, jovem) não é amado, é corpo juvenil, desejado, jovenzinho, xodó... *Ta erotiká* não é amor, é assunto erótico, matéria erótica...

Reconheçamos, preservar Platão incontaminado de sentimentalismo ocidental não é fácil, mas pareceu-nos promissor devolver a Eros o sentido universal que poetas e pensadores gregos lhe conferiram.

Mais algumas considerações sobre Platão e os impasses do tradutor. Platão é um dos grandes brincalhões da literatura ocidental. No *Banquete*, ele brinca desde a primeira linha. Glauco chama Apolodoro de Cuca-Polida ou Pelame-Falido (na tradução) porque Platão aproxima *phalereus* (o habitante do porto Faleron, seis quilômetros distante de Atenas, lugar em que reside Apolodoro, o narrador) de *phalaris* (calvo). Não seria justo sacrificar a brincadeira que encabeça o relato dessa reunião de ébrios. Atentos aos jogos verbais, tentamos reinventar todos com recursos nossos. O tom coloquial da tradução pretende acompanhar Platão, adversário da retórica, no intento de explorar a riqueza da linguagem informal da Atenas de seus dias.

O BANQUETE

Πλάτωνος Συμποσίον

Ἀπολλόδωρος

I. [172a] Δοκῶ μοι περὶ ὧν πυνθάνεσθε οὐκ ἀμελέτητος εἶναι· καὶ γὰρ ἐτύγχανον πρώην εἰς ἄστυ οἴκοθεν ἀνιὼν Φαληρόθεν· τῶν οὖν γνωρίμων τις ὄπισθεν κατιδών με πόρρωθεν ἐκάλεσε, καὶ παίζων ἅμα τῇ κλήσει· Ὦ Φαληρεύς, ἔφη, οὗτος Ἀπολλόδωρος, οὐ περιμένεις; κἀγὼ ἐπιστὰς περιέμεινα· καὶ ὅς· Ἀπολλόδωρε, ἔφη, καὶ μὴν καὶ ἔναγχός σε ἐζήτουν βουλόμενος διαπυθέσθαι τὴν Ἀγάθωνος συνουσίαν [172b] καὶ Σωκράτους καὶ Ἀλκιβιάδου καὶ τῶν ἄλλων τῶν τότε ἐν τῷ συνδείπνῳ παραγενομένων, περὶ τῶν ἐρωτικῶν λόγων τίνες ἦσαν· ἄλλος γάρ τίς μοι διηγεῖτο ἀκηκοὼς Φοίνικος τοῦ Φιλίππου· ἔφη δὲ καὶ σὲ εἰδέναι. ἀλλὰ γὰρ οὐδὲν εἶχε σαφὲς λέγειν· σὺ οὖν μοι διήγησαι· δικαιότατος γὰρ εἶ τοὺς τοῦ ἑταίρου λόγους ἀπαγγέλλειν· πρότερον δέ μοι, ἦ δ' ὅς, εἰπέ· σὺ αὐτὸς παρεγένου τῇ συνουσίᾳ ταύτῃ ἢ οὔ; κἀγὼ εἶπον ὅτι· Παντάπασιν ἔοικέ σοι οὐδὲν διηγεῖσθαι [172c] σαφὲς ὁ διηγούμενος, εἰ νεωστὶ ἡγεῖ τὴν συνουσίαν γεγονέναι ταύτην ἣν ἐρωτᾷς, ὥστε καὶ ἐμὲ παραγενέσθαι. Ἔγωγε δή. Πόθεν, ἦν δ' ἐγώ, ὦ Γλαύκων; οὐκ οἶσθ' ὅτι πολλῶν ἐτῶν Ἀγάθων ἐνθάδε οὐκ ἐπιδεδήμηκεν; ἀφ' οὗ δ' ἐγὼ Σωκράτει συνδιατρίβω καὶ ἐπιμελὲς πεποίημαι ἑκάστης ἡμέρας εἰδέναι ὅτι ἂν

O BANQUETE

Apolodoro

Do que querem saber, não estou mal informado, **(172a)** suponho. Dias atrás, subi de minha casa no porto de Faleron[1] para a cidade. Um conhecido, que me viu de longe, berrou atrás de mim em tom de troça:

"– Ei, Cuca-Polida, falo com você. – Por que tanta pressa?

"Atendi. Parei.

"– O que você quer?

"– Estive à tua procura, falerense, senhor Pelame-Falido[2], para matar uma curiosidade. Aquele encontro... Agaton[3], **(172b)** Sócrates, Alcibíades e outros, reunidos num banquete, discursaram sobre Eros. Disseram o quê? Alguém me informou que, a crer em Fênix, filho de Filipe, quem podia orientar-me era você, embora de seguro meu informante não soubesse nada. Esclareça-me, por favor, sigo instruções do meu amigo, fonte mais segura do que você não há. Antes de mais nada, quero saber se você esteve presente naquela reunião.

"– O quê? **(172c)** Pensas que o encontro de que me falas aconteceu há pouco? Eu, presente? Nunca. Teu informante te deixou no escuro.

"– Repito o que ele me disse.

"– Que equívoco, Glauco! Agaton deixou esta terra há muitos anos. Você não sabia? Meu convívio com Sócrates,

1. Porto marítimo, a uns seis quilômetros de Atenas.

2. Pelame-Falido: calvo. A tradução segue um jogo de palavras no texto original em que o conhecido de Apolodoro associa a falta de cabelos do amigo com Faleron, o lugar em que Apolodoro mora.

3. Tragedista contemporâneo de Sócrates. O *Banquete* se passa numa festa comemorativa da vitória de uma de suas tragédias num concurso teatral.

λέγῃ ἢ πράττῃ οὐδέπω τρία ἔτη ἐστίν; [173a] πρὸ τοῦ δὲ περιτρέχων ὅπῃ τύχοιμι καὶ οἰόμενος τὶ ποιεῖν ἀθλιώτερος ἦ ὁτουοῦν, οὐχ ἧττον ἢ σὺ νυνί, οἰόμενος δεῖν πάντα μᾶλλον πράττειν ἢ φιλοσοφεῖν. καὶ ὅς· Μὴ σκῶπτ', ἔφη, ἀλλ' εἰπέ μοι πότε ἐγένετο ἡ συνουσία αὕτη. κἀγὼ εἶπον ὅτι· Παίδων ὄντων ἡμῶν ἔτι, ὅτε τῇ πρώτῃ τραγῳδίᾳ ἐνίκησεν Ἀγάθων, τῇ ὑστεραίᾳ ἢ ᾗ τὰ ἐπινίκια ἔθυεν αὐτός τε καὶ οἱ χορευταί. Πάνυ, ἔφη, ἄρα πάλαι, ὡς ἔοικεν. ἀλλὰ τίς σοι διηγεῖτο; ἢ αὐτὸς Σωκράτης; [173b] Οὐ μὰ τὸν Δία, ἦν δ' ἐγώ, ἀλλ' ὅσπερ Φοίνικι· Ἀριστόδημος ἦν τις, Κυδαθηναιεύς, σμικρός, ἀνυπόδητος ἀεί· παρεγεγόνει δ' ἐν τῇ συνουσίᾳ, Σωκράτους ἐραστὴς ὢν ἐν τοῖς μάλιστα τῶν τότε, ὡς ἐμοὶ δοκεῖ. οὐ μέντοι ἀλλὰ καὶ Σωκράτη γε ἔνια ἤδη ἀνηρόμην ὧν ἐκείνου ἤκουσα, καί μοι ὡμολόγει καθάπερ ἐκεῖνος διηγεῖτο. Τί οὖν, ἔφη, οὐ διηγήσω μοι; πάντως δὲ ἡ ὁδὸς ἡ εἰς ἄστυ ἐπιτηδεία πορευομένοις καὶ λέγειν καὶ ἀκούειν. οὕτω δὴ ἰόντες ἅμα τοὺς λόγους περὶ αὐτῶν ἐποιούμεθα, [173c] ὥστε, ὅπερ ἀρχόμενος εἶπον, οὐκ ἀμελετήτως ἔχω. εἰ οὖν δεῖ καὶ ὑμῖν διηγήσασθαι, ταῦτα χρὴ ποιεῖν. καὶ γὰρ ἔγωγε καὶ ἄλλως, ὅταν μέν τινας περὶ φιλοσοφίας λόγους ἢ αὐτὸς ποιῶμαι ἢ ἄλλων ἀκούω, χωρὶς τοῦ οἴεσθαι ὠφελεῖσθαι ὑπερφυῶς ὡς χαίρω· ὅταν δὲ ἄλλους τινάς, ἄλλως τε καὶ τοὺς ὑμετέρους τοὺς τῶν πλουσίων καὶ χρηματιστικῶν, αὐτός τε ἄχθομαι ὑμᾶς τε τοὺς ἑταίρους ἐλεῶ, ὅτι οἴεσθε τὶ ποιεῖν [173d] οὐδὲν ποιοῦντες. καὶ ἴσως αὖ ὑμεῖς ἐμὲ ἡγεῖσθε κακοδαίμονα εἶναι, καὶ οἴομαι ὑμᾶς ἀληθῆ οἴεσθαι· ἐγὼ μέντοι ὑμᾶς οὐκ οἴομαι ἀλλ' εὖ οἶδα.

preocupado em saber o que ele diz e faz dia após dia, ainda não alcança três anos. **(173a)** Antes eu andava por aí ao acaso, pensando que fazia algo de útil, embora fosse imprestável como ninguém. Eu não era melhor do que você agora, se pensa que todas as outras atividades são mais importantes do que filosofar.

"– Deixa de deboches. Quero saber quando foi essa famosa reunião.

"– Ainda éramos crianças. Agaton foi vitorioso já com a primeira tragédia.[4] No dia imediato, ele e os coreutas[5] celebraram a vitória com um sacrifício.

"– Entendo; pelos fatos faz muito tempo. Quem foi que te contou? O próprio Sócrates? **(173b)**

"– De maneira alguma. Minha fonte é a mesma de Fênix, certo Aristodemo, um baixinho de Cidateneão, um que anda sempre descalço. Esse participou da festa, erasta[6] de Sócrates, ao que sei, dos mais fervorosos. Não deixei, entretanto, de consultar Sócrates sobre detalhes do que ouvi dele. Sócrates os confirmou.

"– Sendo assim, por que você não me conta? Nada mais adequado do que o caminho a Atenas para uma troca de palavras." **(173c)**

Enquanto caminhávamos, nosso entretenimento foi esse. Perceberam? Não falam com um desinformado. Se querem ouvir-me, terei grande prazer em satisfazê-los. Aliás, ouvir ou falar sobre filosofia me dá muita alegria, sem mencionar o proveito que a conversa me proporciona. Bens, negócios, assuntos que interessam a vocês, me desagradam. Amigos, tenho pena de vocês. Imaginam que se ocupam de tarefas relevantes? Perdoem-me, isso não vale nada. **(173d)** Suspeitam de que eu seja um indivíduo de má sorte... Talvez tenham razão. Ouçam-me! Não é suspeita, tenho certeza de que a sorte não está com vocês.

---

4. Peça teatral de assunto sério. As personagens centrais são nobres.

5. Coreutas: integrantes do coro, que comenta o que se passa no palco.

6. Erasta: homem que, movido por Eros, deus do Amor, sente-se fortemente atraído por certo amigo, geralmente mais jovem. Erômeno é o objeto dos sentimentos do erasta. Para mais detalhes sobre a relação erasta–erômeno, ver posfácio.

Ἑταῖρος

Ἀεὶ ὅμοιος εἶ, ὦ Ἀπολλόδωρε· ἀεὶ γὰρ σαυτόν τε κακηγορεῖς καὶ τοὺς ἄλλους, καὶ δοκεῖς μοι ἀτεχνῶς πάντας ἀθλίους ἡγεῖσθαι πλὴν Σωκράτους, ἀπὸ σαυτοῦ ἀρξάμενος. καὶ ὁπόθεν ποτὲ ταύτην τὴν ἐπωνυμίαν ἔλαβες τὸ μαλακὸς καλεῖσθαι, οὐκ οἶδα ἔγωγε· ἐν μὲν γὰρ τοῖς λόγοις ἀεὶ τοιοῦτος εἶ· σαυτῷ τε καὶ τοῖς ἄλλοις ἀγριαίνεις πλὴν Σωκράτους.

Ἀπολλόδωρος

[173e] Ὦ φίλτατε, καὶ δῆλόν γε δὴ ὅτι οὕτω διανοούμενος καὶ περὶ ἐμαυτοῦ καὶ περὶ ὑμῶν μαίνομαι καὶ παραπαίω.

Ἑταῖρος

Οὐκ ἄξιον περὶ τούτων, Ἀπολλόδωρε, νῦν ἐρίζειν· ἀλλ᾽ ὅπερ ἐδεόμεθά σου, μὴ ἄλλως ποιήσῃς, ἀλλὰ διήγησαι τίνες ἦσαν οἱ λόγοι.

Ἀπολλόδωρος

Ἦσαν τοίνυν ἐκεῖνοι τοιοίδε τινές· μᾶλλον δ᾽ [174a] ἐξ ἀρχῆς ὑμῖν ὡς ἐκεῖνος διηγεῖτο καὶ ἐγὼ πειράσομαι διηγήσασθαι.

II. Ἔφη γάρ οἱ Σωκράτη ἐντυχεῖν λελουμένον τε καὶ τὰς βλαύτας ὑποδεδεμένον, ἃ ἐκεῖνος ὀλιγάκις ἐποίει· καὶ ἐρέσθαι αὐτὸν ὅποι ἴοι οὕτω καλὸς γεγενημένος. καὶ τὸν εἰπεῖν ὅτι· Ἐπὶ δεῖπνον εἰς Ἀγάθωνος. χθὲς γὰρ αὐτὸν διέφυγον τοῖς ἐπινικίοις, φοβηθεὶς τὸν ὄχλον· ὡμολόγησα δ᾽ εἰς τήμερον παρέσεσθαι. ταῦτα δὴ ἐκαλλωπισάμην, ἵνα καλὸς παρὰ καλὸν ἴω. ἀλλὰ σύ, ἦ δ᾽ ὅς, πῶς [174b] ἔχεις πρὸς τὸ ἐθέλειν ἂν ἰέναι ἄκλητος ἐπὶ δεῖπνον; κἀγώ, ἔφη, εἶπον ὅτι Οὕτως ὅπως ἂν σὺ κελεύῃς. Ἕπου τοίνυν, ἔφη, ἵνα καὶ τὴν παροιμίαν διαφθείρωμεν μεταβάλλοντες, ὡς ἄρα καὶ *ἀγαθῶν ἐπὶ δαῖτας ἴασιν αὐτόματοι ἀγαθοί.* Ὅμηρος μὲν γὰρ

Companheiro[7]

Você não muda, Apolodoro. Deprecia impiedosamente a si mesmo e aos outros. Parece que na tua opinião todos são desafortunados, a começar por você mesmo. Sócrates é tua única exceção. Delicado, tu? Não sei quem te botou esse apelido, amalucado. Em tuas conversas, és sempre assim, irritadiço contigo mesmo e com os demais. Sócrates... não se salva mais ninguém. **(173e)**

Apolodoro

Acertou. A opinião que eu tenho de mim mesmo e de vocês é precisamente essa. É por isso que me consideram maluco, destrambelhado?

Companheiro

Por que brigar por causa disso agora? Vale a pena? Eu te pedi informação sobre os discursos. Vamos, conta. Sem esquivança.

Apolodoro

Será um relatório aproximado. Vou tentar reproduzir o que ouvi, começando pelo princípio. **(174a)** Aristodemo disse que tinha encontrado Sócrates lavado e de sandálias, o que é raro. Quis saber aonde o levava tanta elegância.

– A um jantar na casa do belo Agaton – teria-lhe respondido Sócrates. – Não participei das homenagens de ontem, detesto multidões. Mas lhe prometi estar lá hoje. Por isso me embelezei. Belo visitarei um homem belo. E tu, me acompanharias mesmo sem convite? **(174b)**

– Por que não? Estou às tuas ordens.

– Está bem, vem comigo. Ataquemos o provérbio, alterando-lhe o sentido: "Ao festim de um Agaton, acatados afluem espontaneamente".[8] Tudo indica que Homero,

7. O conhecido do início do texto e o companheiro de agora são a mesma pessoa.

8. O provérbio homérico, da *Ilíada*, é: "Ao festim de um bravo, bravos afluem espontaneamente". A alteração do provérbio se dá porque, fora do contexto original, e por conta da semelhança das palavras gregas para "Agaton" e "bravo", diz-se "ao festim de um Agaton." A tradução reproduz a brincadeira, aproximando os nomes: Agaton, acatado, Agamênon.

κινδυνεύει οὐ μόνον διαφθεῖραι ἀλλὰ καὶ ὑβρίσαι εἰς ταύτην τὴν παροιμίαν· ποιήσας γὰρ τὸν Ἀγαμέμνονα διαφερόντως ἀγαθὸν ἄνδρα [174c] τὰ πολεμικά, τὸν δὲ Μενέλεων *μαλθακὸν αἰχμητήν*, θυσίαν ποιουμένου καὶ ἑστιῶντος τοῦ Ἀγαμέμνονος ἄκλητον ἐποίησεν ἐλθόντα τὸν Μενέλεων ἐπὶ τὴν θοίνην, χείρω ὄντα ἐπὶ τὴν τοῦ ἀμείνονος. ταῦτ' ἀκούσας εἰπεῖν ἔφη· Ἴσως μέντοι κινδυνεύσω καὶ ἐγὼ οὐχ ὡς σὺ λέγεις, ὦ Σώκρατες, ἀλλὰ καθ' Ὅμηρον φαῦλος ὢν ἐπὶ σοφοῦ ἀνδρὸς ἰέναι θοίνην ἄκλητος. ἆρ' οὖν ἄγων μέ τι ἀπολογήσει; ὡς ἐγὼ μὲν οὐχ ὁμολογήσω ἄκλητος [174d] ἥκειν, ἀλλ' ὑπὸ σοῦ κεκλημένος. Σύν τε δύ', ἔφη, ἐρχομένω πρὸ ὁ τοῦ βουλευσόμεθα ὅ τι ἐροῦμεν. ἀλλ' ἴωμεν. —Τοιαῦτ' ἄττα σφᾶς ἔφη διαλεχθέντας ἰέναι. τὸν οὖν Σωκράτη ἑαυτῷ πως προσέχοντα τὸν νοῦν κατὰ τὴν ὁδὸν πορεύεσθαι ὑπολειπόμενον, καὶ περιμένοντος οὗ κελεύειν προϊέναι εἰς τὸ πρόσθεν. ἐπειδὴ δὲ γενέσθαι ἐπὶ τῇ οἰκίᾳ [174e] τῇ Ἀγάθωνος, ἀνεῳγμένην καταλαμβάνειν τὴν θύραν, καί τι ἔφη αὐτόθι γελοῖον παθεῖν. οἷ μὲν γὰρ εὐθὺς παῖδά τινα τῶν ἔνδοθεν ἀπαντήσαντα ἄγειν οὗ κατέκειντο οἱ ἄλλοι, καὶ καταλαμβάνειν ἤδη μέλλοντας δειπνεῖν· εὐθὺς δ' οὖν ὡς ἰδεῖν τὸν Ἀγάθωνα· Ὦφάναι, Ἀριστόδημε, εἰς καλὸν ἥκεις ὅπως συνδειπνήσῃς· εἰ δ' ἄλλου τινὸς ἕνεκα ἦλθες, εἰς αὖθις ἀναβαλοῦ, ὡς καὶ χθὲς ζητῶν σε, ἵνα καλέσαιμι, οὐχ οἷός τ' ἦ ἰδεῖν. ἀλλὰ Σωκράτη ἡμῖν πῶς οὐκ ἄγεις; καὶ ἐγώ, ἔφη, μεταστρεφόμενος οὐδαμοῦ ὁρῶ Σωκράτη ἑπόμενον· εἶπον οὖν ὅτι καὶ αὐτὸς μετὰ Σωκράτους ἥκοιμι, κληθεὶς ὑπ' ἐκείνου δεῦρ' ἐπὶ δεῖπνον. Καλῶς γ', ἔφη, ποιῶν σύ· ἀλλὰ ποῦ ἔστιν οὗτος; [175a] Ὄπισθεν ἐμοῦ ἄρτι εἰσῄει· ἀλλὰ θαυμάζω καὶ αὐτὸς ποῦ ἂν εἴη. Οὐ σκέψῃ, ἔφη, παῖ, φάναι τὸν Ἀγάθωνα, καὶ εἰσάξεις Σωκράτη; σὺ δ', ἦ δ' ὅς, Ἀριστόδημε, παρ' Ἐρυξίμαχον κατακλίνου.

III. Καὶ ἓ μὲν ἔφη ἀπονίζειν τὸν παῖδα ἵνα κατακέοιτο· ἄλλον δέ τινα τῶν παίδων ἥκειν ἀγγέλλοντα ὅτι· Σωκράτης οὗτος ἀναχωρήσας ἐν τῷ τῶν γειτόνων

além de agredir o provérbio, foi insolente. Pois ele apresenta Agamênon como bravo combatente, exemplar, ao passo que Menelau aparece como um "lanceiro mole". **(174c)** Quando Agamênon celebrou um sacrifício seguido de banquete, Homero introduziu Menelau. Sem convite, o menos acatado compareceu na festa do mais acatado.

Aristodemo reagiu a essa observação, ao que me disse, com esta observação:

– Arrisco a me dirigir sem convite, eu, um homem inferior, à festa de um homem sábio, não como insinuas, mas como o declara Homero. Se insistes em que eu vá, pensa numa justificativa. Aparecer lá sem convite, não quero. Direi que fui convidado por ti. **(174d)**

– No trajeto – observou Sócrates –, podemos pensar juntos numa justificativa. Andemos!

Segundo Aristodemo, quando partiram a conversa corria assim. Sócrates, absorto nos seus próprios pensamentos, afrouxou o passo. Pediu a Aristodemo que continuasse a andar sem atribuir importância à demora. Quando Aristodemo chegou à casa de Agaton, encontrou a porta aberta. Aconteceu um incidente engraçado. **(174e)** Um escravo, um dos lá de dentro, aproximou-se para levá-lo à sala onde os convivas se encontravam reclinados. Agaton, ao botar os olhos nele, saudou-o com alegria:

– Aristodemo! É bom te ver. Festeja conosco. Se outro motivo te trouxe, deixa para depois. Procurei-te ontem, foi inútil, não te encontrei. E Sócrates? Não veio contigo?

"Cheguei a virar a cabeça", me disse Aristodemo.

– Nada de Sócrates. Eu o perdi. E foi Sócrates quem me convidou. De outro modo, eu não teria vindo.

– É assim que se faz – observou Agaton. – Mas esse homem, onde é que se enfiou?

– Ele me seguia. Espantado estou eu. **(175a)**

– Vai procurar Sócrates, rapaz – ordenou Agaton a um escravo. – Rogo-te, Aristodemo, que te reclines ao lado de Erixímaco.

προθύρῳ ἕστηκεν, κἀμοῦ καλοῦντος οὐκ ἐθέλει εἰσιέναι. Ἄτοπόν γ᾽, ἔφη, λέγεις· οὔκουν καλεῖς αὐτὸν καὶ μὴ ἀφήσεις; [175b] καὶ ὃς ἔφη εἰπεῖν Μηδαμῶς, ἀλλ᾽ ἐᾶτε αὐτόν. ἔθος γάρ τι τοῦτ᾽ ἔχει· ἐνίοτε ἀποστὰς ὅποι ἂν τύχῃ ἕστηκεν. ἥξει δ᾽ αὐτίκα, ὡς ἐγὼ οἶμαι. μὴ οὖν κινεῖτε, ἀλλ᾽ ἐᾶτε. Ἀλλ᾽ οὕτω χρὴ ποιεῖν, εἰ σοὶ δοκεῖ, ἔφη φάναι τὸν Ἀγάθωνα. ἀλλ᾽ ἡμᾶς, ὦ παῖδες, τοὺς ἄλλους ἑστιᾶτε. πάντως παρατίθετε ὅτι ἂν βούλησθε, ἐπειδάν τις ὑμῖν μὴ ἐφεστήκῃ· ὃ ἐγὼ οὐδεπώποτε ἐποίησα· νῦν οὖν, νομίζοντες καὶ ἐμὲ ὑφ᾽ ὑμῶν κεκλῆσθαι ἐπὶ δεῖπνον καὶ τούσδε τοὺς [175c] ἄλλους, θεραπεύετε, ἵν᾽ ὑμᾶς ἐπαινῶμεν. —Μετὰ ταῦτα ἔφη σφᾶς μὲν δειπνεῖν, τὸν δὲ Σωκράτη οὐκ εἰσιέναι. τὸν οὖν Ἀγάθωνα πολλάκις κελεύειν μεταπέμψασθαι τὸν Σωκράτη, ἓ δὲ οὐκ ἐᾶν. ἥκειν οὖν αὐτὸν οὐ πολὺν χρόνον ὡς εἰώθει διατρίψαντα, ἀλλὰ μάλιστα σφᾶς μεσοῦν δειπνοῦντας. τὸν οὖν Ἀγάθωνα, τυγχάνειν γὰρ ἔσχατον κατακείμενον μόνον· Δεῦρ᾽, ἔφη φάναι, Σώκρατες, παρ᾽ ἐμὲ κατάκεισο, ἵνα καὶ τοῦ σοφοῦ ἁπτόμενός σου [175d] ἀπολαύσω, ὅ σοι προσέστη ἐν τοῖς προθύροις. δῆλον γὰρ ὅτι εὗρες αὐτὸ καὶ ἔχεις· οὐ γὰρ ἂν προαπέστης. καὶ τὸν Σωκράτη καθίζεσθαι καὶ εἰπεῖν ὅτι· Εὖ ἂν ἔχοι, φάναι, ὦ Ἀγάθων, εἰ τοιοῦτον εἴη ἡ σοφία ὥστ᾽ ἐκ τοῦ πληρεστέρου εἰς τὸ κενώτερον ῥεῖν ἡμῶν, ἐὰν ἁπτώμεθα ἀλλήλων, ὥσπερ τὸ ἐν ταῖς κύλιξιν ὕδωρ τὸ διὰ τοῦ ἐρίου ῥέον ἐκ τῆς πληρεστέρας εἰς τὴν κενωτέραν. εἰ γὰρ οὕτως ἔχει καὶ ἡ [175e] σοφία, πολλοῦ τιμῶμαι τὴν παρὰ σοὶ κατάκλισιν· οἶμαι γάρ με παρὰ σοῦ πολλῆς καὶ καλῆς σοφίας πληρωθήσεσθαι. ἡ μὲν γὰρ ἐμὴ φαύλη τις ἂν εἴη, ἢ καὶ ἀμφισβητήσιμος, ὥσπερ ὄναρ οὖσα, ἡ δὲ σὴ λαμπρά τε καὶ πολλὴν ἐπίδοσιν ἔχουσα, ἥ γε παρὰ σοῦ νέου ὄντος οὕτω σφόδρα ἐξέλαμψεν καὶ ἐκφανὴς ἐγένετο πρῴην ἐν μάρτυσι τῶν Ἑλλήνων πλέον ἢ τρισμυρίοις. Ὑβριστὴς εἶ, ἔφη, ὦ Σώκρατες, ὁ Ἀγάθων. καὶ ταῦτα μὲν καὶ ὀλίγον ὕστερον διαδικασόμεθα ἐγώ τε καὶ σὺ περὶ τῆς

Enquanto um escravo lhe lavava as mãos para ele poder servir-se, entrou outro, aos berros:

– Eu o encontrei. Abrigou-se num vestíbulo aqui na vizinhança. Está imóvel. Pedi-lhe que me acompanhasse, foi inútil. O tal de Sócrates não se mexe.

– Que estranho! – observou Agaton. – Volta. Grita até que reaja. **(175b)**

– Não o perturbem – interveio Aristodemo. – É costume dele. Para em qualquer lugar. Se o conheço bem, não deve demorar. Deixem-no, não o incomodem.

– Vá lá, oriento-me por ti – ponderou Agaton. – Rapazes, atendam os convidados. Se me descuido, vocês fazem o que lhes dá na telha. Obrigam-me a tratar de coisas distantes das minhas preocupações. Quero ser atendido, como os demais. Venha o jantar. Não deixarei de recompensá-los por isso. **(175c)**

Vieram as iguarias, e nada de Sócrates. Sempre que Agaton se mostrava inquieto com a demora, Aristodemo o detinha. Até que não se atrasou muito, menos do que costumava. Na metade da refeição, ele apareceu. Agaton era o último. O divã ao lado dele estava vazio.

– Sócrates, aqui para perto de mim, vem – falou Agaton. – Quero desfrutar do pensamento que te arrebatou lá fora.

Sócrates, acomodando-se, pôs-se a tecer considerações: **(175d)**

– Como seria bom se a natureza do saber fluísse do mais pleno ao mais carente quando estamos juntos, à maneira da água que escorre do copo mais cheio ao mais vazio através do fio de lã.[9] **(175e)** Se com o saber acontece isso, sinto-me honrado de estar a teu lado. Espero que por ti eu seja abastecido de abundante e esplêndido saber. O meu cabedal deverá ser precário e discutível como um sonho, enquanto que o teu é luminoso e crescente. Ainda que sejas de pouca idade, mais de trinta mil gregos testemunharam anteontem teu talento.

9. A lã era usada como filtro.

σοφίας, δικαστῇ χρώμενοι τῷ Διονύσῳ· νῦν δὲ πρὸς τὸ δεῖπνον πρῶτα τρέπου.

IV. [176a] Μετὰ ταῦτα, ἔφη, κατακλινέντος τοῦ Σωκράτους καὶ δειπνήσαντος καὶ τῶν ἄλλων, σπονδάς τε σφᾶς ποιήσασθαι, καὶ ᾄσαντας τὸν θεὸν καὶ τἆλλα τὰ νομιζόμενα, τρέπεσθαι πρὸς τὸν πότον· τὸν οὖν Παυσανίαν ἔφη λόγου τοιούτου τινὸς κατάρχειν. Εἶεν, ἄνδρες, φάναι, τίνα τρόπον ῥᾷστα πιόμεθα; ἐγὼ μὲν οὖν λέγω ὑμῖν ὅτι τῷ ὄντι πάνυ χαλεπῶς ἔχω ὑπὸ τοῦ χθὲς πότου καὶ δέομαι ἀναψυχῆς τινός, οἶμαι δὲ καὶ ὑμῶν τοὺς πολλούς· παρῆστε γὰρ χθές--σκοπεῖσθε [176b] οὖν τίνι τρόπῳ ἂν ὡς ῥᾷστα πίνοιμεν· τὸν οὖν Ἀριστοφάνη εἰπεῖν. Τοῦτο μέντοι εὖ λέγεις, ὦ Παυσανία, τὸ παντὶ τρόπῳ παρασκευάσασθαι ῥᾳστώνην τινὰ τῆς πόσεως· καὶ γὰρ αὐτός εἰμι τῶν χθὲς βεβαπτισμένων. ἀκούσαντα οὖν αὐτῶν ἔφη Ἐρυξίμαχον τὸν Ἀκουμενοῦ· Ἦ καλῶς, φάναι, λέγετε. καὶ ἔτι ἑνὸς δέομαι ὑμῶν ἀκοῦσαι· πῶς ἔχει πρὸς τὸ ἐρρῶσθαι πίνειν, Ἀγάθων; Οὐδαμῶς, φάναι, οὐδ᾽ αὐτὸς ἔρρωμαι. [176c] Ἕρμαιον ἂν εἴη ἡμῖν, ἦ δ᾽ ὅς, ὡς ἔοικεν, ἐμοί τε καὶ Ἀριστοδήμῳ καὶ Φαίδρῳ καὶ τοῖσδε, εἰ ὑμεῖς οἱ δυνατώτατοι πίνειν νῦν ἀπειρήκατε· ἡμεῖς μὲν γὰρ ἀεὶ ἀδύνατοι. Σωκράτη δ᾽ ἐξαιρῶ λόγου· ἱκανὸς γὰρ καὶ ἀμφότερα, ὥστ᾽ ἐξαρκέσει αὐτῷ ὁπότερ᾽ ἂν ποιῶμεν. ἐπειδὴ οὖν μοι δοκεῖ οὐδεὶς τῶν παρόντων προθύμως ἔχειν πρὸς τὸ πολὺν πίνειν οἶνον, ἴσως ἂν ἐγὼ περὶ τοῦ μεθύσκεσθαι, οἷόν ἐστι, τἀληθῆ λέγων ἧττον ἂν εἴην ἀηδής. ἐμοὶ γὰρ δὴ τοῦτό γε οἶμαι [176d] κατάδηλον γεγονέναι ἐκ τῆς ἰατρικῆς, ὅτι χαλεπὸν τοῖς ἀνθρώποις ἡ μέθη ἐστί· καὶ οὔτε αὐτὸς ἑκὼν εἶναι πόρρω ἐθελήσαιμι ἂν πιεῖν οὔτε ἄλλῳ συμβουλεύσαιμι, ἄλλως τε καὶ κραιπαλῶντα ἔτι ἐκ τῆς προτεραίας. Ἀλλὰ μήν, ἔφη

– Não sejas insolente, Sócrates – reagiu Agaton. – Nossas qualidades intelectuais, a minha e a tua, serão julgadas daqui a pouco. Elegeremos Dioniso como juiz.[10] Agora, ao jantar! Estás preparado? **(176a)**

"Depois dessas observações introdutórias, Sócrates provou das iguarias como os demais. Feitas as libações, entoados os hinos sagrados, cumpridos todos os ritos, beber foi nossa única ocupação", me disse Aristodemo. As palavras de Pausânias foram aproximadamente estas:

– Amigos, digam-me qual lhes parece a maneira menos nociva de beber. Devo confessar-lhes que a bebedeira de ontem não me fez bem. Na verdade, necessito de repouso. Passa-se o mesmo com vocês? Todos estivemos lá. Descobrir um jeito de suave degustação é do interesse de todos. **(176b)**

Soou a voz de Aristófanes[11]:

– Acertaste, Pausânias. Temos que descobrir o acesso a um bebericar raso. Sou um dos afogados de ontem.

Erixímaco, filho de Acúmeno, todo ouvidos, tomou a palavra:

– Vocês estão cobertos de razão. Falta-me ainda a opinião do número um. Agaton, aguentas ingerir mais?

– De que jeito? Estou arrasado. **(176c)**

– O que dizer de nós – continuou Erixímaco –, eu mesmo, Aristodemo, Fedro e os demais, se vocês, os mais resistentes, batem em retirada? Desditos! Somos um bando de fracotes. Sócrates é um caso à parte. Ele é capaz de tudo. Seja qual for nossa decisão, o comportamento de Sócrates será exemplar. Pelo que vejo, ninguém dos presentes está disposto a encharcar-se de vinho. Esta, parece-me, é a ocasião apropriada para discorrer sobre a verdadeira natureza da embriaguez. Não ofendo ninguém. **(176d)** A mim a prática

10. Alegando modéstia, Agaton eleva o saber de Sócrates acima do seu, como se verá nos discursos que um e outro deverão proferir. Elege-se Dioniso, padroeiro do teatro e do vinho, como juiz da querela.

11. Aristófanes (c. 447- c. 385 a.C) é o maior dos comediógrafos atenienses. Temos dele mais de uma dezena de peças. Entre elas, *As Nuvens* e *Lisístrata.*

φάναι ὑπολαβόντα Φαῖδρον τὸν Μυρρινούσιον, ἔγωγέ σοι εἴωθα πείθεσθαι ἄλλως τε καὶ ἅττ᾽ ἂν περὶ ἰατρικῆς λέγῃς· νῦν δ᾽, ἂν εὖ βουλεύωνται, καὶ οἱ λοιποί. [176e] ταῦτα δὴ ἀκούσαντας συγχωρεῖν πάντας μὴ διὰ μέθης ποιήσασθαι τὴν ἐν τῷ παρόντι συνουσίαν, ἀλλ᾽ οὕτω πίνοντας πρὸς ἡδονήν.

V. Ἐπειδὴ τοίνυν, φάναι τὸν Ἐρυξίμαχον, τοῦτο μὲν δέδοκται, πίνειν ὅσον ἂν ἕκαστος βούληται, ἐπάναγκες δὲ μηδὲν εἶναι, τὸ μετὰ τοῦτο εἰσηγοῦμαι τὴν μὲν ἄρτι εἰσελθοῦσαν αὐλητρίδα χαίρειν ἐᾶν, αὐλοῦσαν ἑαυτῇ ἢ ἂν βούληται ταῖς γυναιξὶ ταῖς ἔνδον, ἡμᾶς δὲ διὰ λόγων ἀλλήλοις συνεῖναι τὸ τήμερον· καὶ δι᾽ οἵων λόγων, εἰ βούλεσθε, ἐθέλω ὑμῖν εἰσηγήσασθαι. [177a] Φάναι δὴ πάντας καὶ βούλεσθαι καὶ κελεύειν αὐτὸν εἰσηγεῖσθαι. εἰπεῖν οὖν τὸν Ἐρυξίμαχον ὅτι· Ἡ μέν μοι ἀρχὴ τοῦ λόγου ἐστὶ κατὰ τὴν Εὐριπίδου Μελανίππην· *οὐ γὰρ ἐμὸς ὁ μῦθος, ἀλλὰ* Φαίδρου τοῦδε, ὃν μέλλω λέγειν. Φαῖδρος γὰρ ἑκάστοτε πρός με ἀγανακτῶν λέγει· Οὐ δεινόν, φησίν, ὦ Ἐρυξίμαχε, ἄλλοις μέν τισι θεῶν ὕμνους καὶ παίωνας εἶναι ὑπὸ τῶν ποιητῶν πεποιημένους, τῷ δὲ Ἔρωτι, τηλικούτῳ ὄντι καὶ τοσούτῳ θεῷ, μηδὲ ἕνα πώποτε τοσούτων [177b] γεγονότων ποιητῶν πεποιηκέναι μηδὲν ἐγκώμιον· εἰ δὲ βούλει αὖ σκέψασθαι τοὺς χρηστοὺς σοφιστάς, Ἡρακλέους μὲν καὶ ἄλλων ἐπαίνους καταλογάδην ξυγγράφειν, ὥσπερ ὁ βέλτιστος Πρόδικος· καὶ τοῦτο μὲν ἧττον καὶ θαυμαστόν, ἀλλ᾽ ἔγωγε ἤδη τινὶ ἐνέτυχον βιβλίῳ ἀνδρὸς σοφοῦ, ἐν ᾧ ἐνῆσαν ἅλες ἔπαινον θαυμάσιον ἔχοντες πρὸς ὠφέλειαν· καὶ ἄλλα τοιαῦτα [177c] συχνὰ ἴδοις ἂν ἐγκεκωμιασμένα. τὸ οὖν τοιούτων

da medicina revelou que a embriaguez é um mal terrível para a humanidade inteira. Quanto a mim, eu não aconselharia ninguém a continuar no porre, muito menos os que ainda curtem o fogo da véspera.

– Bravo! – exclamou Fedro de Merrinote. – Costumo dar-te atenção sobretudo quando falas sobre medicina. Conto agora também com o apoio dos demais. **(176e)**

O aplauso foi unânime. A reunião não seria de beberrões, mas de pessoas que bebem por prazer.

Erixímaco retomou a palavra:

– Está decidido. Cada um se oriente pelo seu próprio desejo. Ninguém será forçado a beber. Outra sugestão: dispense-se o serviço da flautista. Que vá flautear para si mesma ou para as escravas da casa. Será de discursos nossa reunião de hoje. Discursaremos sobre o quê? Se ninguém se opõe, tenho outra proposta. **(177a)**

Aprovação unânime. Que viesse a proposta. Continuou Erixímaco:

– Para iniciar, aludo à *Melanipa* de Eurípides[12]. O plano que apresento não é meu, mas do nosso amigo Fedro, aqui presente. Intrigado, Fedro me falou diversas vezes: "Não é estranho, Erixímaco, que, para outros deuses, poetas tenham composto hinos e louvores, ao passo que a Eros, deus de tanto destaque e brilho, poeta algum, embora numerosos, tenha-se lembrado de render homenagem? **(177b)** Repara, rogo-te, os prestimosos sofistas exaltam com textos em prosa Héracles e outros. Lembro o aplaudido Pródico[13]. O mais estranho não é isso. Conheço um livro de um autor erudito que enaltece, para meu espanto, a utilidade do sal entre encômios a outras banalidades, trivialidades desse jaez abundam. **(177c)** Mas Eros, até hoje, homem algum ou-

12. Eurípides é o último dos grandes tragedistas de Atenas. *Melanipa* está entre as suas tragédias que foram perdidas, não chegando, assim, até nós.

13. Filósofo de Atenas, nascido em Ceos por volta de 465, contemporâneo de Sócrates.

μὲν πέρι πολλὴν σπουδὴν ποιήσασθαι, Ἔρωτα δὲ μηδένα πω ἀνθρώπων τετολμηκέναι εἰς ταυτηνὶ τὴν ἡμέραν ἀξίως ὑμνῆσαι, ἀλλ' οὕτως ἠμέληται τοσοῦτος θεός; ταῦτα δή μοι δοκεῖ εὖ λέγειν Φαῖδρος. ἐγὼ οὖν ἐπιθυμῶ ἅμα μὲν τούτῳ ἔρανον εἰσενεγκεῖν καὶ χαρίσασθαι, ἅμα δ' ἐν τῷ παρόντι πρέπον μοι δοκεῖ εἶναι ἡμῖν τοῖς παροῦσι κοσμῆσαι τὸν θεόν. Εἰ οὖν [177d] ξυνδοκεῖ καὶ ὑμῖν, γένοιτ' ἂν ἡμῖν ἐν λόγοις ἱκανὴ διατριβή· δοκεῖ γάρ μοι χρῆναι ἕκαστον ἡμῶν λόγον εἰπεῖν ἔπαινον Ἔρωτος ἐπὶ δεξιὰ ὡς ἂν δύνηται κάλλιστον, ἄρχειν δὲ Φαῖδρον πρῶτον, ἐπειδὴ καὶ πρῶτος κατάκειται καὶ ἔστιν ἅμα πατὴρ τοῦ λόγου. Οὐδείς σοι, ὦ Ἐρυξίμαχε, φάναι τὸν Σωκράτη, ἐναντία ψηφιεῖται. οὔτε γὰρ ἄν που ἐγὼ ἀποφήσαιμι, ὃς οὐδέν φημι ἄλλο ἐπίστασθαι ἢ τὰ ἐρωτικά, οὔτε που Ἀγάθων καὶ [177e] Παυσανίας, οὐδὲ μὴν Ἀριστοφάνης, ᾧ περὶ Διόνυσον καὶ Ἀφροδίτην πᾶσα ἡ διατριβή, οὐδὲ ἄλλος οὐδεὶς τουτωνὶ ὧν ἐγὼ ὁρῶ. καίτοι οὐκ ἐξ ἴσου γίγνεται ἡμῖν τοῖς ὑστάτοις κατακειμένοις· ἀλλ' ἐὰν οἱ πρόσθεν ἱκανῶς καὶ καλῶς εἴπωσιν, ἐξαρκέσει ἡμῖν. ἀλλὰ τύχῃ ἀγαθῇ καταρχέτω Φαῖδρος καὶ ἐγκωμιαζέτω τὸν Ἔρωτα. ταῦτα δὴ καὶ οἱ ἄλλοι πάντες ἄρα ξυνέφασάν τε καὶ [178a] ἐκέλευον ἅπερ ὁ Σωκράτης. πάντων μὲν οὖν ἃ ἕκαστος εἶπεν, οὔτε πάνυ ὁ Ἀριστόδημος ἐμέμνητο οὔτ' αὖ ἐγὼ ἃ ἐκεῖνος ἔλεγε πάντα· ἃ δὲ μάλιστα καὶ ὧν ἔδοξέ μοι ἀξιομνημόνευτον, τούτων ὑμῖν ἐρῶ ἑκάστου τὸν λόγον.

VI. πρῶτον μὲν γάρ, ὥσπερ λέγω, ἔφη Φαῖδρον ἀρξάμενον ἐνθένδε ποθὲν λέγειν, ὅτι μέγας θεὸς εἴη ὁ Ἔρως καὶ θαυμαστὸς ἐν ἀνθρώποις τε καὶ θεοῖς, πολλαχῇ μὲν καὶ ἄλλῃ, οὐχ ἥκιστα δὲ κατὰ τὴν γένεσιν. τὸ γὰρ ἐν τοῖς πρεσβύτατον [178b] εἶναι τῶν θεῶν, τίμιον, ἦ δ' ὅς· τεκμήριον δὲ τούτου· γονῆς γὰρ Ἔρωτος οὔτ'

sou celebrar condignamente. A negligência obscurece um deus eminente!" Nisso Fedro tem meu apoio. Receba assim, Eros, meu erado.[14] Convido-os a participarem da erótica cosmurgia[15] deste nosso deus. **(177d)** Se conto com o apoio dos presentes, sugiro que discursiva seja nossa veneração. Os discursos em homenagem a Eros poderiam começar da direita. Que sejam de beleza exemplar! A regência caberia assim a Fedro, o pai deste meu discurso.

– Ninguém – interveio Sócrates – votará contra ti, Erixímaco, muito menos eu, pois afirmo que entendo de assuntos eróticos e de nenhuma outra matéria; vale o mesmo para Agaton e Pausânias sem excluir Aristófanes, cujo único interesse é Dioniso e Afrodite[16]. Aliás, dos que vejo, todos são espertos na matéria. **(177e)** Não pensem que seja privilegiada a situação dos que ocupamos os últimos lugares.[17] Se os que nos precedem falarem com a devida elegância, a homenagem estará concluída. Que a Sorte acompanhe Fedro! Eleve eloquentemente a glória de Eros.

Aplausos fortaleceram o apoio de Sócrates. **(178a)** A memória de Aristodemo não guardou tudo o que cada um dos oradores disse. Nem eu sou capaz de repetir com precisão o que ouvi dele. De cada um dos discursos procurarei transmitir o mais importante. Fedro, ao que lembro, foi o primeiro a falar, mais ou menos assim:

– Eros é um deus grandioso, extraordinário entre deuses e homens, por muitos motivos, entre os quais a origem não é o menor. Ser entre imortais o mais antigo, declaro, representa distinção ímpar. **(178b)** Trago a prova: ancestrais de Eros não existem, ninguém jamais se referiu a eles, seja

14. Atento ao original, recriamos um jogo de palavras, Eros-erado. Eros merece como recompensa um boi gordo (erado).

15. Cosmurgia: fabricação de um cosmo (o universo literário a ser produzido em homenagem a Eros).

16. Dioniso é deus do vinho, da alegria e do teatro. Afrodite, sempre acompanhada de Eros, preside atividades ligadas ao amor.

17. Difícil é falar depois de oradores competentes. Pela sequência proposta, Sócrates seria um dos últimos a falar.

εἰσὶν οὔτε λέγονται ὑπ' οὐδενὸς οὔτε ἰδιώτου οὔτε ποιητοῦ, ἀλλ' Ἡσίοδος πρῶτον μὲν Χάος φησὶ γενέσθαι,

... αὐτὰρ ἔπειτα
Γαῖ' εὐρύστερνος, πάντων ἕδος ἀσφαλὲς αἰεί, ἠδ' Ἔρος ...

φησὶ μετὰ τὸ Χάος δύο τούτω γενέσθαι, Γῆν τε καὶ Ἔρωτα. Παρμενίδης δὲ τὴν γένεσιν λέγει

πρώτιστον μὲν Ἔρωτα θεῶν μητίσατο πάντων.

[178c] Ἡσιόδῳ δὲ καὶ Ἀκουσίλεως ὁμολογεῖ. οὕτω πολλαχόθεν ὁμολογεῖται ὁ Ἔρως ἐν τοῖς πρεσβύτατος εἶναι. πρεσβύτατος δὲ ὢν μεγίστων ἀγαθῶν ἡμῖν αἴτιός ἐστιν. οὐ γὰρ ἔγωγ' ἔχω εἰπεῖν ὅτι μεῖζόν ἐστιν ἀγαθὸν εὐθὺς νέῳ ὄντι ἢ ἐραστὴς χρηστὸς καὶ ἐραστῇ παιδικά. ὃ γὰρ χρὴ ἀνθρώποις ἡγεῖσθαι παντὸς τοῦ βίου τοῖς μέλλουσι καλῶς βιώσεσθαι, τοῦτο οὔτε συγγένεια οἵα τε ἐμποιεῖν οὕτω καλῶς οὔτε τιμαὶ οὔτε πλοῦτος οὔτ' ἄλλο [178d] οὐδὲν ὡς ἔρως. λέγω δὲ δὴ τί τοῦτο; τὴν ἐπὶ μὲν τοῖς αἰσχροῖς αἰσχύνην, ἐπὶ δὲ τοῖς καλοῖς φιλοτιμίαν· οὐ γὰρ ἔστιν ἄνευ τούτων οὔτε πόλιν οὔτε ἰδιώτην μεγάλα καὶ καλὰ ἔργα ἐξεργάζεσθαι. φημὶ τοίνυν ἐγὼ ἄνδρα ὅστις ἐρᾷ, εἴ τι αἰσχρὸν ποιῶν κατάδηλος γίγνοιτο ἢ πάσχων ὑπό του δι' ἀνανδρίαν μὴ ἀμυνόμενος, οὔτ' ἂν ὑπὸ πατρὸς ὀφθέντα οὕτως ἀλγῆσαι οὔτε ὑπὸ ἑταίρων οὔτε ὑπ' ἄλλου [178e] οὐδενὸς ὡς ὑπὸ παιδικῶν. ταὐτὸν δὲ τοῦτο καὶ τὸν ἐρώμενον ὁρῶμεν, ὅτι διαφερόντως τοὺς ἐραστὰς αἰσχύνεται, ὅταν ὀφθῇ ἐν αἰσχρῷ τινι ὤν. εἰ οὖν μηχανή τις γένοιτο ὥστε πόλιν γενέσθαι ἢ στρατόπεδον ἐραστῶν τε καὶ παιδικῶν, οὐκ ἔστιν ὅπως ἂν ἄμεινον οἰκήσειαν τὴν ἑαυτῶν ἢ ἀπεχόμενοι πάντων τῶν αἰσχρῶν καὶ φιλοτιμούμενοι πρὸς [179a] ἀλλήλους· καὶ μαχόμενοί γ' ἂν μετ' ἀλλήλων οἱ τοιοῦτοι νικῷεν ἂν ὀλίγοι ὄντες ὡς ἔπος εἰπεῖν πάντας ἀνθρώπους. ἐρῶν γὰρ ἀνὴρ ὑπὸ παιδικῶν ὀφθῆναι ἢ λιπὼν τάξιν ἢ ὅπλα

um qualquer, seja um poeta. Hesíodo[18] afirma que primeiro apareceu o Caos "...em seguida a Terra de amplos peitos, de todos assento seguro sempre, e Eros..." Acusilau[19] reafirma o que se lê em Hesíodo, ao declarar que depois do Caos apareceram a Terra e Eros. Parmênides[20], ao se referir à origem, sustenta: "Antes de tudo, [a Justiça] ideou Eros". **(178c)** Pelo que se vê, diversas fontes homologam a antiguidade de Eros. Como é o mais velho, é-nos a causa dos maiores bens. Logo que se entra na adolescência, não sei dizer se existe benefício maior do que possuir um erasta, e, para o erasta, atingir o corpo juvenil dos seus ardores. O que há de dirigir os homens durante a vida inteira, refiro-me aos que procuram vivê-la em beleza, isso nem a linhagem pode originar com tanta eficiência, nem distinções, nem riqueza, nem nada, como Eros. **(178d)** De que maneira isso poderá efetuar-se? Eros produzirá repulsa à ação repugnante e provocará aplauso à beleza, onde quer que ela se manifeste. Sem isso, nem o Estado nem o cidadão chegarão a elaborar obras eminentes e belas. Afirmo que o erasta, divulgada uma ação indigna sua ou sofrida covardemente, sem oferecer resistência, se caísse na vista do detentor de seus desejos, sentir-se-ia mais humilhado do que se observado pelo pai, por amigos, por estranhos. **(178e)** Vale o mesmo para os erômenos[21]. A vergonha os cobre sobretudo quando, na execução do reprovável, a vista dos erastas os atinge. Se fosse possível dar vida a uma cidade ou a um exército formados de erastas e de erômenos, não haveria maneira melhor de conviverem do que absterem-se de toda ação reprovável e cultivarem a admiração mútua. **(179a)** Um eronta[22] preferiria muitas vezes morrer a ser visto

18. Autor épico do século VIII a. C. Escreveu *A teogonia* e *Os trabalhos e os dias*.

19. Viveu no século VI a.C. Nasceu em Argos. Escreveu sobre mitos. Como Hesíodo, refere-se a Eros.

20. Filósofo do século VI a.C. É de Eleia. Atribui a Eros a geração das coisas que percebemos com os sentidos.

21. Erômeno: jovem que recebe a admiração de um erasta (enamorado).

22. Eronta: sinônimo de erasta.

ἀποβαλὼν ἧττον ἂν δή που δέξαιτο ἢ ὑπὸ πάντων τῶν ἄλλων, καὶ πρὸ τούτου τεθνάναι ἂν πολλάκις ἕλοιτο. καὶ μὴν ἐγκαταλιπεῖν γε τὰ παιδικὰ ἢ μὴ βοηθῆσαι κινδυνεύοντι-- οὐδεὶς οὕτω κακὸς, ὅντινα οὐκ ἂν αὐτὸς ὁ Ἔρως ἔνθεον ποιήσειε πρὸς ἀρετήν, ὥστε ὅμοιον εἶναι τῷ ἀρίστῳ φύσει. [179b] καὶ ἀτεχνῶς, ὃ ἔφη Ὅμηρος, μένος ἐμπνεῦσαι ἐνίοις τῶν ἡρώων τὸν θεόν, τοῦτο ὁ Ἔρως τοῖς ἐρῶσι παρέχει γιγνόμενον παρ' αὐτοῦ.

VII. Καὶ μὴν ὑπεραποθνήσκειν γε μόνοι ἐθέλουσιν οἱ ἐρῶντες, οὐ μόνον ὅτι ἄνδρες, ἀλλὰ καὶ αἱ γυναῖκες. τούτου δὲ καὶ ἡ Πελίου θυγάτηρ Ἄλκηστις ἱκανὴν μαρτυρίαν παρέχεται ὑπὲρ τοῦδε τοῦ λόγου εἰς τοὺς Ἕλληνας, ἐθελήσασα μόνη ὑπὲρ τοῦ αὑτῆς ἀνδρὸς ἀποθανεῖν, ὄντων αὐτῷ πατρός τε [179c] καὶ μητρός· οὓς ἐκείνη τοσοῦτον ὑπερεβάλετο τῇ φιλίᾳ διὰ τὸν ἔρωτα, ὥστε ἀποδεῖξαι αὐτοὺς ἀλλοτρίους ὄντας τῷ ὑεῖ καὶ ὀνόματι μόνον προσήκοντας, καὶ τοῦτ' ἐργασαμένη τὸ ἔργον οὕτω καλὸν ἔδοξεν ἐργάσασθαι οὐ μόνον ἀνθρώποις ἀλλὰ καὶ θεοῖς, ὥστε πολλῶν πολλὰ καὶ καλὰ ἐργασαμένων εὐαριθμήτοις δή τισιν ἔδοσαν τοῦτο γέρας οἱ θεοί, ἐξ Ἅιδου ἀνεῖναι πάλιν τὴν ψυχήν, ἀλλὰ τὴν ἐκείνης ἀνεῖσαν ἀγασθέντες [179d] τῷ ἔργῳ· οὕτω καὶ θεοὶ τὴν περὶ τὸν ἔρωτα σπουδήν τε καὶ ἀρετὴν μάλιστα τιμῶσιν. Ὀρφέα δὲ τὸν Οἰάγρου ἀτελῆ ἀπέπεμψαν ἐξ Ἅιδου. φάσμα δείξαντες τῆς γυναικὸς ἐφ' ἣν ἧκεν, αὐτὴν δὲ οὐ δόντες, ὅτι μαλθακίζεσθαι ἐδόκει, ἅτε ὢν κιθαρῳδός, καὶ οὐ τολμᾶν ἕνεκα τοῦ ἔρωτος ἀποθνήσκειν ὥσπερ Ἄλκηστις, ἀλλὰ διαμηχανᾶσθαι ζῶν εἰσιέναι εἰς Ἅιδου, τοιγάρτοι διὰ ταῦτα δίκην αὐτῷ ἐπέθεσαν, καὶ ἐποίησαν τὸν θάνατον αὐτοῦ ὑπὸ γυναικῶν [179e] γενέσθαι, οὐχ ὥσπερ Ἀχιλλέα τὸν τῆς Θέτιδος υἱὸν ἐτίμησαν καὶ εἰς μακάρων νήσους ἀπέπεμψαν, ὅτι πε-

pelo desejado a abandonar o posto ou a entregar as armas; o testemunho dos outros lhe seria mais humilhante. Quanto a desamparar o desejado ou negar-lhe socorro em perigo – ninguém seria tão vil que não se deixasse entusiasmar por Eros, assim sendo elevado ao nível do que exerce a mais alta virtude natural. **(179b)** Na verdade, o que Homero afirmou, que "uma divindade inspira ardor a certos heróis", isso outorga Eros de si mesmo aos erontas. Sem dúvida, só os erontas se dispõem a morrer uns pelos outros, quer homens, quer mulheres.[23] Alceste, filha de Pélias, fornece aos helenos prova convincente do meu argumento. Só ela consentiu em morrer pelo seu marido, embora o pai e a mãe dele ainda fossem vivos. **(179c)** Com a assistência de Eros, ela os superou em afeto, fazendo-os parecer estranhos ao filho, parentes apenas de nome. A ação de Alceste foi aprovada como bela não só pelos homens mas também pelos deuses. Embora muitos tenham praticado inúmeros atos belos, só a um número reduzido os deuses concederam o prêmio de retornarem vivos das profundezas do Hades[24]. Encantados com o gesto dela, permitiram que ela voltasse do reino dos mortos. **(179d)** Está provado que os deuses estimam o empenho e a força de Eros acima de tudo. Quanto a Orfeu[25], filho de Eagro, concederam-lhe regresso do Hades, mas sem alcançar seu objetivo. Mostraram-lhe só um espetro da esposa, que ele quis recuperar, mas não lhe concederam a própria mulher, por o considerarem covarde, um mero tocador de cítara. Não tendo coragem de morrer apegado a ela como Alceste, penetrou ardilosamente no Hades, vivo. O motivo da punição foi esse, **(179e)** mulheres executaram a sentença de morte. Não lhe tributaram honra como a Aquiles, filho de Tétis, que foi

---

23. Mulheres, tocadas por Eros, também são erastas. Haja vista Alceste, na tragédia *Alceste*, de Eurípides.

24. Hades, reino invisível dos mortos; também, o deus dos mortos, Plutão.

25. Poeta e cantor mítico. Entre outras aventuras, rogou que Hades e Perséfone, rei e rainha dos mortos, lhe devolvessem Eurídice, que morreu muito jovem, picada por uma serpente.

πυσμένος παρὰ τῆς μητρὸς ὡς ἀποθανοῖτο ἀποκτείνας Ἕκτορα, μὴ ἀποκτείνας δὲ τοῦτον οἴκαδ᾽ ἐλθὼν γηραιὸς τελευτήσοι, ἐτόλμησεν ἑλέσθαι βοηθήσας τῷ ἐραστῇ Πατρόκλῳ καὶ [180a] τιμωρήσας οὐ μόνον ὑπεραποθανεῖν ἀλλὰ καὶ ἐπαποθανεῖν τετελευτηκότι· ὅθεν δὴ καὶ ὑπεραγασθέντες οἱ θεοὶ διαφερόντως αὐτὸν ἐτίμησαν, ὅτι τὸν ἐραστὴν οὕτω περὶ πολλοῦ ἐποιεῖτο. Αἰσχύλος δὲ φλυαρεῖ φάσκων Ἀχιλλέα Πατρόκλου ἐρᾶν, ὃς ἦν καλλίων οὐ μόνον Πατρόκλου ἀλλ᾽ καὶ τῶν ἡρώων ἁπάντων, καὶ ἔτι ἀγένειος, ἔπειτα νεώτερος πολύ, ὥς φησιν Ὅμηρος. ἀλλὰ γὰρ τῷ ὄντι μάλιστα μὲν ταύτην τὴν ἀρετὴν οἱ θεοὶ τιμῶσιν τὴν περὶ [180b] τὸν ἔρωτα, μᾶλλον μέντοι θαυμάζουσιν καὶ ἄγανται καὶ εὖ ποιοῦσιν ὅταν ὁ ἐρώμενος τὸν ἐραστὴν ἀγαπᾷ, ἢ ὅταν ὁ ἐραστὴς τὰ παιδικά. θειότερον γὰρ ἐραστὴς παιδικῶν· ἔνθεος γάρ ἐστι. διὰ ταῦτα καὶ τὸν Ἀχιλλέα τῆς Ἀλκήστιδος μᾶλλον ἐτίμησαν, εἰς μακάρων νήσους ἀποπέμψαντες. οὕτω δὴ ἔγωγέ φημι Ἔρωτα θεῶν καὶ πρεσβύτατον καὶ τιμιώτατον καὶ κυριώτατον εἶναι εἰς ἀρετῆς καὶ εὐδαιμονίας κτῆσιν ἀνθρώποις καὶ ζῶσι καὶ τελευτήσασιν.

VIII. [180c] Φαῖδρον μὲν τοιοῦτόν τινα λόγον ἔφη εἰπεῖν, μετὰ δὲ Φαῖδρον ἄλλους τινὰς εἶναι, ὧν οὐ πάνυ διεμνημόνευεν· οὓς παρεὶς τὸν Παυσανίου λόγον διηγεῖτο. εἰπεῖν δ᾽ αὐτὸν ὅτι· οὐ καλῶς μοι δοκεῖ, ὦ Φαῖδρε, προβεβλῆσθαι ἡμῖν ὁ λόγος, τὸ ἁπλῶς οὕτως παρηγγέλθαι ἐγκωμιάζειν Ἔρωτα. εἰ μὲν γὰρ εἷς ἦν ὁ Ἔρως,

enviado às Ilhas dos Felizes. Este, instruído pela mãe, sabia que deveria morrer se matasse Heitor, mas, se recuasse, poderia retornar à sua terra e viver por muitos anos; o herói elegeu corajosamente, no entanto, socorrer seu erasta, Pátroclo[26]. Aquiles, além de morrer, sacrificou-se por alguém que já estava morto. **(180a)** Esse ato provocou suprema admiração nos deuses. Honra divina foi o resultado de tamanha dedicação. Que Aquiles tenha sido erasta de Pátroclo, como quer Ésquilo, é um absurdo.[27] Aquiles era mais belo do que Pátroclo, era o mais formoso de todos os heróis. Nem barba tinha. Era muito mais jovem, pelo testemunho de Homero. O que na verdade os deuses mais apreciam é essa virtude, **(180b)** a que se forma em torno de Eros. Cumulam de admiração, apreço e recompensas o erômeno que se apega ao erasta, bem mais do que o erasta que se dedica ao jovenzinho. O erasta é mais divino do que o preferido: do primeiro apoderou-se a divindade.[28] Temos aí o motivo que induziu os deuses a preferirem Aquiles a Alceste, enviando-o às Ilhas dos Felizes. Baseado no exposto, afirmo que Eros é o mais antigo dos deuses, o mais honrado, o mais poderoso para levar os homens à virtude e à felicidade nesta vida e depois da morte. **(180c)**

Este foi, em linhas gerais, o discurso de Fedro. Dos que falaram depois de Fedro, Aristodemo não guardou lembrança precisa. Deixando-os de lado, concentrou-se no discurso de Pausânias:

– Não me parece suficiente, Fedro, tua proposta de engrandecer Eros indiscriminadamente. Se, na verdade, Eros

26. Amigo e companheiro de armas de Aquiles na guerra de Troia. Foi morto pelo principal dos soldados troianos, Heitor. Aquiles atacou Heitor para vingar o amigo morto.

27. Fedro argumenta que Aquiles, mais jovem do que Pátroclo, era o erômeno de Pátroclo. Foi recompensado pelos deuses porque, mesmo sendo erômeno, enfrentou a morte pelo erasta morto, que já não poderia recompensá-lo.

28. Com a morte de Pátroclo, a relação erômeno – erasta se inverte. Aquiles, por estar vivo, torna-se erasta do amigo morto. A excepcionalidade reside no fato de Aquiles combater por alguém que já não pode recompensá-lo.

καλῶς ἂν εἶχε· νῦν δὲ οὐ γάρ ἐστιν εἷς· μὴ ὄντος δὲ ἑνὸς ὀρθότερόν ἐστι πρότερον προρρηθῆναι [180d] ὁπότερον δεῖ ἐπαινεῖν. ἐγὼ οὖν πειράσομαι τοῦτο ἐπανορθώσασθαι, πρῶτον μὲν Ἔρωτα φράσαι ὃν δεῖ ἐπαινεῖν, ἔπειτα ἐπαινέσαι ἀξίως τοῦ θεοῦ. πάντες γὰρ ἴσμεν ὅτι οὐκ ἔστιν ἄνευ Ἔρωτος Ἀφροδίτη. μιᾶς μὲν οὖν οὔσης εἷς ἂν ἦν Ἔρως· ἐπεὶ δὲ δὴ δύο ἐστόν, δύο ἀνάγκη καὶ Ἔρωτε εἶναι. πῶς δ᾽ οὐ δύο τὼ θεά; ἡ μέν γέ που πρεσβυτέρα καὶ ἀμήτωρ Οὐρανοῦ θυγάτηρ, ἣν δὴ καὶ Οὐρανίαν ἐπονομάζομεν· ἡ δὲ νεωτέρα Διὸς καὶ Διώνης, [180e] ἣν δὴ Πάνδημον καλοῦμεν. ἀναγκαῖον δὴ καὶ ἔρωτα τὸν μὲν τῇ ἑτέρᾳ συνεργὸν Πάνδημον ὀρθῶς καλεῖσθαι, τὸν δὲ Οὐράνιον. ἐπαινεῖν μὲν οὖν δεῖ πάντας θεούς, ἃ δ᾽ οὖν ἑκάτερος εἴληχε πειρατέον εἰπεῖν. πᾶσα γὰρ πρᾶξις ὧδ᾽ ἔχει· αὐτὴ ἐφ᾽ ἑαυτῆς πραττομένη οὔτε καλὴ οὔτε αἰσχρά. [181a] οἷον ὃ νῦν ἡμεῖς ποιοῦμεν, ἢ πίνειν ἢ ᾄδειν ἢ διαλέγεσθαι, οὐκ ἔστι τούτων αὐτὸ καλὸν οὐδέν, ἀλλ᾽ ἐν τῇ πράξει, ὡς ἂν πραχθῇ, τοιοῦτον ἀπέβη· καλῶς μὲν γὰρ πραττόμενον καὶ ὀρθῶς καλὸν γίγνεται, μὴ ὀρθῶς δὲ αἰσχρόν. Οὕτω δὴ καὶ τὸ ἐρᾶν καὶ ὁ Ἔρως οὐ πᾶς ἐστὶ καλὸς οὐδὲ ἄξιος ἐγκωμιάζεσθαι, ἀλλὰ ὁ καλῶς προτρέπων ἐρᾶν.

IX. Ὁ μὲν οὖν τῆς Πανδήμου Ἀφροδίτης ὡς ἀληθῶς πάνδημός [181b] ἐστι καὶ ἐξεργάζεται ὅ τι ἂν τύχῃ· καὶ οὗτός ἐστιν ὃν οἱ φαῦλοι τῶν ἀνθρώπων ἐρῶσιν. ἐρῶσι δὲ οἱ τοιοῦτοι πρῶτον μὲν οὐχ ἧττον γυναικῶν ἢ παίδων, ἔπειτα ὧν καὶ ἐρῶσι τῶν σωμάτων μᾶλλον ἢ τῶν ψυχῶν, ἔπειτα ὡς ἂν δύνωνται ἀνοητοτάτων, πρὸς τὸ διαπράξασθαι μόνον βλέποντες, ἀμελοῦντες δὲ τοῦ καλῶς ἢ μή· ὅθεν δὴ ξυμβαίνει αὐτοῖς ὅ τι ἂν τύχωσι τοῦτο πράττειν, ὁμοίως μὲν ἀγαθόν, ὁμοίως δὲ τοὐναντίον. ἔστι γὰρ καὶ ἀπὸ τῆς θεοῦ νεωτέρας [181c] τε οὔσης πολὺ ἢ τῆς ἑτέρας, καὶ μετεχούσης ἐν τῇ γενέσει καὶ θήλεος καὶ ἄρρενος. ὁ δὲ τῆς Οὐρανίας πρῶτον μὲν οὐ μετεχούσης θήλεος ἀλλ᾽ ἄρρενος μόνον [καὶ ἔστιν οὗτος ὁ τῶν παίδων ἔρως] ἔπειτα

fosse um só, eu não teria objeções, acontece que Eros não é um só. **(180d)** Não sendo um só, mais correto será investigar, antes de tudo, a quem engrandecer. Tentarei, portanto, fazer a devida correção e apontar o Eros que devemos exaltar, e só depois poderemos glorificar condignamente o deus. Todos sabemos que não existe Afrodite sem Eros. Se Afrodite fosse uma só, um só seria Eros. Havendo, porém, duas, há necessariamente dois Érotes[29]. Como assim, duas? A mais velha, a sem mãe, é filha de Urano, a que chamamos Urânia. Atribuímos à mais nova, filha de Zeus e de Dione, o nome de Pandêmia. **(180e)** Impõe-se, assim, que o colaborador desta seja chamado Pandêmio, ao passo que o auxiliar daquela deverá receber um nome adequado, Urânio. Urge, não há dúvida, louvar todos os deuses e procurar determinar as propriedades de cada um. Para toda ação vale isto: qualquer ação praticada não é bela nem reprovável em si mesma. Apresento como exemplo o que estamos fazendo agora: beber, cantar, conversar, **(181a)** nada disso é belo em si mesmo, é na maneira de agir que o belo pode aparecer. Corretamente praticada, a ação resulta bela; do contrário, ela cai no desprezível. Vale o mesmo para o agir erótico e para Eros. Não é qualquer Eros que merece louvor, mas só o que propicia erotismo belo. Ora, o Eros da Afrodite Pandêmia é, na verdade, o de toda gente, isto é, **(181b)** acontece ao acaso, é o desejado pelos homens vulgares. O erotismo que inflama tais homens pelas mulheres não é inferior ao erotismo pelos jovens, observe-se que se erotizam mais pelos corpos do que pelas psiques. Sempre que podem, procuram os jovens menos inteligentes. Visam só o ato; se belo ou não, pouco lhes importa. Ocorre, assim, que, agindo ao acaso, nivelam o bem e o que a ele se opõe. Essa preferência não provém da deusa antiga, **(181c)** mas da nova, nascida da união da fêmea com o macho. Mas o outro Eros, o da Urânia, volta-se preferencialmente não à fêmea e sim ao macho, é o Eros que promove o contato com moços. A Afrodite Urânia é também a mais velha, isenta de

29. Érotes, plural de Eros.

πρεσβυτέρας, ὕβρεως ἀμοίρου· ὅθεν δὴ ἐπὶ τὸ ἄρρεν τρέπονται οἱ ἐκ τούτου τοῦ ἔρωτος ἔπιπνοι, τὸ φύσει ἐρρωμενέστερον καὶ νοῦν μᾶλλον ἔχον ἀγαπῶντες. καί τις ἂν γνοίη καὶ ἐν αὐτῇ τῇ παιδεραστίᾳ τοὺς εἰλικρινῶς [181d] ὑπὸ τούτου τοῦ ἔρωτος ὡρμημένους· οὐ γὰρ ἐρῶσι παίδων, ἀλλ' ἐπειδὰν ἤδη ἄρχωνται νοῦν ἴσχειν, τοῦτο δὲ πλησιάζει τῷ γενειάσκειν. παρεσκευασμένοι γάρ, οἶμαί εἰσιν οἱ ἐντεῦθεν ἀρχόμενοι ἐρᾶν ὡς τὸν βίον ἅπαντα ξυνεσόμενοι καὶ κοινῇ συμβιωσόμενοι, ἀλλ' οὐκ ἐξαπατήσαντες, ἐν ἀφροσύνῃ λαβόντες ὡς νέον, καταγελάσαντες οἰχήσεσθαι ἐπ' ἄλλον ἀποτρέχοντες. χρῆν δὲ καὶ νόμον εἶναι μὴ ἐρᾶν [181e] παίδων, ἵνα μὴ εἰς ἄδηλον πολλὴ σπουδὴ ἀνηλίσκετο· τὸ γὰρ τῶν παίδων τέλος ἄδηλον οἶ τελευτᾷ κακίας καὶ ἀρετῆς ψυχῆς τε πέρι καὶ σώματος. οἱ μὲν οὖν ἀγαθοὶ τὸν νόμον τοῦτον αὐτοὶ αὑτοῖς ἑκόντες τίθενται, χρῆν δὲ καὶ τούτους τοὺς πανδήμους ἐραστὰς προσαναγκάζειν τὸ τοιοῦτον, ὥσπερ καὶ τῶν ἐλευθέρων γυναικῶν προσαναγκάζομεν αὐτοὺς καθ' [182a] ὅσον δυνάμεθα μὴ ἐρᾶν. οὗτοι γάρ εἰσιν οἱ καὶ τὸ ὄνειδος πεποιηκότες, ὥστε τινὰς τολμᾶν λέγειν ὡς αἰσχρὸν χαρίζεσθαι ἐρασταῖς· λέγουσι δὲ εἰς τούτους ἀποβλέποντες, ὁρῶντες αὐτῶν τὴν ἀκαιρίαν καὶ ἀδικίαν, ἐπεὶ οὐ δή που κοσμίως γε καὶ νομίμως ὁτιοῦν <πρᾶγμα> πραττόμενον ψόγον ἂν δικαίως φέροι. καὶ δὴ καὶ ὁ περὶ τὸν ἔρωτα νόμος ἐν μὲν ταῖς ἄλλαις πόλεσι νοῆσαι ῥᾴδιος, ἁπλῶς γὰρ ὥρισται· ὁ δ' ἐνθάδε [182b] καὶ ἐν Λακεδαίμονι ποικίλος. ἐν Ἤλιδι μὲν γὰρ καὶ ἐν Βοιωτοῖς, καὶ οὗ μὴ σοφοὶ λέγειν, ἁπλῶς νενομοθέτηται καλὸν τὸ χαρίζεσθαι ἐρασταῖς, καὶ οὐκ ἄν τις εἴποι οὔτε νέος οὔτε παλαιὸς ὡς αἰσχρόν, ἵνα, οἶμαι, μὴ πράγματ' ἔχωσιν λόγῳ πειρώμενοι πείθειν τοὺς νέους, ἅτε ἀδύνατοι λέγειν· τῆς δὲ Ἰωνίας καὶ ἄλλοθι πολλαχοῦ αἰσχρὸν νενόμισται, ὅποι ὑπὸ βαρβάροις οἰκοῦσιν.

paixão. Procuram o másculo os bafejados pelo Eros que deriva dela, afeiçoados ao que é por natureza mais robusto e de inteligência superior. Seria possível reconhecer nesse mesmo pendor por rapazes os legitimamente movidos por esse Eros. **(181d)** Não se afeiçoam a imaturos, mas àqueles em quem o espírito já começa a brilhar, na idade vizinha aos primeiros sinais de barba. Os que aguardaram esse momento para conviver eroticamente estão prontos, se não erro, a passar juntos a vida inteira em união plena. Como não se apropriaram de um garoto inexperiente, não trairão o eleito, não o tornarão vítima de chacota, correndo atrás de outros. Deveria haver uma lei que proibisse comércio erótico com meninos para evitar que se perca em vida incerta tanto empenho. **(181e)** Obscuro é o destino dos meninos. Como saber se o impulso da psique e do corpo terminará no vício ou na virtude? Pessoas de bem submetem-se voluntariamente a essa lei. Conviria impor os mesmos princípios aos erastas vulgares. Contato com mulheres de vida solta[30] deveria ser interdito na medida do possível pelos mesmos motivos. **(182a)** São precisamente estes os autores de constrangimento. Alguns chegaram a afirmar que é desonroso gratificar erastas. Os que falam assim prestigiam os dissolutos, não enxergam mais do que o seu próprio despropósito e desregramento. Não é justo que sejamos reprovados quando agimos ordeiramente, dentro da lei. Os costumes referentes a Eros nas outras cidades são fáceis de entender, **(182b)** fáceis são suas determinações, enquanto que aqui eles são variados. Na Élida, que fica na Lacedemônia, e na Beócia, lugares em que as pessoas não se distinguem pela habilidade discursiva, convencionou-se que é belo ceder aos erastas; ninguém, nem jovem nem velho, diria que é aviltante, penso que para evitar aos erastas, incapazes de falar, o penoso trabalho da persuasão verbal. Mas na Jônia e em outras regiões submetidas aos bárbaros,

30. Pausânias enobrece o contato de homem com homem. A seus olhos, o contato de jovens com mulheres (de vida solta, isto é, livres, não escravas) não é educativo.

τοῖς γὰρ βαρβάροις διὰ τὰς τυραννίδας αἰσχρὸν τοῦτό γε καὶ ἥ γε [182c] φιλοσοφία καὶ ἡ φιλογυμναστία· οὐ γὰρ οἶμαι συμφέρει τοῖς ἄρχουσι φρονήματα μεγάλα ἐγγίγνεσθαι τῶν ἀρχομένων, οὐδὲ φιλίας ἰσχυρὰς καὶ κοινωνίας, ὃ δὴ μάλιστα φιλεῖ τά τε ἄλλα πάντα καὶ ὁ ἔρως ἐμποιεῖν. ἔργῳ δὲ τούτῳ ἔμαθον καὶ οἱ ἐνθάδε τύραννοι· ὁ γὰρ Ἀριστογείτονος ἔρως καὶ ἡ Ἁρμοδίου φιλία βέβαιος γενομένη κατέλυσεν αὐτῶν τὴν ἀρχήν. οὕτως οὗ μὲν αἰσχρὸν ἐτέθη [182d] χαρίζεσθαι ἐρασταῖς, κακίᾳ τῶν θεμένων κεῖται, τῶν μὲν ἀρχόντων πλεονεξίᾳ, τῶν δὲ ἀρχομένων ἀνανδρίᾳ· οὗ δὲ καλὸν ἁπλῶς ἐνομίσθη, διὰ τὴν τῶν θεμένων τῆς ψυχῆς ἀργίαν. ἐνθάδε δὲ πολὺ τούτων κάλλιον νενομοθέτηται, καὶ ὅπερ εἶπον, οὐ ῥᾴδιον κατανοῆσαι.

X. Ἐνθυμηθέντι γὰρ ὅτι λέγεται κάλλιον τὸ φανερῶς ἐρᾶν τοῦ λάθρᾳ, καὶ μάλιστα τῶν γενναιοτάτων καὶ ἀρίστων, κἂν αἰσχίους ἄλλων ὦσι, καὶ ὅτι αὖ ἡ παρακέλευσις τῷ ἐρῶντι παρὰ πάντων θαυμαστή, οὐχ ὥς τι αἰσχρὸν ποιοῦντι, καὶ ἑλόντι τε καλὸν δοκεῖ εἶναι [182e] καὶ μὴ ἑλόντι αἰσχρόν, καὶ πρὸς τὸ ἐπιχειρεῖν ἑλεῖν ἐξουσίαν ὁ νόμος δέδωκε τῷ ἐραστῇ θαυμαστὰ ἔργα ἐργαζομένῳ ἐπαινεῖσθαι, ἃ εἴ τις τολμῴη ποιεῖν ἄλλ' ὁτιοῦν διώκων καὶ [183a] βουλόμενος διαπράξασθαι πλὴν τοῦτο, πλὴν φιλοσοφίας, τὰ μέγιστα καρποῖτ' ἂν ὀνείδη· εἰ γὰρ ἢ χρήματα βουλόμενος παρά του λαβεῖν ἢ ἀρχὴν ἄρξαι ἤ τινα ἄλλην δύναμιν ἐθέλοι ποιεῖν οἷάπερ οἱ ἐρασταὶ πρὸς τὰ παιδικά, ἱκετείας τε καὶ ἀντιβολήσεις ἐν ταῖς δεήσεσιν ποιούμενοι, καὶ ὅρκους ὀμνύντες, καὶ κοιμήσεις ἐπὶ θύραις, καὶ ἐθέλοντες δουλείας δουλεύειν οἵας οὐδ' ἂν δοῦλος οὐδείς, ἐμποδίζοιτο ἂν μὴ πράττειν οὕτω τὴν πρᾶξιν καὶ ὑπὸ φίλων καὶ ὑπὸ ἐχθρῶν, [183b] τῶν μὲν ὀνειδιζόντων κολακείας καὶ ἀνελευθερίας, τῶν δὲ νουθετούντων καὶ αἰσχυνομένων ὑπὲρ αὐτοῦ· τῷ

reprova-se ceder aos erastas. No mesmo desprezo caem o desejo de saber e o de exercitar o corpo. **(182c)** Não convém, penso, a esses governantes, que se desenvolvam reflexões evoluídas entre os governados, muito menos amizades e associações sólidas, efeito costumeiro de Eros, além de outras manifestações. Tiranos de nossa cidade tiveram a mesma experiência. O eros de Aristogiton e a amizade de Armódio, robustecidos, arruinaram-lhes o governo.[31] **(182d)** Assim, onde se estabeleceu que é indigno gratificar os erastas, a debilidade dos legisladores é manifesta: os governantes são gananciosos e os governados, covardes. Onde, por outro lado, se estabeleceu peremptoriamente que ceder aos erastas é belo, isso ocorreu pela fraqueza de espírito dos que assim o determinaram. Em Atenas, porém, a norma é privilegiadamente bela e, como já ficou dito, entendê-la não é fácil. Considere-se que é corrente desejar abertamente e não às escondidas, acima de tudo os mais nobres, os de melhores qualidades, embora mais feios do que outros. Que todos encoragem o erasta é admirável. Ninguém lhe reprova as investidas. **(182e)** A conquista é festejada, ridículo é o fracasso. Ainda que na tentativa de domínio o erasta tenha incorrido em extravagâncias, os costumes asseguram-lhe o direito de ser aplaudido. Essas mesmas exoticidades, se cometidas na busca de outro objetivo, na execução de outras tarefas, colheriam as mais severas censuras da filosofia. **(183a)** Quando alguém, para obter dinheiro emprestado, para pleitear um cargo público ou outro benefício qualquer, procede como fazem os erastas para alcançar favores dos adorados – misturam pedidos e súplicas, multiplicam juras, dormem diante de portas fechadas, rebaixam-se à condição de escravos, a serviços a que nem escravos se submeteriam – tanto amigos quanto inimigos protestam, **(183b)** apontando como adulação indigna atos desse jaez. Mas o erasta que se comporta assim conquista a simpatia de todos. Os costumes permitem

31. Aristogiton era orador ateniense, adversário de Demóstenes. Ele e Armódio, ligados por fortes laços de amizade, assassinaram Hiparco, o último tirano ateniense. Veio, depois, a democracia.

δ' ἐρῶντι πάντα ταῦτα ποιοῦντι χάρις ἕπεται, καὶ δέδοται ὑπὸ τοῦ νόμου ἄνευ ὀνείδους πράττειν, ὡς πάγκαλόν τι πρᾶγμα διαπραττομένου· ὃ δὲ δεινότατον, ὥς γε λέγουσιν οἱ πολλοί, ὅτι καὶ ὀμνύντι μόνῳ συγγνώμη παρὰ θεῶν ἐκβάντι τῶν ὅρκων· ἀφροδίσιον γὰρ ὅρκον οὔ φασιν εἶναι· οὕτω [183c] καὶ οἱ θεοὶ καὶ οἱ ἄνθρωποι πᾶσαν ἐξουσίαν πεποιήκασι τῷ ἐρῶντι, ὡς ὁ νόμος φησὶν ὁ ἐνθάδε· ταύτῃ μὲν οὖν οἰηθείη ἄν τις πάγκαλον νομίζεσθαι ἐν τῇδε τῇ πόλει καὶ τὸ ἐρᾶν καὶ τὸ φίλους γίγνεσθαι τοῖς ἐρασταῖς. ἐπειδὰν δὲ παιδαγωγοὺς ἐπιστήσαντες οἱ πατέρες τοῖς ἐρωμένοις μὴ ἐῶσι διαλέγεσθαι τοῖς ἐρασταῖς, καὶ τῷ παιδαγωγῷ ταῦτα προστεταγμένα ᾖ, ἡλικιῶται δὲ καὶ ἑταῖροι ὀνειδίζωσιν ἐάν τι ὁρῶσιν τοιοῦτον γιγνόμενον, καὶ τοὺς ὀνειδίζοντας αὖ οἱ [183d] πρεσβύτεροι μὴ διακωλύωσι μηδὲ λοιδορῶσιν ὡς οὐκ ὀρθῶς λέγοντας, εἰς δὲ ταῦτά τις αὖ βλέψας ἡγήσαιτ' ἂν πάλιν αἴσχιστον τὸ τοιοῦτον ἐνθάδε νομίζεσθαι. τὸ δέ, οἶμαι, ὧδ' ἔχει· οὐχ ἁπλοῦν ἐστιν, ὅπερ ἐξ ἀρχῆς ἐλέχθη, οὔτε καλὸν εἶναι αὐτὸ καθ' αὑτὸ οὔτε αἰσχρόν, ἀλλὰ καλῶς μὲν πραττόμενον καλόν, αἰσχρῶς δὲ αἰσχρόν. αἰσχρῶς μὲν οὖν ἐστὶ πονηρῷ τε καὶ πονηρῶς χαρίζεσθαι, καλῶς δὲ χρηστῷ τε καὶ καλῶς. πονηρὸς δ' ἐστὶν ἐκεῖνος ὁ ἐραστὴς ὁ πάνδημος, [183e] ὁ τοῦ σώματος μᾶλλον ἢ τῆς ψυχῆς ἐρῶν· καὶ γὰρ οὐδὲ μόνιμός ἐστιν, ἅτε οὐ μονίμου ἐρῶν πράγματος. ἅμα γὰρ τῷ τοῦ σώματος ἄνθει λήγοντι, οὗπερ ἤρα, οἴχεται ἀποπτάμενος, πολλοὺς λόγους καὶ ὑποσχέσεις καταισχύνας· ὁ δὲ τοῦ ἤθους χρηστοῦ ὄντος ἐραστὴς διὰ βίου μένει, ἅτε μονίμῳ συντακείς. τούτους δὴ βούλεται ὁ [184a] ἡμέτερος νόμος εὖ καὶ καλῶς βασανίζειν, καὶ τοῖς μὲν χαρίσασθαι, τοὺς δὲ διαφεύγειν. διὰ ταῦτα οὖν τοῖς μὲν διώκειν παρακελεύεται, τοῖς δὲ φεύγειν, ἀγωνοθετῶν καὶ βασανίζων, ποτέρων ποτέ ἐστιν ὁ ἐρῶν καὶ ποτέρων ὁ ἐρώμενος. Οὕτω δὴ ὑπὸ ταύτης τῆς αἰτίας πρῶτον μὲν τὸ ἁλίσκεσθαι ταχὺ αἰσχρὸν νενόμισται, ἵνα χρόνος ἐγγένηται, ὃς δὴ δοκεῖ

que ele combata sem se aviltar, ressaltam a extraodinária beleza de manobras assim. Mais extraordinário ainda, um ditado popular diz que só aos que quebram juras eróticas os deuses perdoam. Juramentos tocados por Afrodite não se igualam aos outros. **(183c)** Tanto os deuses quanto os homens conferem poder absoluto ao erasta. Isso determina os costumes vigentes entre nós. Sendo assim, somos levados a pensar que nesta cidade se considera belíssimo não só o impulso erótico como também a atenção dada ao erasta. Veem-se, porém, pais submeterem erômenos a vigias que não lhes permitem falar com os erastas. Os vigias recebem ordens estritas de impedi-los. Companheiros da mesma idade protestam ao constatar tais medidas. **(183d)** Os mais velhos não conseguem deter os rebeldes nem logram convencê-los de que é incorreto o que dizem. Observando essa divergência, alguém poderia pensar que aqui se reprovam as relações referidas. Minha opinião é a seguinte: deixei claro desde o princípio que a questão é complexa. Em si mesma a ação não é bela nem desprezível. Bela é a ação belamente praticada, desprezível é a ação vergonhosa. Desprezível e má é a ação que gratifica o mau, bela é a ação que com beleza gratifica o bom. Mau é o erasta vulgar, erotizado pelo corpo mais do que pelo espírito. **(183e)** Não é constante por ser erasta de objeto inconstante. Fenecendo a viçosa flor do corpo, alvo de sua cobiça, o erasta "alça voo" sem acatar palavras e promessas juradas. Mas quem se une a um caráter nobre, fundido ao constante, permanece erasta a vida toda. **(184a)** Nossos costumes pretendem distinguir muito bem essas duas categorias de erastas: os que merecem gratificação e os que devem ser evitados. Pelos motivos expostos, os costumes recomendam seguir uns e distanciar-se de outros. Os costumes determinam a inclusão de erômenos e erastas em uma dessas duas classes. Reside aí a razão pela qual se declara mau ceder logo à conquista. Permita-se a ação do tempo, na maioria dos casos, juiz sagaz. Deixar-se conquistar por dinheiro ou por vantagens políticas é detestável. Atemorizados por maus tratos,

τὰ πολλὰ καλῶς βασανίζειν· ἔπειτα τὸ ὑπὸ χρημάτων καὶ ὑπὸ πολιτικῶν δυνάμεων ἁλῶναι αἰσχρόν, [184b] ἐάν τε κακῶς πάσχων πτήξῃ καὶ μὴ καρτερήσῃ, ἄν τ' εὐεργετούμενος εἰς χρήματα ἢ εἰς διαπράξεις πολιτικὰς μὴ καταφρονήσῃ· οὐδὲν γὰρ δοκεῖ τούτων οὔτε βέβαιον οὔτε μόνιμον εἶναι, χωρὶς τοῦ μηδὲ πεφυκέναι ἀπ' αὐτῶν γενναίαν φιλίαν. μία δὴ λείπεται τῷ ἡμετέρῳ νόμῳ ὁδός, εἰ μέλλει καλῶς χαριεῖσθαι ἐραστῇ παιδικά. Ἔστι γὰρ ἡμῖν νόμος, ὥσπερ ἐπὶ τοῖς ἐρασταῖς ἦν δουλεύειν ἐθέλοντας [184c] ἡντινοῦν δουλείαν παιδικοῖς μὴ κολακείαν εἶναι μηδὲ ἐπονείδιστον, οὕτω δὴ καὶ ἄλλη μία μόνη δουλεία ἑκούσιος λείπεται οὐκ ἐπονείδιστος· αὕτη δ' ἐστὶν ἡ περὶ τὴν ἀρετήν.

XI. Νενόμισται γὰρ δὴ ἡμῖν, ἐάν τις ἐθέλῃ τινὰ θεραπεύειν ἡγούμενος δι' ἐκεῖνον ἀμείνων ἔσεσθαι ἢ κατὰ σοφίαν τινὰ ἢ κατὰ ἄλλο ὁτιοῦν μέρος ἀρετῆς, αὕτη αὖ ἡ ἐθελοδουλεία οὐκ αἰσχρὰ εἶναι οὐδὲ κολακεία. δεῖ δὴ τὼ νόμω τούτω ξυμβαλεῖν εἰς ταὐτό, τόν τε περὶ τὴν παιδεραστίαν καὶ [184d] τὸν περὶ τὴν φιλοσοφίαν τε καὶ τὴν ἄλλην ἀρετήν, εἰ μέλλει ξυμβῆναι καλὸν γενέσθαι τὸ ἐραστῇ παιδικὰ χαρίσασθαι. ὅταν γὰρ εἰς τὸ αὐτὸ ἔλθωσιν ἐραστής τε καὶ παιδικά, νόμον ἔχων ἑκάτερος, ὁ μὲν χαρισαμένοις παιδικοῖς ὑπηρετῶν ὁτιοῦν δικαίως ἂν ὑπηρετεῖν, ὁ δὲ τῷ ποιοῦντι αὐτὸν σοφόν τε καὶ ἀγαθὸν δικαίως αὖ ὁτιοῦν ἂν ὑπουργεῖν <ὑπουργῶν>, καὶ ὁ μὲν δυνάμενος εἰς φρόνησιν καὶ τὴν [184e] ἄλλην ἀρετὴν ξυμβάλλεσθαι, ὁ δὲ δεόμενος εἰς παίδευσιν καὶ τὴν ἄλλην σοφίαν κτᾶσθαι, τότε δὴ τούτων ξυνιόντων εἰς ταὐτὸν τῶν νόμων μοναχοῦ ἐνταῦθα ξυμπίπτει τὸ καλὸν εἶναι παιδικὰ ἐραστῇ χαρίσασθαι, ἄλλοθι δὲ οὐδαμοῦ. ἐπὶ τούτῳ καὶ ἐξαπατηθῆναι οὐδὲν αἰσχρόν· ἐπὶ δὲ τοῖς ἄλλοις πᾶσι καὶ ἐξαπατωμένῳ αἰσχύνην φέρει καὶ μή. εἰ γάρ τις [185a] ἐραστῇ ὡς πλουσίῳ πλούτου ἕνεκα χαρισάμενος ἐξαπατηθείη καὶ μὴ λάβοι χρήματα, ἀναφανέντος τοῦ ἐραστοῦ πένητος, οὐδὲν ἧττον αἰσχρόν· δοκεῖ γὰρ ὁ τοιοῦτος τό γε αὑτοῦ ἐπιδεῖξαι, ὅτι ἕνεκα χρημάτων ὁτιοῦν ἂν ὁτῳοῦν ὑπηρετοῖ, τοῦτο δὲ οὐ

muitos cedem. **(184b)** Benefícios monetários e êxito político sufocam, com frequência, o pejo. Nessa esfera não se encontram firmeza nem constância, deles não procede amizade legítima. Resta, pois, em nossos usos, uma única via para o erômeno ao gratificar[32] o erasta. **(184c)** Temos por norma não considerar adulação nem censurar a submissão do erasta ao erômeno. Subsiste uma única submissão voluntária não reprovável, a derivada do mérito. Também está estabelecido entre nós o seguinte: se alguém serve, certo de que isso lhe convém para o desenvolvimento do saber ou de um setor da virtude, a servidão voluntária não é indigna nem merece condenação. Convém, portanto, reunir os dois princípios num só: o do apego aos jovens e o do apego à sabedoria. **(184d)** Discutamos esta outra virtude: deve considerar-se bela a gratificação do erômeno ao erasta? Supondo que erasta e erômeno atinjam o mesmo objetivo, cada um tem sua própria norma: o erasta serve o desejado gratificante, concedendo-lhe o que é justo, e o desejado ajuda o erasta, empenhado em torná-lo sábio e bom em tudo o que é justo; o erasta contribui, na medida do possível, para o desenvolvimento da prudência e das outras virtudes do desejado, **(184e)** este esforça-se para desenvolver a cultura, formação geral. Ao convergirem no mesmo ponto as duas normas, só então convém que o erômeno gratifique o erasta e em nenhuma outra ocasião. Nesse caso, a ilusão não é reprovável. A reprovação ataca todas as outras instâncias, haja ilusão ou não. **(185a)** Se um erômeno que gratificasse um erasta, atraído pela riqueza, fosse vítima de engano e não recebesse retribuição em dinheiro, em virtude da pobreza do erasta, só depois revelada, a tentativa de ser monetariamente recompensado seria vergonhosa. Se o erômeno tem o costume de entregar-se a qualquer um por dinheiro, isso não é belo. Estou certo? Dentro do mesmo raciocínio: um erômeno cede a um erasta supostamente íntegro, na esperança de melhorar com esse convívio amistoso; se for enganado por ser o companheiro o contrário

32. Trata-se de gratificação erótica, não financeira.

καλόν. κατὰ τὸν αὐτὸν δὴ λόγον κἂν εἴ τις ὡς ἀγαθῷ χαρισάμενος καὶ αὐτὸς ὡς ἀμείνων ἐσόμενος διὰ τὴν φιλίαν ἐραστοῦ ἐξαπατηθείη, ἀναφανέντος ἐκείνου κακοῦ [185b] καὶ οὐ κεκτημένου ἀρετήν, ὅμως καλὴ ἡ ἀπάτη· δοκεῖ γὰρ αὖ καὶ οὗτος τὸ καθ' αὑτὸν δεδηλωκέναι, ὅτι ἀρετῆς γ' ἕνεκα καὶ τοῦ βελτίων γενέσθαι πᾶν ἂν παντὶ προθυμηθείη, τοῦτο δὲ αὖ πάντων κάλλιστον· οὕτω <πᾶν> πάντως γε καλὸν ἀρετῆς <γ'> ἕνεκα χαρίζεσθαι. οὗτός ἐστιν ὁ τῆς Οὐρανίας θεοῦ Ἔρως καὶ Οὐράνιος καὶ πολλοῦ ἄξιος καὶ πόλει καὶ ἰδιώταις, πολλὴν ἐπιμέλειαν ἀναγκάζων ποιεῖσθαι πρὸς ἀρετὴν τόν [185c] τε ἐρῶντα αὐτὸν αὑτοῦ καὶ τὸν ἐρώμενον· οἱ δ' ἕτεροι πάντες τῆς ἑτέρας, τῆς πανδήμου. ταῦτά σοι, ἔφη, ὡς ἐκ τοῦ παραχρῆμα, ὦ Φαῖδρε, περὶ Ἔρωτος ξυμβάλλομαι. — Παυσανίου δὲ παυσαμένου, διδάσκουσι γάρ με ἴσα λέγειν οὑτωσὶ οἱ σοφοί, ἔφη ὁ Ἀριστόδημος δεῖν μὲν Ἀριστοφάνη λέγειν, τυχεῖν δὲ αὐτῷ τινὰ ἢ ὑπὸ πλησμονῆς ἢ ὑπό τινος ἄλλου λύγγα ἐπιπεπτωκυῖαν καὶ οὐχ οἷόν τε εἶναι λέγειν, [185d] ἀλλ' εἰπεῖν αὐτόν, ἐν τῇ κάτω γὰρ αὐτοῦ τὸν ἰατρὸν Ἐρυξίμαχον κατακεῖσθαι, Ὦ Ἐρυξίμαχε, δίκαιος εἶ ἢ παῦσαί με τῆς λυγγὸς ἢ λέγειν ὑπὲρ ἐμοῦ, ἕως ἂν ἐγὼ παύσωμαι. καὶ τὸν Ἐρυξίμαχον εἰπεῖν· Ἀλλὰ ποιήσω ἀμφότερα ταῦτα· ἐγὼ μὲν γὰρ ἐρῶ ἐν τῷ σῷ μέρει, σὺ δ' ἐπειδὰν παύσῃ, ἐν τῷ ἐμῷ. ἐν ᾧ δ' ἂν ἐγὼ λέγω, ἐὰν μέν σοι ἐθέλῃ ἀπνευστὶ ἔχοντι πολὺν χρόνον παύεσθαι ἡ λύγξ· εἰ δὲ μή, ὕδατι [185e] ἀνακογχυλίασον. εἰ δ' ἄρα πάνυ ἰσχυρά ἐστιν, ἀναλαβών τι τοιοῦτον οἵῳ κινήσαις ἂν τὴν ῥῖνα, πτάρε· καὶ ἐὰν τοῦτο ποιήσῃς ἅπαξ ἢ δίς, καὶ εἰ πάνυ ἰσχυρά ἐστι, παύσεται. Οὐκ ἂν φθάνοις λέγων, φάναι τὸν Ἀριστοφάνη· ἐγὼ δὲ ταῦτα ποιήσω.

XII. Εἰπεῖν δὴ τὸν Ἐρυξίμαχον· Δοκεῖ τοίνυν μοι ἀναγκαῖον εἶναι, ἐπειδὴ Παυσανίας ὁρμήσας ἐπὶ τὸν λόγον καλῶς οὐχ [186a] ἱκανῶς ἀπετέλεσε, δεῖν ἐμὲ πειρᾶσθαι τέλος ἐπιθεῖναι τῷ λόγῳ. Τὸ μὲν γὰρ διπλοῦν

do que parecia ser (mau, sem caráter), estamos diante de uma bela ilusão. **(185b)** Parece-me que nesse caso o erômeno revelou o que realmente é: fazer tudo a quem quer que seja em nome da virtude e do desenvolvimento pessoal. Beleza maior do que essa não há. Sendo em favor da virtude, belo é tudo o que se faz e a qualquer preço. Esse é o Eros subordinado à Afrodite Urânia. Ele próprio é celeste e de grande valor não só para a cidade como também para os cidadãos, pois obriga tanto o erasta quanto o erômeno a se empenharem muito pela eminência da virtude. Os outros pertencem à outra, a Pandêmia. **(185c)** Esta é minha contribuição, Fedro, diria improvisada, para a homenagem a Eros.

Pausando Pausânias – equilibro o discurso em atenção a instruções de eruditos –, quem devia falar era Aristófanes. Este fora acometido, entretanto, por um soluço: empanturrou-se, não me ocorre outro motivo. **(185d)** Como não estava em condições de discursar, dirigiu-se ao médico, Erixímaco, reclinado logo abaixo dele:

– Se não conseguires deter o meu soluço, terás que falar em meu lugar, assim terei tempo para me recuperar.

Erixímaco foi taxativo:

– Farei as duas coisas. Discursarás depois de mim, quando o soluço tiver passado. Enquanto eu estiver falando, tranca a respiração o mais que puderes. Se esse recurso não produzir o efeito desejado, gargareja com água. **(185e)** Se, mesmo assim, o soluço persiste, coça o nariz com alguma coisa. Duas ou três esfregadelas derrubam o mais obstinado soluço.

– Fala duma vez, estão impacientes – insistiu Aristófanes. – Seguirei tuas instruções.

Erixímaco discursou assim:

– Parece-me necessário, já que Pausânias iniciou bem seu discurso sem concluí-lo satisfatoriamente, achar outra solução. **(186a)** Que Eros seja duplo, parece-me distinção correta. Creio, porém, ter observado na medicina, minha arte, que Eros não procura só o belo nas psiques dos homens,

εἶναι τὸν Ἔρωτα δοκεῖ μοι καλῶς διελέσθαι. ὅτι δὲ οὐ μόνον ἐστὶν ἐπὶ ταῖς ψυχαῖς τῶν ἀνθρώπων πρὸς τοὺς καλοὺς ἀλλὰ καὶ πρὸς ἄλλα πολλὰ καὶ ἐν τοῖς ἄλλοις, τοῖς τε σώμασι τῶν πάντων ζῴων καὶ τοῖς ἐν τῇ γῇ φυομένοις καὶ ὡς ἔπος εἰπεῖν ἐν πᾶσι τοῖς οὖσι, καθεωρακέναι μοι δοκῶ ἐκ τῆς ἰατρικῆς, τῆς ἡμετέρας [186b] τέχνης, ὡς μέγας καὶ θαυμαστὸς καὶ ἐπὶ πᾶν ὁ θεὸς τείνει καὶ κατ' ἀνθρώπινα καὶ κατὰ θεῖα πράγματα. ἄρξομαι δὲ ἀπὸ τῆς ἰατρικῆς λέγων, ἵνα καὶ πρεσβεύωμεν τὴν τέχνην. ἡ γὰρ φύσις τῶν σωμάτων τὸν διπλοῦν Ἔρωτα τοῦτον ἔχει· τὸ γὰρ ὑγιὲς τοῦ σώματος καὶ τὸ νοσοῦν ὁμολογουμένως ἕτερόν τε καὶ ἀνόμοιόν ἐστι· τὸ δὲ ἀνόμοιον ἀνομοίων ἐπιθυμεῖ καὶ ἐρᾷ. ἄλλος μὲν οὖν ὁ ἐπὶ τῷ ὑγιεινῷ ἔρως, ἄλλος δὲ ὁ ἐπὶ τῷ νοσώδει. ἔστι δή, ὥσπερ ἄρτι Παυσανίας ἔλεγεν τοῖς μὲν ἀγαθοῖς καλὸν χαρίζεσθαι τῶν ἀνθρώπων, [186c] τοῖς δ' ἀκολάστοις αἰσχρόν, οὕτω καὶ ἐν αὐτοῖς τοῖς σώμασιν τοῖς μὲν ἀγαθοῖς ἑκάστου τοῦ σώματος καὶ ὑγιεινοῖς καλὸν χαρίζεσθαι καὶ δεῖ, καὶ τοῦτό ἐστιν ᾧ ὄνομα τὸ ἰατρικόν, τοῖς δὲ κακοῖς καὶ νοσώδεσιν αἰσχρόν τε καὶ δεῖ ἀχαριστεῖν, εἰ μέλλει τις τεχνικὸς εἶναι. ἔστι γὰρ ἰατρική, ὡς ἐν κεφαλαίῳ εἰπεῖν, ἐπιστήμη τῶν τοῦ σώματος ἐρωτικῶν πρὸς πλησμονὴν καὶ κένωσιν, καὶ ὁ διαγιγνώσκων ἐν τούτοις τὸν [186d] καλόν τε καὶ αἰσχρὸν ἔρωτα, οὗτός ἐστιν ὁ ἰατρικώτατος, καὶ ὁ μεταβάλλειν ποιῶν, ὥστε ἀντὶ τοῦ ἑτέρου ἔρωτος τὸν ἕτερον κτᾶσθαι, καὶ οἷς μὴ ἔνεστιν ἔρως, δεῖ δ' ἐγγενέσθαι, ἐπιστάμενος ἐμποιῆσαι καὶ ἐνόντα ἐξελεῖν, ἀγαθὸς ἂν εἴη δημιουργός. δεῖ γὰρ δὴ τὰ ἔχθιστα ὄντα ἐν τῷ σώματι φίλα οἷόν τ' εἶναι ποιεῖν καὶ ἐρᾶν ἀλλήλων. ἔστι δὲ ἔχθιστα τὰ ἐναντιώτατα, ψυχρὸν θερμῷ, πικρὸν γλυκεῖ, ξηρὸν ὑγρῷ, [186e] πάντα τὰ τοιαῦτα· τούτοις ἐπιστηθεὶς ἔρωτα ἐμποιῆσαι καὶ ὁμόνοιαν ὁ ἡμέτερος πρόγονος Ἀσκληπιός, ὥς φασιν οἵδε οἱ ποιηταὶ καὶ ἐγὼ πείθομαι, συνέστησεν τὴν ἡμετέραν τέχνην. ἥ τε οὖν ἰατρική, ὥσπερ λέγω, πᾶσα διὰ τοῦ θεοῦ τούτου [187a] κυβερνᾶται, ὡσαύτως δὲ καὶ γυμναστικὴ καὶ γεωργία· μουσικὴ δὲ καὶ παντὶ κατάδηλος τῷ καὶ σμικρὸν

mas tende ao belo também na variedade dos outros domínios: os corpos de todos os animais, os produtos da terra... Para resumir, todos os seres. **(186b)** Grande e admirável é o deus e cobre todas as atividades, quer humanas, quer divinas. Para celebrar a Arte, começarei pela medicina. A natureza dos corpos compreende o Eros duplo. Que o sadio e o mórbido sejam distintos e dessemelhantes, disso ninguém discorda. Ora, o dessemelhante deseja o seu oposto, por ele erotizado. O Eros do corpo saudável é um, o Eros do corpo doentio é outro. Acertadamente, Pausânias dizia há pouco que é belo gratificar os virtuosos e que ceder aos intemperantes é reprovável. **(186c)** Os corpos não são regidos por outros princípios. Importa gratificar os corpos íntegros, sadios. Essa atividade tem nome, é a arte de curar. Corpos deficientes e doentios são abjetos; a arte médica, corretamente exercida, não poderá favorecê-los. A medicina, em resumo, é o saber rigoroso dos corpos eróticos tanto para a repleção como para a evacuação, e quem distingue nos corpos o Eros belo e o Eros reprovável é o mais hábil dos médicos. **(186d)** Quem opera uma transformação a ponto de provocar a aquisição de um dos Érotes em lugar do outro, quem sabe suscitar Eros no lugar em que ele deveria estar, quem sabe extirpar o Eros que indevidamente se instalou é profissional competente. Compete-lhe operar a atração de fenômenos hostis, erotismo mútuo. Os antagônicos são enfaticamente opostos. O frio opõe-se ao quente; o amargo, ao doce; o seco, ao úmido e assim por diante. **(186e)** Por saber instituir Eros entre eles e compatibilidade, nosso ancestral Asclépio – como testemunham a esse respeito os poetas, e eu os abono – estabeleceu nossa arte. A medicina, como penso, é toda governada por este deus, **(187a)** como também a ginástica e a agricultura. A música, como todos percebem, ainda que lhe deem pouca atenção, é regida pelo mesmo princípio, o que, ao que tudo indica, quis dizer Heráclito, ainda que não tenha se expressado bem. Pois, quanto à unidade, declara: “Não entendem que o diferente condiz consigo mesmo: harmonia discordante

προσέχοντι τὸν νοῦν ὅτι κατὰ ταὐτὰ ἔχει τούτοις, ὥσπερ ἴσως καὶ Ἡράκλειτος βούλεται λέγειν, ἐπεὶ τοῖς γε ῥήμασιν οὐ καλῶς λέγει. τὸ *ἓν* γάρ φησι *διαφερόμενον αὐτὸ αὑτῷ ξυμφέρεσθαι, ὥσπερ ἁρμονίαν τόξου τε καὶ λύρας.* ἔστι δὲ πολλὴ ἀλογία ἁρμονίαν φάναι διαφέρεσθαι ἢ ἐκ διαφερομένων ἔτι εἶναι. ἀλλὰ ἴσως τόδε ἐβούλετο λέγειν, ὅτι ἐκ διαφερομένων [187b] πρότερον τοῦ ὀξέος καὶ βαρέος, ἔπειτα ὕστερον ὁμολογησάντων γέγονεν ὑπὸ τῆς μουσικῆς τέχνης. οὐ γὰρ δή που ἐκ διαφερομένων γε ἔτι τοῦ ὀξέος καὶ βαρέος ἁρμονία ἂν εἴη. ἡ γὰρ ἁρμονία συμφωνία ἐστί, συμφωνία δὲ ὁμολογία τις· ὁμολογίαν δὲ ἐκ διαφερομένων, ἕως ἂν διαφέρωνται, ἀδύνατον εἶναι· διαφερόμενον δὲ αὖ καὶ μὴ ὁμολογοῦν ἀδύνατον ἁρμόσαι· ὥσπερ γε καὶ ὁ ῥυθμὸς ἐκ τοῦ ταχέος καὶ [187c] βραδέος, ἐκ διενηνεγμένων πρότερον, ὕστερον δὲ ὁμολογησάντων γέγονε. τὴν δὲ ὁμολογίαν πᾶσι τούτοις, ὥσπερ ἐκεῖ ἡ ἰατρική, ἐνταῦθα ἡ μουσικὴ ἐντίθησιν, ἔρωτα καὶ ὁμόνοιαν ἀλλήλων ἐμποιήσασα· καὶ ἔστιν αὖ μουσικὴ περὶ ἁρμονίαν καὶ ῥυθμὸν ἐρωτικῶν ἐπιστήμη. καὶ ἐν μέν γε αὐτῇ τῇ συστάσει ἁρμονίας τε καὶ ῥυθμοῦ οὐδὲν χαλεπὸν τὰ ἐρωτικὰ διαγιγνώσκειν, οὐδὲ ὁ διπλοῦς ἔρως ἐνταῦθά πως ἔστιν· ἀλλ᾽ ἐπειδὰν δέῃ πρὸς τοὺς ἀνθρώπους καταχρῆσθαι [187d] ῥυθμῷ τε καὶ ἁρμονίᾳ ἢ ποιοῦντα, (ὃ δὴ μελοποιίαν καλοῦσιν), ἢ χρώμενον ὀρθῶς τοῖς πεποιημένοις μέλεσί τε καὶ μέτροις, (ὃ δὴ παιδεία ἐκλήθη), ἐνταῦθα δὴ καὶ χαλεπὸν καὶ ἀγαθοῦ δημιουργοῦ δεῖ. πάλιν γὰρ ἥκει ὁ αὐτὸς λόγος, ὅτι τοῖς μὲν κοσμίοις τῶν ἀνθρώπων, καὶ ὡς ἂν κοσμιώτεροι γίγνοιντο οἱ μήπω ὄντες, δεῖ χαρίζεσθαι καὶ φυλάττειν τὸν τούτων ἔρωτα, καὶ οὗτός ἐστιν ὁ καλός, ὁ οὐράνιος, ὁ τῆς Οὐρανίας [187e] μούσης Ἔρως· ὁ δὲ Πολυμνίας ὁ πάνδημος, ὃν δεῖ εὐλαβούμενον προσφέρειν οἷς ἂν προσφέρῃ, ὅπως ἂν τὴν μὲν ἡδονὴν αὐτοῦ καρπώσηται, ἀκολασίαν δὲ μηδεμίαν ἐμποιήσῃ· ὥσπερ ἐν τῇ ἡμετέρᾳ τέχνῃ μέγα ἔργον ταῖς περὶ τὴν ὀψοποιικὴν τέχνην ἐπιθυμίαις καλῶς χρῆσθαι, ὥστ᾽ ἄνευ νόσου τὴν ἡδονὴν καρπώσασθαι. καὶ ἐν μουσικῇ δὴ καὶ

como a do arco e da lira".[33] Ora, é disparate manifesto afirmar que a harmonia discorda ou que provém de discordâncias. **(187b)** Talvez tenha desejado dizer que dos antes diferentes (o grave e o agudo) veio posteriormente a concordância em virtude da arte musical. Pois não é do agudo e do grave, ainda discordantes, que a concordância poderia surgir. Na sinfonia observamos certa homologia – homologia de discordantes. Enquanto subsiste discordância, existir é impossível. Dá-se o mesmo com o ritmo, que provém do acelerado e do lento, a homologia procede de dissociações precedentes. **(187c)** Em todas essas áreas a homologia é estabelecida – lá pela medicina, aqui pela música –, gerando Eros e harmonia mútuos. Quanto ao ritmo e à harmonia, a música é um saber de fenômenos eróticos. Na própria constituição de harmonia e ritmo não é difícil constatar erotismo, aí o Eros duplo ainda não se instalou. A dificuldade se apresenta e exige profissional capacitado, **(187d)** quando se recorre ao ritmo e à harmonia para compor canções líricas ou quando procuramos utilizar adequadamente tais cantos, tais poemas musicados na educação[34]. Retorna o mesmo argumento: convém que os carentes de organização gratifiquem os de organização mais avançada, consagrem-lhes Eros, para o bem da organização em processo. Assim procede o Eros belo, o celeste, o da Musa Urânia. **(187e)** O que procede da Polímnia é o Pandêmio, o de toda gente.[35] Convém administrá-lo aos interessados com muito juízo a fim de que produza prazer, longe de toda incontinência[36]. Como em nossa arte, assumem tarefa relevante os que se beneficiam da arte culinária para que possam desfrutar do prazer sem que este prejudique a saúde. Tanto na música quanto na medicina e nas outras artes, quer divinas, quer

---

33. Heráclito entendia que os contrários se atraem sempre. Erixímaco argumenta que, em corpos enfermos, contrários se excluem. Cabe ao médico harmonizar os contrários.

34. Educação de jovens.

35. A Musa Urânia está relacionada com a Afrodite Urânia ou Celeste. Polímnia é a padroeira da poesia lírica.

36. Incontinência alimentar.

ἐν ἰατρικῇ καὶ ἐν τοῖς ἄλλοις πᾶσι καὶ τοῖς ἀνθρωπείοις καὶ τοῖς θείοις, καθ' ὅσον παρείκει, φυλακτέον ἑκάτερον τὸν ἔρωτα· ἔνεστον [188a] γάρ.

XIII. Ἐπεὶ καὶ ἡ τῶν ὡρῶν τοῦ ἐνιαυτοῦ σύστασις μεστή ἐστιν ἀμφοτέρων τούτων, καὶ ἐπειδὰν μὲν πρὸς ἄλληλα τοῦ κοσμίου τύχῃ ἔρωτος ἃ νῦν δὴ ἐγὼ ἔλεγον, τά τε θερμὰ καὶ τὰ ψυχρὰ καὶ ξηρὰ καὶ ὑγρά, καὶ ἁρμονίαν καὶ κρᾶσιν λάβῃ σώφρονα, ἥκει φέροντα εὐετηρίαν τε καὶ ὑγίειαν ἀνθρώποις καὶ τοῖς ἄλλοις ζῴοις τε καὶ φυτοῖς, καὶ οὐδὲν ἠδίκησεν· ὅταν δὲ ὁ μετὰ τῆς ὕβρεως Ἔρως ἐγκρατέστερος περὶ τὰς τοῦ ἐνιαυτοῦ ὥρας γένηται, διαφθείρει τε πολλὰ καὶ ἠδίκησεν. [188b] οἵ τε γὰρ λοιμοὶ φιλοῦσι γίγνεσθαι ἐκ τῶν τοιούτων καὶ ἄλλ' αὖ ὅμοια πολλὰ νοσήματα καὶ τοῖς θηρίοις καὶ τοῖς φυτοῖς· καὶ γὰρ πάχναι καὶ χάλαζαι καὶ ἐρυσῖβαι ἐκ πλεονεξίας καὶ ἀκοσμίας περὶ ἄλληλα τῶν τοιούτων γίγνεται ἐρωτικῶν· ὧν ἐπιστήμη περὶ ἄστρων τε φορὰς καὶ ἐνιαυτῶν ὥρας ἀστρονομία καλεῖται. ἔτι τοίνυν καὶ θυσίαι πᾶσαι καὶ οἷς μαντικὴ ἐπιστατεῖ (ταῦτα δ' ἐστὶν ἡ περὶ θεούς τε [188c] καὶ ἀνθρώπους πρὸς ἀλλήλους κοινωνία) οὐ περὶ ἄλλο τί ἐστιν ἢ περὶ Ἔρωτος φυλακήν τε καὶ ἴασιν· πᾶσα γὰρ ἡ ἀσέβεια φιλεῖ γίγνεσθαι ἐὰν μή τις τῷ κοσμίῳ Ἔρωτι χαρίζηται μηδὲ τιμᾷ τε αὐτὸν καὶ πρεσβεύῃ ἐν παντὶ ἔργῳ, ἀλλὰ τὸν ἕτερον, καὶ περὶ γονέας καὶ ζῶντας καὶ τετελευτηκότας καὶ περὶ θεούς· ἃ δὴ προστέτακται τῇ μαντικῇ ἐπισκοπεῖν τοὺς Ἔρωτας καὶ ἰατρεύειν· καὶ ἔστιν αὖ ἡ [188d] μαντικὴ φιλίας θεῶν καὶ ἀνθρώπων δημιουργὸς τῷ ἐπίστασθαι τὰ κατὰ ἀνθρώπους ἐρωτικά, ὅσα τείνει πρὸς θέμιν καὶ ἀσέβειαν. οὕτω πολλὴν καὶ μεγάλην, μᾶλλον δὲ πᾶσαν δύναμιν ἔχει ξυλλήβδην μὲν ὁ πᾶς Ἔρως, ὁ δὲ περὶ τἀγαθὰ μετὰ σωφροσύνης καὶ δικαιοσύνης ἀποτελούμενος καὶ παρ' ἡμῖν καὶ παρὰ θεοῖς, οὗτος τὴν μεγίστην δύναμιν ἔχει καὶ πᾶσαν ἡμῖν εὐδαιμονίαν παρασκευάζει καὶ ἀλλήλοις δυναμένους ὁμιλεῖν καὶ φίλους εἶναι καὶ τοῖς κρείττοσιν ἡμῶν θεοῖς. ἴσως μὲν [188e] οὖν καὶ ἐγὼ τὸν Ἔρωτα ἐπαινῶν πολλὰ

humanas, convém cultivar ambos os Érotes, no âmbito da nossa competência. Eles frequentam uma e outra arte. **(188a)** Ambos enriquecem também a constituição das estações. Quando os contrários alcançam a organização erótica de que falei há pouco, refiro-me ao quente e ao frio, ao seco e ao úmido, atingindo harmonia, isto é, combinação criteriosa, os opostos proporcionam prosperidade e saúde aos homens, aos outros animais e às plantas sem os molestarem com injustiça alguma. Quando entretanto Eros, unido à Desmedida, se robustece nas estações do ano, devastação e atos de injustiça agridem severamente. **(188b)** Eis a origem costumeira de epidemias e várias outras enfermidades entre animais e plantas. O excesso e a desordem nas relações eróticas das estações geram geada, granizo, ferrugem. Astronomia chama-se o saber que investiga a revolução dos astros e das estações do ano, presidindo ainda a variedade de sacrifícios e os exercícios divinatórios que compreendem o comércio dos homens com os deuses. **(188c)** Objetivo: cultivar Eros e proporcionar cura. A falta de tributo e de honra devida ao Eros ordenador costuma provocar impiedade generalizada em qualquer atividade, e leva ao culto do outro, o Eros desregrado. Perturbadas ficam as relações com os pais (vivos ou mortos) e com os deuses. Por esse motivo, cumpre à arte divinatória supervisionar os erastas e tratá-los. **(188d)** Assim, a arte divinatória constrói a amizade de deuses e homens, por conhecer o erotismo humano, responsável pela observação das leis divinas e pela piedade. Como se percebe, o Eros universal (imenso, múltiplo) concentra em si todo o poder. Promove o bem, a moderação, a justiça na esfera humana e divina. Sendo dele o poder superior, em suas mãos está nosso bem-estar. Propicia forças para convivermos harmonicamente e para sermos amigos dos mais poderosos, os deuses. Para concluir, se deixei de lado muitos aspectos neste panegírico de Eros, não o fiz voluntariamente. Cabe a ti, Aristófanes, preencher as lacunas que deixei. **(188e)** Como já te livraste do soluço,

παραλείπω, οὐ μέντοι ἑκών γε. ἀλλ' εἴ τι ἐξέλιπον, σὸν ἔργον, ὦ Ἀριστόφανες, ἀναπληρῶσαι· ἢ εἴ πως ἄλλως ἐν νῷ ἔχεις ἐγκωμιάζειν τὸν θεόν, ἐγκωμίαζε, ἐπειδὴ καὶ τῆς λυγγὸς πέπαυσαι. —[189a] Ἐκδεξάμενον οὖν ἔφη εἰπεῖν τὸν Ἀριστοφάνη ὅτι· Καὶ μάλ' ἐπαύσατο, οὐ μέντοι πρίν γε τὸν πταρμὸν προσενεχθῆναι αὐτῇ, ὥστε με θαυμάζειν εἰ τὸ κόσμιον τοῦ σώματος ἐπιθυμεῖ τοιούτων ψόφων καὶ γαργαλισμῶν, οἷον καὶ ὁ πταρμός ἐστι· πάνυ γὰρ εὐθὺς ἐπαύσατο, ἐπειδὴ αὐτῷ τὸν πταρμὸν προσήνεγκα. καὶ τὸν Ἐρυξίμαχον· ὠγαθέ, φάναι, Ἀριστόφανες, ὅρα τί ποιεῖς. γελωτοποιεῖς μέλλων λέγειν, καὶ φύλακά με τοῦ [189b] λόγου ἀναγκάζεις γίγνεσθαι τοῦ σεαυτοῦ, ἐάν τοι γελοῖον εἴπῃς, ἐξόν σοι ἐν εἰρήνῃ λέγειν. καὶ τὸν Ἀριστοφάνη γελάσαντα εἰπεῖν· Εὖ λέγεις, ὦ Ἐρυξίμαχε, καί μοι ἔστω ἄρρητα τὰ εἰρημένα. ἀλλὰ μή με φύλαττε, ὡς ἐγὼ φοβοῦμαι περὶ τῶν μελλόντων ῥηθήσεσθαι, οὔ τι μὴ γελοῖα εἴπω (τοῦτο μὲν γὰρ ἂν κέρδος εἴη καὶ τῆς ἡμετέρας μούσης ἐπιχώριον) ἀλλὰ μὴ καταγέλαστα. Βαλών γε, φάναι, ὦ Ἀριστόφανες, οἴει ἐκφεύξεσθαι· ἀλλὰ πρόσεχε τὸν νοῦν καὶ οὕτως λέγε ὡς δώσων λόγον· [189c] ἴσως μέντοι, ἂν δόξῃ μοι, ἀφήσω σε.

XIV. Καὶ μήν, ὦ Ἐρυξίμαχε, εἰπεῖν τὸν Ἀριστοφάνη, ἄλλῃ γέ πῃ ἐν νῷ ἔχω λέγειν ἢ ᾗ σύ τε καὶ Παυσανίας εἰπέτην. ἐμοὶ γὰρ δοκοῦσιν ἄνθρωποι παντάπασι τὴν τοῦ ἔρωτος δύναμιν οὐκ ᾐσθῆσθαι, ἐπεὶ αἰσθανόμενοί γε μέγιστ' ἂν αὐτοῦ ἱερὰ κατασκευάσαι καὶ βωμούς, καὶ θυσίας ἂν ποιεῖν μεγίστας, οὐχ ὥσπερ νῦν τούτων οὐδὲν γίγνεται περὶ αὐτόν, δέον πάντων μάλιστα γίγνεσθαι. ἔστι γὰρ θεῶν φιλανθρωπότατος, [189d] ἐπίκουρός τε ὢν τῶν ἀνθρώπων καὶ ἰατρὸς τούτων ὧν ἰαθέντων μεγίστη εὐδαιμονία ἂν τῷ ἀνθρωπείῳ γένει εἴη. ἐγὼ οὖν πειράσομαι ὑμῖν εἰσηγήσασθαι τὴν δύναμιν αὐτοῦ, ὑμεῖς δὲ τῶν ἄλλων διδάσκαλοι ἔσεσθε. δεῖ δὲ πρῶτον ὑμᾶς μαθεῖν τὴν ἀνθρωπίνην φύσιν καὶ τὰ παθήματα αὐτῆς. ἡ γὰρ πάλαι ἡμῶν φύσις οὐχ αὑτὴ ἦν ἥπερ νῦν, ἀλλ' ἀλλοία. πρῶτον μὲν γὰρ τρία ἦν τὰ γένη τὰ τῶν

se tens em mente engrandecer o deus diferentemente, mãos à obra. **(189a)**

Aristófanes interveio assim, prosseguiu Aristodemo:

– Meu soluço fez pausa, definitiva, espero. Apliquei-lhe um espirro. Admira-me que o cosmo somático convoque ruídos, comichões. Um espirro! Golpe de espirro contra soluço e pausa.

– Meu caro Aristófanes – respondeu-lhe Erixímaco –, vê como te comportas. Mal começas a falar, já provocas risadas. Obrigas-me a te controlar? **(189b)** Por que não falas tranquilamente em vez de fazer gracejos?

Aristófanes respondeu com risos:

– Está bem, Erixímaco. Fique o dito pelo não dito. Não precisas ficar de olho em mim. Receio que minhas palavras não provocarão gargalhadas. Vê bem, receio! O riso faria bem a nós todos. É próprio da minha Musa. Prometo que não direi coisas ridículas.

– Estamos acertados, Aristófanes. Mas não penses que com um frechaço te escapas. Fala. Mas muito cuidado! Terás que prestar contas do que disseres. **(189c)** Te largarei só quando julgar que devo.

– De acordo, Erixímaco. Mas não me passa pela cabeça falar como tu ou como Pausânias. Parece-me que os homens não perceberam nada do poder de Eros. Se o tivessem percebido, dele seriam os templos mais imponentes, os mais vistosos altares teriam sido erguidos em seu louvor, para ele arderiam os mais fartos sacrifícios. Não seria como agora, quando nada disso se vê, embora necessitemos dele acima de tudo. Eros é, ao que tudo indica, o mais filantrópico dos deuses, **(189d)** o mais benéfico aos homens, médico de males que, ao curar, proporciona o mais completo bem-estar ao gênero humano. Tentarei introduzi-los no poder de Eros para que vocês sejam mestres de outros. Importa que compreendam primeiro a natureza humana e as características dela. Nossa natureza primitiva não era a atual, era diferente. Para começar, a humanidade compreendia três sexos, não apenas

ἀνθρώπων, οὐχ ὥσπερ νῦν δύο, ἄρρεν καὶ θῆλυ, [189e] ἀλλὰ καὶ τρίτον προσῆν κοινὸν ὂν ἀμφοτέρων τούτων, οὗ νῦν ὄνομα λοιπόν, αὐτὸ δὲ ἠφάνισται· ἀνδρόγυνον γὰρ ἓν τότε μὲν ἦν καὶ εἶδος καὶ ὄνομα ἐξ ἀμφοτέρων κοινὸν τοῦ τε ἄρρενος καὶ θήλεος, νῦν δὲ οὐκ ἔστιν ἀλλ' ἢ ἐν ὀνείδει ὄνομα κείμενον. ἔπειτα ὅλον ἦν ἑκάστου τοῦ ἀνθρώπου τὸ εἶδος στρογγύλον, νῶτον καὶ πλευρὰς κύκλῳ ἔχον· χεῖρας δὲ τέτταρας εἶχε, καὶ σκέλη τὰ ἴσα ταῖς χερσίν, καὶ πρόσωπα [190a] δύ' ἐπ' αὐχένι κυκλοτερεῖ, ὅμοια πάντῃ· κεφαλὴν δ' ἐπ' ἀμφοτέροις τοῖς προσώποις ἐναντίοις κειμένοις μίαν, καὶ ὦτα τέτταρα, καὶ αἰδοῖα δύο, καὶ τἆλλα πάντα ὡς ἀπὸ τούτων ἄν τις εἰκάσειεν. ἐπορεύετο δὲ καὶ ὀρθὸν ὥσπερ νῦν, ὁποτέρωσε βουληθείη· καὶ ὁπότε ταχὺ ὁρμήσειεν θεῖν, ὥσπερ οἱ κυβιστῶντες καὶ εἰς ὀρθὸν τὰ σκέλη περιφερόμενοι κυβιστῶσι κύκλῳ, ὀκτὼ τότε οὖσι τοῖς μέλεσιν ἀπερειδόμενοι ταχὺ ἐφέροντο κύκλῳ. ἦν δὲ διὰ ταῦτα τρία [190b] τὰ γένη καὶ τοιαῦτα, ὅτι τὸ μὲν ἄρρεν ἦν τοῦ ἡλίου τὴν ἀρχὴν ἔκγονον, τὸ δὲ θῆλυ τῆς γῆς, τὸ δὲ ἀμφοτέρων μετέχον τῆς σελήνης, ὅτι καὶ ἡ σελήνη ἀμφοτέρων μετέχει· περιφερῆ δὲ δὴ ἦν καὶ αὐτὰ καὶ ἡ πορεία αὐτῶν διὰ τὸ τοῖς γονεῦσιν ὅμοια εἶναι. ἦν οὖν τὴν ἰσχὺν δεινὰ καὶ τὴν ῥώμην, καὶ τὰ φρονήματα μεγάλα εἶχον, ἐπεχείρησαν δὲ τοῖς θεοῖς, καὶ ὃ λέγει Ὅμηρος περὶ Ἐφιάλτου τε καὶ Ὤτου, περὶ ἐκείνων λέγεται, τὸ εἰς τὸν οὐρανὸν ἀνάβασιν ἐπιχειρεῖν [190c] ποιεῖν, ὡς ἐπιθησομένων τοῖς θεοῖς.

XV. Ὁ οὖν Ζεὺς καὶ οἱ ἄλλοι θεοὶ ἐβουλεύοντο, ὅ τι χρὴ αὐτοὺς ποιῆσαι, καὶ ἠπόρουν· οὔτε γὰρ ὅπως ἀποκτείναιεν εἶχον καὶ ὥσπερ τοὺς γίγαντας κεραυνώσαντες τὸ γένος ἀφανίσαιεν —αἱ τιμαὶ γὰρ αὐτοῖς καὶ ἱερὰ τὰ παρὰ τῶν ἀνθρώπων ἠφανίζετο— οὔθ' ὅπως ἐῷεν ἀσελγαίνειν. μόγις δὴ ὁ Ζεὺς ἐννοήσας λέγει ὅτι· Δοκῶ μοι, ἔφη, ἔχειν μηχανήν, ὡς ἂν εἶέν τε ἄνθρωποι καὶ παύσαιντο τῆς ἀκολασίας ἀσθενέστεροι [190d] γενόμενοι. νῦν μὲν γὰρ αὐτούς, ἔφη, διατεμῶ δίχα ἕκαστον, καὶ ἅμα

dois, o masculino e o feminino, como agora. **(189e)** O andrógino era então, quanto à forma e quanto à designação, um gênero comum, composto do macho e da fêmea. Dele nada mais resta do que o nome, caído em desprezo. A forma de cada homem era um todo esférico. O dorso e os flancos fechavam-se em círculo. Cada um desses seres era provido de quatro mãos, movia-se com igual número de pernas. **(190a)** Um pescoço torneado sustinha dois rostos, semelhantes em tudo. Uma era a cabeça em que se opunham dois rostos. Os corpos ostentavam quatro orelhas e um par de genitais; a exemplo destes, dobrados eram os outros órgãos. Andavam eretos como os homens de agora em qualquer direção que se locomovessem. Quando empreendiam corrida veloz, cambalhotavam. De pernas erguidas, formavam uma roda. Rolavam céleres com seus oito membros estendidos. Três eram os gêneros. **(190b)** O gênero masculino primitivo era descendente do sol; o feminino, da terra; o que reunia os dois gêneros em si mesmo descendia da lua, dotada de características desses dois astros. Lembravam os genitores na circularidade e no deslocamento. Terríveis na força e no vigor, extraordinários na arrogância, desafiaram os deuses. Escalar o céu, tentativa que Homero atribui a Efialtes e Oto[37], era projeto deles, hostis aos celestes. **(190c)** Zeus e os outros deuses, ao deliberarem sobre as medidas a serem tomadas, esbarraram num impasse. Se os extinguissem e fulminados os fizessem desaparecer como os gigantes[38], sumiriam as homenagens e os templos erigidos pelos homens. De outra parte, inconcebível seria tolerar a insolência. Ao cabo de cansativa deliberação, sentenciou Zeus: "Julgo ter encontrado um recurso para preservar os homens e, enfraquecendo-os, deter a insolência. **(190d)** Seccionarei agora cada um em dois para torná-los mais fracos e mais prestativos a nós, visto que serão mais

---

37. Efialtes e Oto, dois gigantes que, segundo Homero, tentaram subir ao céu para destronar Zeus.

38. Referência a episódio da *Teogonia* de Hesíodo em que Zeus aprisiona os gigantes.

μὲν ἀσθενέστεροι ἔσονται, ἅμα δὲ χρησιμώτεροι ἡμῖν διὰ τὸ πλείους τὸν ἀριθμὸν γεγονέναι· καὶ βαδιοῦνται ὀρθοὶ ἐπὶ δυοῖν σκελοῖν· ἐὰν δ' ἔτι δοκῶσιν ἀσελγαίνειν καὶ μὴ ἐθέλωσιν ἡσυχίαν ἄγειν, πάλιν αὖ, ἔφη, τεμῶ δίχα, ὥστ' ἐφ' ἑνὸς πορεύσονται σκέλους ἀσκωλιάζοντες. ταῦτα εἰπὼν ἔτεμνε τοὺς ἀνθρώπους δίχα, ὥσπερ οἱ τὰ ὠὰ τέμνοντες [190e] καὶ μέλλοντες ταριχεύειν, ἢ ὥσπερ οἱ τὰ ὠὰ ταῖς θριξίν· ὅντινα δὲ τέμοι, τὸν Ἀπόλλω ἐκέλευε τό τε πρόσωπον μεταστρέφειν καὶ τὸ τοῦ αὐχένος ἥμισυ πρὸς τὴν τομήν, ἵνα θεώμενος τὴν αὑτοῦ τμῆσιν κοσμιώτερος εἴη ὁ ἄνθρωπος· καὶ τἆλλα ἰᾶσθαι ἐκέλευεν. ὁ δὲ τό τε πρόσωπον μετέστρεφε, καὶ συνέλκων πανταχόθεν τὸ δέρμα ἐπὶ τὴν γαστέρα νῦν καλουμένην, ὥσπερ τὰ σύσπαστα βαλάντια, ἓν στόμα ποιῶν ἀπέδει κατὰ μέσην τὴν γαστέρα, ὃ δὴ τὸν ὀμφαλὸν καλοῦσι. καὶ τὰς μὲν ἄλλας ῥυτίδας [191a] τὰς πολλὰς ἐξελέαινε καὶ τὰ στήθη διήρθρου, ἔχων τι τοιοῦτον ὄργανον οἷον οἱ σκυτοτόμοι περὶ τὸν καλάποδα λεαίνοντες τὰς τῶν σκυτῶν ῥυτίδας· ὀλίγας δὲ κατέλιπε, τὰς περὶ αὐτὴν τὴν γαστέρα καὶ τὸν ὀμφαλόν, μνημεῖον εἶναι τοῦ παλαιοῦ πάθους. ἐπειδὴ οὖν ἡ φύσις δίχα ἐτμήθη, ποθοῦν ἕκαστον τὸ ἥμισυ τὸ αὑτοῦ ξυνῄει, καὶ περιβάλλοντες τὰς χεῖρας καὶ συμπλεκόμενοι ἀλλήλοις, ἐπιθυμοῦντες συμφῦναι, ἀπέθνῃσκον ὑπὸ λιμοῦ καὶ τῆς [191b] ἄλλης ἀργίας διὰ τὸ μηδὲν ἐθέλειν χωρὶς ἀλλήλων ποιεῖν. καὶ ὁπότε τι ἀποθάνοι τῶν ἡμίσεων, τὸ δὲ λειφθείη, τὸ λειφθὲν ἄλλο ἐζήτει καὶ συνεπλέκετο, εἴτε γυναικὸς τῆς ὅλης ἐντύχοι ἡμίσει, ὃ δὴ νῦν γυναῖκα καλοῦμεν, εἴτ' ἀνδρός· καὶ οὕτως ἀπώλλυντο. ἐλεήσας δὲ ὁ Ζεὺς ἄλλην μηχανὴν πορίζεται, καὶ μετατίθησιν αὐτῶν τὰ αἰδοῖα εἰς τὸ πρόσθεν· τέως γὰρ καὶ ταῦτα ἐκτὸς εἶχον, καὶ ἐγέννων [191c] καὶ ἔτικτον οὐκ εἰς ἀλλήλους ἀλλ' εἰς γῆν, ὥσπερ οἱ τέττιγες. μετέθηκέ τε οὖν οὕτω αὐτῶν εἰς τὸ πρόσθεν καὶ διὰ τούτων τὴν γένεσιν ἐν ἀλλήλοις ἐποίησε, διὰ τοῦ ἄρρενος ἐν τῷ θήλει, τῶνδε ἕνεκα, ἵνα ἐν τῇ συμπλοκῇ ἅμα μὲν εἰ ἀνὴρ γυναικὶ ἐντύχοι, γεννῷεν καὶ γίγνοιτο τὸ γένος, ἅμα δ' εἰ καὶ ἄρρην ἄρρενι, πλησμονὴν γοῦν

numerosos. Andarão eretos, sustentados por duas pernas. Se mesmo assim, a nosso juízo, continuarem insolentes, se não se aquietarem, desferirei outro golpe para deixá-los saltitantes numa perna só". Com esse decreto, Zeus cortou os homens em dois como se partem sorvas para conserva ou como se dividem ovos à crina.[39] **(190e)** A cada golpe, Apolo, sujeito a ordens, virava o rosto e o pescoço partido na direção do corte com o objetivo de tornar mais ordeiro o homem ciente de sua própria mutilação. Foi-lhe ordenado em seguida curar as feridas. Apolo mudou-lhes a posição do rosto, puxou a pele de todos os lados para o ventre, nome atual, como se faz para produzir uma bolsa. Os movimentos dirigiam-se decisivos ao centro, deixando uma abertura, agora chamada umbigo. **(191a)** As pregas restantes, ele as alisou para produzir o peito com um instrumento semelhante ao usado pelos sapateiros para alisar o couro sobre a fôrma. Deixou algumas, as que contornam o ventre e o umbigo, lembrança da condição antiga. Como a natureza humana foi dividida em duas, cada uma das partes, saudosa, unia-se à outra, aos abraços, ardentes por se confundirem num único ser. Morriam de fome e de inércia porque não queriam fazer nada separadamente. **(191b)** Quando morria uma das partes, a sobrevivente procurava outra e a estreitava nos braços. A meia-mulher procurava outra meia-mulher (mulher agora), o meio-homem procurava outro meio-homem e assim se aniquilavam. Condoído, Zeus ideou outro recurso. Transportou as partes pudendas para frente. Eles as traziam, como agora, fora do corpo, mas geravam e se reproduziam não unidos um com o outro, mas em comércio com a terra[40], como as cigarras. **(191c)** Com o sexo para frente podiam gerar um com o outro, o macho na fêmea. O propósito era este: se o enlace fosse de um homem com uma mulher, haveria descendência e a constituição de uma família, mas se dois homens se abraçassem,

39. Com um fio de crina (pelo resistente da cauda do cavalo) pode-se partir um ovo.

40. Em mitos antigos seres nasciam do ventre da terra.

γίγνοιτο τῆς συνουσίας καὶ διαπαύοιντο καὶ ἐπὶ τὰ ἔργα τρέποιντο καὶ τοῦ ἄλλου βίου ἐπιμελοῖντο. ἔστι δὴ οὖν ἐκ τόσου [191d] ὁ ἔρως ἔμφυτος ἀλλήλων τοῖς ἀνθρώποις καὶ τῆς ἀρχαίας φύσεως συναγωγεὺς καὶ ἐπιχειρῶν ποιῆσαι ἓν ἐκ δυοῖν καὶ ἰάσασθαι τὴν φύσιν τὴν ἀνθρωπίνην.

XVI. Ἕκαστος οὖν ἡμῶν ἐστὶν ἀνθρώπου ξύμβολον, ἅτε τετμημένος ὥσπερ αἱ ψῆτται, ἐξ ἑνὸς δύο. ζητεῖ δὴ ἀεὶ τὸ αὑτοῦ ἕκαστος ξύμβολον. ὅσοι μὲν οὖν τῶν ἀνδρῶν τοῦ κοινοῦ τμῆμά εἰσιν, ὃ δὴ τότε ἀνδρόγυνον ἐκαλεῖτο, φιλογύναικές τέ εἰσὶ καὶ οἱ πολλοὶ τῶν μοιχῶν ἐκ τούτου τοῦ γένους γεγόνασιν, καὶ [191e] ὅσαι αὖ γυναῖκες φίλανδροί τε καὶ μοιχεύτριαι, ἐκ τούτου τοῦ γένους γίγνονται. ὅσαι δὲ τῶν γυναικῶν γυναικὸς τμῆμά εἰσιν, οὐ πάνυ αὗται τοῖς ἀνδράσι τὸν νοῦν προσέχουσιν, ἀλλὰ μᾶλλον πρὸς τὰς γυναῖκας τετραμμέναι εἰσί, καὶ αἱ ἑταιρίστριαι ἐκ τούτου τοῦ γένους γίγνονται. ὅσοι δὲ ἄρρενος τμῆμά εἰσι, τὰ ἄρρενα διώκουσι, καὶ τέως μὲν ἂν παῖδες ὦσιν, ἅτε τεμάχια ὄντα τοῦ ἄρρενος, φιλοῦσι τοὺς ἄνδρας καὶ χαίρουσι συγκατακείμενοι καὶ συμπεπλεγμένοι [192a] τοῖς ἀνδράσι, καί εἰσιν οὗτοι βέλτιστοι τῶν παίδων καὶ μειρακίων, ἅτε ἀνδρειότατοι ὄντες φύσει. φασὶ δὲ δή τινες αὐτοὺς ἀναισχύντους εἶναι, ψευδόμενοι· οὐ γὰρ ὑπ᾽ ἀναισχυντίας τοῦτο δρῶσιν ἀλλ᾽ ὑπὸ θάρρους καὶ ἀνδρείας καὶ ἀρρενωπίας, τὸ ὅμοιον αὐτοῖς ἀσπαζόμενοι. μέγα δὲ τεκμήριον· καὶ γὰρ τελεωθέντες μόνοι ἀποβαίνουσιν εἰς τὰ πολιτικὰ ἄνδρες οἱ τοιοῦτοι. ἐπειδὰν δὲ ἀνδρωθῶσι, [192b] παιδεραστοῦσι καὶ πρὸς γάμους καὶ παιδοποιίας οὐ προσέχουσι τὸν νοῦν φύσει, ἀλλ᾽ ὑπὸ τοῦ νόμου ἀναγκάζονται· ἀλλ᾽ ἐξαρκεῖ αὐτοῖς μετ᾽ ἀλλήλων καταζῆν ἀγάμοις. πάντως μὲν οὖν ὁ τοιοῦτος παιδεραστής τε καὶ φιλεραστὴς γίγνεται, ἀεὶ τὸ συγγενὲς ἀσπαζόμενος. ὅταν μὲν οὖν καὶ αὐτῷ ἐκείνῳ ἐντύχῃ τῷ αὑτοῦ ἡμίσει καὶ ὁ παιδεραστὴς καὶ ἄλλος πᾶς, τότε καὶ θαυμαστὰ ἐκπλήττονται φιλίᾳ τε καὶ [192c] οἰκειότητι καὶ ἔρωτι, οὐκ ἐθέλοντες, ὡς ἔπος εἰπεῖν χωρίζεσθαι ἀλλήλων οὐδὲ

a conjunção os devolveria tranquilos ao trabalho, às outras ocupações do dia a dia. **(191d)** Eros, que atrai um ao outro, está implantado nos homens desde então para restaurar a antiga natureza, faz de dois um só e alivia as dores da natureza humana. Cada um de nós é, portanto, a metade complementar de outro (um símbolo).[41] Somos como uma das partes de um linguado cortado ao meio, dois formando um. Cada qual anda à procura de seu próprio complemento. Os que são um pedaço daquele ser misto, o andrógino, gostam de mulheres, origem de muitos adultérios. **(191e)** As mulheres desejosas de homens procedem dessa variedade, fonte de adúlteras. A mulher fragmento da mulher primitiva não pensa em homem; sente-se, entretanto, atraída por mulher. Essa variedade gera as companheirinhas. O homem que é pedaço do macho primitivo corre atrás de homem. Ainda jovenzinhos, porções do macho primitivo, gostam de homens. Dormir com homens lhes dá prazer, enredam-se com homens. **(192a)** Excepcionais mesmo quando crianças e jovens, eles são, por natureza, másculos como ninguém. Alguns dizem que são despudorados, o que é um equívoco. Não é por sem-vergonhice que eles se comportam assim, mas por coragem, por virilidade. A masculinidade leva-os a se apegarem ao que se assemelha a eles. Querem prova? Maduros, são os únicos a ingressar na política. São machos e pronto! Adultos, inflamam-se por jovens. **(192b)** Casamento e prole não lhes interessam, embora a lei os obrigue a isso. Se fosse por eles, passariam a vida um com o outro, solteiros. Via de regra, um homem assim constituído apega-se a um menino, dedica-se ao erasta, afeiçoando-se sempre ao semelhante. Quando acontece encontrar a metade que lhe falta, o erasta de meninos ou qualquer outro erasta experimenta emoções extraordinárias, causadas pela amizade, pela intimidade, por Eros. **(192c)** Em síntese, a separação não lhes interessa nem por um breve espaço de tempo. Os que passam a vida juntos são

41. Na antiguidade, pessoas atestavam sua identidade em reencontros, juntando as duas partes de um objeto partido, o símbolo.

σμικρὸν χρόνον. καὶ οἱ διατελοῦντες μετ᾽ ἀλλήλων διὰ βίου οὗτοί εἰσιν, οἳ οὐδ᾽ ἂν ἔχοιεν εἰπεῖν ὅ τι βούλονται σφίσι παρ᾽ ἀλλήλων γίγνεσθαι. οὐδενὶ γὰρ ἂν δόξειεν τοῦτ᾽ εἶναι ἡ τῶν ἀφροδισίων συνουσία, ὡς ἄρα τούτου ἕνεκα ἕτερος ἑτέρῳ χαίρει ξυνὼν οὕτως ἐπὶ μεγάλης σπουδῆς· ἀλλ᾽ ἄλλο τι βουλομένη ἑκατέρου ἡ ψυχὴ [192d] δήλη ἐστίν, ὃ οὐ δύναται εἰπεῖν, ἀλλὰ μαντεύεται ὃ βούλεται, καὶ αἰνίττεται. καὶ εἰ αὐτοῖς ἐν τῷ αὐτῷ κατακειμένοις ἐπιστὰς ὁ Ἥφαιστος, ἔχων τὰ ὄργανα, ἔροιτο· τί ἔσθ᾽ ὃ βούλεσθε, ὦ ἄνθρωποι, ὑμῖν παρ᾽ ἀλλήλων γενέσθαι; καὶ εἰ ἀποροῦντας αὐτοὺς πάλιν ἔροιτο· ἆρά γε τοῦδε ἐπιθυμεῖτε, ἐν τῷ αὐτῷ γενέσθαι ὅτι μάλιστα ἀλλήλοις, ὥστε καὶ νύκτα καὶ ἡμέραν μὴ ἀπολείπεσθαι ἀλλήλων; εἰ γὰρ τούτου ἐπιθυμεῖτε, ἐθέλω ὑμᾶς συντῆξαι καὶ [192e] συμφυσῆσαι εἰς τὸ αὐτό, ὥστε δύ᾽ ὄντας ἕνα γεγονέναι καὶ ἕως τ᾽ ἂν ζῆτε, ὡς ἕνα ὄντα, κοινῇ ἀμφοτέρους ζῆν, καὶ ἐπειδὰν ἀποθάνητε, ἐκεῖ αὖ ἐν Ἅιδου ἀντὶ δυοῖν ἕνα εἶναι κοινῇ τεθνεῶτε· ἀλλ᾽ ὁρᾶτε εἰ τούτου ἐρᾶτε καὶ ἐξαρκεῖ ὑμῖν ἂν τούτου τύχητε· ταῦτ᾽ ἀκούσας ἴσμεν ὅτι οὐδ᾽ ἂν εἷς ἐξαρνηθείη οὐδ᾽ ἄλλο τι ἂν φανείη βουλόμενος, ἀλλ᾽ ἀτεχνῶς οἴοιτ᾽ ἂν ἀκηκοέναι τοῦτο ὃ πάλαι ἄρα ἐπεθύμει, συνελθὼν καὶ συντακεὶς τῷ ἐρωμένῳ ἐκ δυοῖν εἷς γενέσθαι. τοῦτο γάρ ἐστι τὸ αἴτιον, ὅτι ἡ ἀρχαία φύσις ἡμῶν ἦν αὕτη καὶ ἦμεν ὅλοι· τοῦ ὅλου οὖν τῇ ἐπιθυμίᾳ [193a] καὶ διώξει ἔρως ὄνομα. καὶ πρὸ τοῦ, ὥσπερ λέγω, ἓν ἦμεν, νυνὶ δὲ διὰ τὴν ἀδικίαν διῳκίσθημεν ὑπὸ τοῦ θεοῦ, καθάπερ Ἀρκάδες ὑπὸ Λακεδαιμονίων· φόβος οὖν ἔστιν, ἐὰν μὴ κόσμιοι ὦμεν πρὸς τοὺς θεούς, ὅπως μὴ καὶ αὖθις διασχισθησόμεθα, καὶ περίιμεν ἔχοντες ὥσπερ οἱ ἐν ταῖς στήλαις καταγραφὴν ἐκτετυπωμένοι, διαπεπρισμένοι κατὰ τὰς ῥῖνας, γεγονότες ὥσπερ λίσπαι. ἀλλὰ τούτων ἕνεκα πάντ᾽ ἄνδρα χρὴ ἅπαντα παρακελεύεσθαι εὐσεβεῖν περὶ [193b] θεούς,

esses. Um não saberia dizer o que espera do outro. Ninguém diria que a causa disso é a camaradagem afrodisíaca. Seria essa a razão do prazer intenso que o convívio lhes traz? **(192d)** É evidente que a psique de cada um deles deseja coisa diferente, indizível, coisa que se alcança apenas adivinhando, escondida em enigmas. Imaginemos dois homens no mesmo leito. Aparece Hefesto[42] com seus instrumentos de ferreiro e lhes pergunta: "Cavalheiros, o que vocês desejam nessa posição?" Suponhamos que diante do embaraço Hefesto insista: "Porventura é isso, ficar na cama juntinhos indefinidamente de sorte que nem o dia nem a noite os separem? Se é isso o que vocês almejam, **(192e)** quero fundi-los, quero forjá-los numa só unidade. De dois farei um. Enquanto viverem, vocês serão um único ser. Comum será a vida de vocês dois. E quando morrerem, lá no Hades, a morte os conservará unidos. É por esse favor que vocês oram a Eros? Desejam que isso lhes seja concedido?" Sabemos que ninguém diria não a tal oferta, nem almejaria outro favor. Viria-lhe simplesmente ao ouvido uma promessa há muito desejada: confundir-se com o erômeno, de dois aparecer um só. Nossa natureza primitiva originou esse sentimento, éramos totalidades. Ao desejo e à busca da totalidade corresponde o nome Eros. **(193a)** Primitivamente, como foi exposto, éramos um só, mas agora, devido à nossa atitude injusta, fomos desterrados pela divindade assim como os árcades foram banidos pelos lacedemônios.[43] Corremos o risco, se não formos ordeiros, de sofrer outra divisão. Resultado: perambularemos como os talhados, de perfil nas estelas, os quais apresentam apenas uma das narinas, à maneira de osso partido ao meio. Vai aqui minha recomendação a todos os homens: honrar sempre os deuses, tanto para evitar o castigo como para obter favores, tendo Eros como chefe e general. **(193b)** Ninguém

42. Hefesto, deus ferreiro, nascido de Hera sem participação masculina, segundo Hesíodo.

43. A Arcádia ficava no Peloponeso, onde habitavam também os lacedemônios ou espartanos. Os espartanos e os árcades (atenienses) viviam em conflito.

ἵνα τὰ μὲν ἐκφύγωμεν, τῶν δὲ τύχωμεν, ὧν ὁ Ἔρως ἡμῖν ἡγεμὼν καὶ στρατηγός. ᾧ μηδεὶς ἐναντία πραττέτω (πράττει δ' ἐναντία ὅστις θεοῖς ἀπεχθάνεται)· φίλοι γὰρ γενόμενοι καὶ διαλλαγέντες τῷ θεῷ ἐξευρήσομέν τε καὶ ἐντευξόμεθα τοῖς παιδικοῖς τοῖς ἡμετέροις αὐτῶν, ὃ τῶν νῦν ὀλίγοι ποιοῦσι. καὶ μή μοι ὑπολάβῃ Ἐρυξίμαχος, κωμῳδῶν τὸν λόγον, ὡς Παυσανίαν καὶ Ἀγάθωνα λέγω· ἴσως μὲν [193c] γὰρ καὶ οὗτοι τούτων τυγχάνουσιν ὄντες καί εἰσιν ἀμφότεροι τὴν φύσιν ἄρρενες· λέγω δὲ οὖν ἔγωγε καθ' ἁπάντων καὶ ἀνδρῶν καὶ γυναικῶν, ὅτι οὕτως ἂν ἡμῶν τὸ γένος εὔδαιμον γένοιτο, εἰ ἐκτελέσαιμεν τὸν ἔρωτα καὶ τῶν παιδικῶν τῶν αὑτοῦ ἕκαστος τύχοι εἰς τὴν ἀρχαίαν ἀπελθὼν φύσιν· εἰ δὲ τοῦτο ἄριστον, ἀναγκαῖον καὶ τῶν νῦν παρόντων τὸ τούτου ἐγγυτάτω ἄριστον εἶναι· τοῦτο δ' ἐστὶ παιδικῶν τυχεῖν κατὰ νοῦν αὐτῷ πεφυκότων· οὗ δὴ τὸν αἴτιον θεὸν ὑμνοῦντες [193d] δικαίως ἂν ὑμνοῖμεν Ἔρωτα, ὃς ἔν τε τῷ παρόντι ἡμᾶς πλεῖστα ὀνίνησιν εἰς τὸ οἰκεῖον ἄγων, καὶ εἰς τὸ ἔπειτα ἐλπίδας μεγίστας παρέχεται, ἡμῶν παρεχομένων πρὸς θεοὺς εὐσέβειαν, καταστήσας ἡμᾶς εἰς τὴν ἀρχαίαν φύσιν καὶ ἰασάμενος μακαρίους καὶ εὐδαίμονας ποιῆσαι. οὗτος, ἔφη, ὦ Ἐρυξίμαχε, ὁ ἐμὸς λόγος ἐστὶ περὶ Ἔρωτος, ἀλλοῖος ἢ ὁ σός. ὥσπερ οὖν ἐδεήθην σου, μὴ κωμῳδήσῃς αὐτόν, ἵνα καὶ τῶν λοιπῶν ἀκούσωμεν τί ἕκαστος [193e] ἐρεῖ, μᾶλλον δὲ τί ἑκάτερος· Ἀγάθων γὰρ καὶ Σωκράτης λοιποί.

XVII. Ἀλλὰ πείσομαί σοι, ἔφη φάναι τὸν Ἐρυξίμαχον· καὶ γάρ μοι ὁ λόγος ἡδέως ἐρρήθη. καὶ εἰ μὴ ξυνῄδειν Σωκράτει τε καὶ Ἀγάθωνι δεινοῖς οὖσι περὶ τὰ ἐρωτικά, πάνυ ἂν ἐφοβούμην μὴ ἀπορήσωσι λόγων διὰ τὸ πολλὰ καὶ παντοδαπὰ εἰρῆσθαι· νῦν δὲ ὅμως θαρρῶ, [194a] τὸν οὖν Σωκράτη εἰπεῖν Καλῶς γὰρ αὐτὸς ἠγώνισαι, ὦ Ἐρυξίμαχε· εἰ δὲ γένοιο οὗ νῦν ἐγώ εἰμι, μᾶλλον δὲ ἴσως οὗ ἔσομαι ἐπειδὰν καὶ Ἀγάθων εἴπῃ εὖ, καὶ μάλ' ἂν φοβοῖο καὶ ἐν παντὶ εἴης ὥσπερ ἐγὼ νῦν. Φαρμάττειν

se oponha ao comando de Eros. Resiste a Eros quem pratica atos odiosos à ordem divina. Se somos amigos de Eros, se vivemos em paz com ele, encontraremos os desejados que nos pertencem e nos relacionaremos com eles. Poucos alcançam hoje esse benefício. Não desejo que Erixímaco lance suspeitas sobre mim. Não vá pensar que este meu discurso é uma comédia. Não me refiro a Pausânias nem a Agaton. Tudo indica que ambos são másculos, da natureza do macho primitivo. **(193c)** Dirijo-me a todos os seres humanos, homens e mulheres. Penso que todos chegaríamos a completo bem-estar se soubéssemos atingir o alvo da nossa força erótica, alcançando cada um de nós o objeto de seus desejos para restaurar sua natureza primitiva. Se é nisso que reside a perfeição, é forçoso que melhor se sentirá aquele que mais se aproximar dela, certo de que o desejado corresponde a seu gosto. Se queremos enaltecer a divindade que nos traz alegria, nosso louvar se elevará com justiça a Eros. **(193d)** Devemos a ele no momento os maiores benefícios. Quem nos conduz ao que nos pertence é ele, acenando com luminosas esperanças futuras. Se elevarmos louvor aos deuses, Eros nos há de restaurar a natureza primitiva, proporcionando-nos ventura e bem-estar. Erixímaco, aqui tens meu discurso sobre Eros, que se distancia do teu. Já te pedi, não o tomes por comédia. **(193e)** Ouçamos os que ainda restam, queremos saber o que eles têm a dizer-nos, ou melhor, um de cada vez, Agaton e Sócrates.

– Proceda-se como determinas – interveio Erixímaco. – Gostei muito do teu discurso. Se eu não conhecesse Agaton e Sócrates – ambos saberão dizer maravilhas de Eros –, temeria que achassem dificuldade em salientar outros aspectos, depois da variedade de visões que nos foram apresentadas. Da minha parte, confio neles. **(194a)**

– Foi significativa, Erixímaco, tua participação neste certame – observou Sócrates. – Mas se estivesses na posição em que agora me encontro, ou melhor, onde me encontrarei

βούλει με, ὦ Σώκρατες, εἰπεῖν τὸν Ἀγάθωνα, ἵνα θορυβηθῶ διὰ τὸ οἴεσθαι τὸ θέατρον προσδοκίαν μεγάλην ἔχειν ὡς εὖ ἐροῦντος ἐμοῦ. Ἐπιλήσμων μέντ' ἂν εἴην, ὦ Ἀγάθων, εἰπεῖν τὸν Σωκράτη, [194b] εἰ ἰδὼν τὴν σὴν ἀνδρείαν καὶ μεγαλοφροσύνην ἀναβαίνοντος ἐπὶ τὸν ὀκρίβαντα μετὰ τῶν ὑποκριτῶν, καὶ βλέψαντος ἐναντία τοσούτῳ θεάτρῳ, μέλλοντος ἐπιδείξεσθαι σαυτοῦ λόγους, καὶ οὐδ' ὁπωστιοῦν ἐκπλαγέντος, νῦν οἰηθείην σε θορυβήσεσθαι ἕνεκα ἡμῶν ὀλίγων ἀνθρώπων. Τί δέ, ὦ Σώκρατες; τὸν Ἀγάθωνα φάναι, οὐ δή πού με οὕτω θεάτρου μεστὸν ἡγεῖ, ὥστε καὶ ἀγνοεῖν ὅτι νοῦν ἔχοντι ὀλίγοι ἔμφρονες πολλῶν ἀφρόνων φοβερώτεροι; [194c] Οὐ μέντ' ἂν καλῶς ποιοίην, φάναι τὸν Σωκράτη, ὦ Ἀγάθων, περὶ σοῦ τι ἐγὼ ἄγροικον δοξάζων· ἀλλ' εὖ οἶδα ὅτι εἴ τισιν ἐντύχοις οὓς ἡγεῖο σοφούς, μᾶλλον ἂν αὐτῶν φροντίζοις ἢ τῶν πολλῶν· ἀλλὰ μὴ οὐχ οὗτοι ἡμεῖς ὦμεν· ἡμεῖς μὲν γὰρ καὶ ἐκεῖ παρῆμεν καὶ ἦμεν τῶν πολλῶν· εἰ δὲ ἄλλοις ἐντύχοις σοφοῖς, τάχ' ἂν αἰσχύνοιο αὐτούς, εἴ τι ἴσως οἴοιο αἰσχρὸν ὂν ποιεῖν· ἢ πῶς λέγεις; Ἀληθῆ λέγεις, φάναι. Τοὺς δὲ πολλοὺς οὐκ ἂν αἰσχύνοιο εἴ τι οἴοιο αἰσχρὸν ποιεῖν; [194d] καὶ τὸν Φαῖδρον ἔφη ὑπολαβόντα εἰπεῖν Ὦ φίλε Ἀγάθων, ἐὰν ἀποκρίνῃ Σωκράτει, οὐδὲν ἔτι διοίσει αὐτῷ ὁπῃοῦν τῶν ἐνθάδε ὁτιοῦν γίγνεσθαι, ἐὰν μόνον ἔχῃ ὅτῳ διαλέγηται, ἄλλως τε καὶ καλῷ. ἐγὼ δὲ ἡδέως μὲν ἀκούω Σωκράτους διαλεγομένου, ἀναγκαῖον δέ μοι ἐπιμεληθῆναι τοῦ ἐγκωμίου τῷ Ἔρωτι καὶ ἀποδέξασθαι παρ' ἑνὸς ἑκάστου ὑμῶν τὸν λόγον· ἀποδοὺς οὖν ἑκάτερος τῷ θεῷ οὕτως ἤδη διαλεγέσθω. [194e] Ἀλλὰ καλῶς λέγεις, ὦ Φαῖδρε, φάναι τὸν Ἀγάθωνα, καὶ οὐδέν με κωλύει λέγειν· Σωκράτει γὰρ καὶ αὖθις ἔσται πολλάκις διαλέγεσθαι.

XVIII. Ἐγὼ δὲ δὴ βούλομαι πρῶτον μὲν εἰπεῖν ὡς χρή με εἰπεῖν, ἔπειτα εἰπεῖν. δοκοῦσι γάρ μοι πάντες οἱ πρόσθεν εἰρηκότες οὐ τὸν θεὸν ἐγκωμιάζειν ἀλλὰ τοὺς ἀνθρώπους εὐδαιμονίζειν τῶν ἀγαθῶν ὧν ὁ θεὸς αὐτοῖς

depois que Agaton tiver discursado, asseguro-te que teu receio seria intenso, em nada inferior ao meu.

– Queres botar feitiço em mim? – reagiu Agaton. – Queres que eu perca a cabeça? Sugeres que a plateia deste teatro vibra na expectativa de que eu vá proferir um grande discurso?

– Não esqueci o que aconteceu, Agaton. **(194b)** Testemunhei teu arrojo. Foi espantosa tua intrepidez ao subires à cena com teus atores para enfrentar, lá no teatro, uma imensa plateia logo no início da encenação de uma peça. Não demonstraste nem sombra de temor. Como poderia eu pensar que perderias o controle agora diante de nós, um punhado de gente?

– O quê, Sócrates? Minha vaidade teatral não chega a tanto. Pois fica sabendo que um pequeno número de pessoas inteligentes assusta muito mais do que uma grande multidão de ignorantes. **(194c)**

– Eu cometeria grande injustiça, Agaton, se te atribuísse a mais leve vulgaridade. Bem sei que se topasses com algumas pessoas bem informadas, isso te tocaria muito mais do que multidões. Não estou seguro de pertencermos aos seletos. Estivemos lá, mergulhados no mar de espectadores. Se estivesses com outros, com sábios, poderias sentir-te constrangido, o temor de incorrer em alguma falta seria compreensível. Não é assim?

– O que dizes tem sentido – observou Agaton.

– Ficarias aborrecido se cometesses uma falta diante de uma multidão? **(194d)**

Fedro teria interrompido a conversa:

– Meu caro Agaton, se respondes a Sócrates, ele perderá interesse por aquilo que se passa aqui. Um interlocutor o cativa, sobretudo quando é belo. Não é que a conversa com Sócrates me desagrade. É-me forçoso, entretanto, garantir o engrandecimento de Eros. Quero registrar o que cada um de vocês tem a dizer. Saldada a dívida a Eros, cada um poderá conversar à vontade. **(194e)**

– Tens razão, Fedro – observou Agaton. – Chegou minha vez. Não me faltará ocasião para falar com Sócrates.

αἴτιος· ὁποῖος δέ τις αὐτὸς ὢν [195a] ταῦτα ἐδωρήσατο, οὐδεὶς εἴρηκεν. εἷς δὲ τρόπος ὀρθὸς παντὸς ἐπαίνου περὶ παντός, λόγῳ διελθεῖν οἷος οἵων αἴτιος ὢν τυγχάνει περὶ οὗ ἂν ὁ λόγος ᾖ. οὕτω δὴ τὸν Ἔρωτα καὶ ἡμᾶς δίκαιον ἐπαινέσαι πρῶτον αὐτὸν οἷός ἐστιν, ἔπειτα τὰς δόσεις. φημὶ οὖν ἐγὼ πάντων θεῶν εὐδαιμόνων ὄντων Ἔρωτα, εἰ θέμις καὶ ἀνεμέσητον εἰπεῖν, εὐδαιμονέστατον εἶναι αὐτῶν, κάλλιστον ὄντα καὶ ἄριστον. ἔστι δὲ κάλλιστος ὢν τοιόσδε. πρῶτον μὲν νεώτατος θεῶν, ὦ Φαῖδρε. μέγα [195b] δὲ τεκμήριον τῷ λόγῳ αὐτὸς παρέχεται, φεύγων φυγῇ τὸ γῆρας, ταχὺ ὂν δῆλον ὅτι· θᾶττον γοῦν τοῦ δέοντος ἡμῖν προσέρχεται. ὃ δὴ πέφυκεν Ἔρως μισεῖν καὶ οὐδ᾽ ἐντὸς πολλοῦ πλησιάζειν. μετὰ δὲ νέων ἀεὶ σύνεστί τε καὶ ἔστιν· ὁ γὰρ παλαιὸς λόγος εὖ ἔχει, ὡς ὅμοιον ὁμοίῳ ἀεὶ πελάζει. ἐγὼ δὲ Φαίδρῳ πολλὰ ἄλλα ὁμολογῶν τοῦτο οὐχ ὁμολογῶ, ὡς Ἔρως Κρόνου καὶ Ἰαπετοῦ ἀρχαιότερός ἐστιν. ἀλλά [195c] φημὶ νεώτατον αὐτὸν εἶναι θεῶν καὶ ἀεὶ νέον, τὰ δὲ παλαιὰ πράγματα περὶ θεούς, ἃ Ἡσίοδος καὶ Παρμενίδης λέγουσιν, Ἀνάγκῃ καὶ οὐκ Ἔρωτι γεγονέναι, εἰ ἐκεῖνοι ἀληθῆ ἔλεγον· οὐ γὰρ ἂν ἐκτομαὶ οὐδὲ δεσμοὶ ἀλλήλων ἐγίγνοντο καὶ ἄλλα πολλὰ καὶ βίαια, εἰ Ἔρως ἐν αὐτοῖς ἦν, ἀλλὰ φιλία καὶ εἰρήνη, ὥσπερ νῦν, ἐξ οὗ Ἔρως τῶν θεῶν βασιλεύει. νέος μὲν οὖν ἐστί, πρὸς δὲ τῷ νέῳ ἁπαλός· ποιητοῦ δ᾽ ἔστιν [195d] ἐνδεὴς οἷος ἦν Ὅμηρος, πρὸς τὸ ἐπιδεῖξαι θεοῦ ἁπαλότητα. Ὅμηρος γὰρ Ἄτην θεόν τέ φησιν εἶναι καὶ ἁπαλήν (τοὺς γοῦν πόδας αὐτῆς ἁπαλοὺς εἶναι) λέγων

. . . τῆς μένθ᾽ ἁπαλοὶ πόδες· οὐ γὰρ ἐπ᾽ οὔδεος
πίλναται, ἀλλ᾽ ἄρα ἥ γε κατ᾽ ἀνδρῶν κράατα βαίνει.

καλῷ οὖν δοκεῖ μοι τεκμηρίῳ τὴν ἁπλότητα ἀποφαίνειν, ὅτι οὐκ ἐπὶ σκληροῦ βαίνει, ἀλλ᾽ ἐπὶ μαλθακοῦ.

Antes de falar, devo esclarecer como falarei. Os que me precederam, todos, não enalteceram, parece-me, o deus; limitaram-se a proclamar venturosos os homens de cujo bem-estar o deus é causa. Ninguém se referiu, entretanto, à natureza do galardoador. **(195a)** Em todo elogio sobre o que quer que seja existe apenas um procedimento correto: expor discursivamente qual é a natureza do objeto em foco capaz de produzir certos efeitos. Esta parece-me ser a maneira justa de elogiar Eros: primeiro sua natureza; depois, seus dons. Afirmo que de todos os bem-aventurados deuses, se é justo e recomendável falar assim, Eros é o mais venturoso, o mais formoso, o melhor. Ele é o mais belo pelos motivos que passo a expor. Em primeiro lugar, meu caro Fedro, o mais jovem dos deuses é ele. Ele próprio fornece prova convincente do que digo. **(195b)** Foge, em fuga inquestionavelmente rápida, da velhice, visto que esta nos ataca em vida com velocidade indevida. É da natureza de Eros odiar a velhice, deixá-la distante. Eros costuma viver e conviver com jovens. O fato confirma o adágio antigo: “O semelhante ao semelhante busca”. Logo, embora do discurso de Fedro eu homologue muito, não homologo isto: que Eros seja mais antigo do que Crono e Jápeto[44]. **(195c)** Afirmo, ao contrário, que ele é o mais jovem dos deuses e será jovem sempre. Não se busque em Eros a causa das antigas façanhas dos deuses, narradas por Hesíodo e por Parmênides, e sim na Necessidade, se é que falaram a verdade. Os deuses não seriam afligidos por mutilações, por mútuas prisões, por inúmeros atos de violência, se entre eles atuasse Eros. Teriam, ao contrário, conhecido amizade e paz como acontece agora, no reinado de Eros. Jovem é ele e, além de jovem, suave. **(195d)** Falta-lhe, entretanto, um poeta como Homero para destacar-lhe a suavidade. Para Homero, suave é Ate, suaves são, ao menos, os seus divinos pés[45]. Lemos:

---

44. Crono e Jápeto: dois titãs (irmãos); divindades muito antigas, segundo a *Teogonia*.

45. Ate, divindade veloz; pousa na cabeça das pessoas para provocar enganos e pôr à prova a razão.

τῷ αὐτῷ [195e] δὴ καὶ ἡμεῖς χρησόμεθα τεκμηρίῳ περὶ Ἔρωτα ὅτι ἁπαλός. οὐ γὰρ ἐπὶ γῆς βαίνει οὐδ᾽ ἐπὶ κρανίων, ἅ ἐστιν οὐ πάνυ μαλακά, ἀλλ᾽ ἐν τοῖς μαλακωτάτοις τῶν ὄντων καὶ βαίνει καὶ οἰκεῖ. ἐν γὰρ ἤθεσι καὶ ψυχαῖς θεῶν καὶ ἀνθρώπων τὴν οἴκησιν ἵδρυται· καὶ οὐκ αὖ ἑξῆς ἐν πάσαις ταῖς ψυχαῖς, ἀλλ᾽ ᾗτινι ἂν σκληρὸν ἦθος ἐχούσῃ ἐντύχῃ, ἀπέρχεται, ᾗ δ᾽ ἂν μαλακόν, οἰκίζεται. ἁπτόμενον οὖν ἀεὶ καὶ ποσὶν καὶ πάντῃ ἐν μαλακωτάτοις τῶν μαλακωτάτων, ἁπαλώτατον ἀνάγκη [196a] εἶναι. νεώτατος μὲν δή ἐστι καὶ ἁπαλώτατος, πρὸς δὲ τούτοις ὑγρὸς τὸ εἶδος, οὐ γὰρ ἂν οἷός τ᾽ ἦν πάντῃ περιπτύσσεσθαι οὐδὲ διὰ πάσης ψυχῆς καὶ εἰσιὼν τὸ πρῶτον λανθάνειν καὶ ἐξιών, εἰ σκληρὸς ἦν. συμμέτρου δὲ καὶ ὑγρᾶς ἰδέας μέγα τεκμήριον ἡ εὐσχημοσύνη, ὃ δὴ διαφερόντως ἐκ πάντων ὁμολογουμένως Ἔρως ἔχει· ἀσχημοσύνῃ γὰρ καὶ Ἔρωτι πρὸς ἀλλήλους ἀεὶ πόλεμος. χρόας δὲ κάλλος ἡ κατ᾽ ἄνθη δίαιτα τοῦ θεοῦ σημαίνει· ἀνανθεῖ γὰρ [196b] καὶ ἀπηνθηκότι καὶ σώματι καὶ ψυχῇ καὶ ἄλλῳ ὁτῳοῦν οὐκ ἐνίζει Ἔρως· οὗ δ᾽ ἂν εὐανθής τε καὶ εὐώδης τόπος ᾖ, ἐνταῦθα δὲ καὶ ἵζει καὶ μένει.

XIX. Περὶ μὲν οὖν κάλλους τοῦ θεοῦ καὶ ταῦθ᾽ ἱκανὰ καὶ ἔτι πολλὰ λείπεται, περὶ δὲ ἀρετῆς Ἔρωτος μετὰ ταῦτα λεκτέον· τὸ μὲν μέγιστον ὅτι Ἔρως οὔτ᾽ ἀδικεῖ οὔτ᾽ ἀδικεῖται οὔθ᾽ ὑπὸ θεοῦ οὔτε θεόν, οὔθ᾽ ὑπ᾽ ἀνθρώπου οὔτε ἄνθρωπον. οὔτε γὰρ αὐτὸς βίᾳ πάσχει, εἴ τι πάσχει—βία γὰρ Ἔρωτος οὐχ [196c] ἅπτεται—οὔτε ποιῶν ποιεῖ—πᾶς γὰρ ἑκὼν Ἔρωτι πᾶν ὑπηρετεῖ—ἃ δ᾽ ἂν ἑκὼν ἑκόντι ὁμολογήσῃ, φασὶν "*οἱ πόλεως βασιλῆς νόμοι*" δίκαια εἶναι. πρὸς δὲ τῇ δικαιοσύνῃ σωφροσύνης πλείστης μετέχει. εἶναι γὰρ ὁμολογεῖται σωφροσύνη τὸ κρατεῖν ἡδονῶν καὶ ἐπιθυμιῶν, Ἔρωτος δὲ μηδεμίαν ἡδονὴν κρείττω εἶναι· εἰ δὲ ἥττους, κρατοῖντ᾽ ἂν ὑπὸ Ἔρωτος, ὁ δὲ κρατοῖ, κρατῶν δὲ ἡδονῶν καὶ ἐπιθυμιῶν ὁ Ἔρως διαφερόντως ἂν σωφρονοῖ. καὶ μὴν εἴς γε

"Seus pés deslizam suaves, pois não pisam o solo, visto que a deusa se move sobre as cabeças dos homens". Bela me parece a prova que revela a delicadeza da deusa, pois ela não toca superfícies duras, anda no macio. **(195e)** Recorremos ao mesmo argumento para provar a suavidade de Eros. Eros não pisa o solo, não se move sobre cabeças de brandura duvidosa. Anda em suavíssimas veredas e aí habita. Em divinos e humanos costumes e peitos[46] Eros ergueu morada, não em todos. Do peito de hábitos duros ele some; peito de hábitos puros ele assume. Toca com os pés, com os braços, brandíssimos entre brandíssimos. Haverá ser mais suave do que Eros? **(196a)** É extremamente jovem, extremamente doce. O que mais? O corpo, úmido! Fosse seco, não poderia ajustar-se a toda pele, não poderia, evasivo, insinuar-se em todos os corações e sumir. Querem provas? Úmido é o corpo, arrebatadoras brilham as formas. É unânime, Eros erra sobranceiro a todos. Erros e Eros vivem em guerra. Flores atestam a textura de sua tez. Em folhas murchas, em fenecidas flores, em corrompidos corpos, em corroídos corações, não se assenta Eros. **(196b)** Trilha campos floridos, fragrâncias frequenta, brilha e reina aí. Sobre o corpo, sobre a carne, sobre o charme, sobre a chama, basta o que eu disse. Restam rumores, restam ardores. Apraz-me passar do prazer à virtude. Que direi? Ato injusto não se ajusta a Eros: nem como agente, nem como paciente, nem de um deus, nem contra um deus, nem de um homem, nem contra um homem. Não padece, se é que padece, violência; violência não lhe apetece. **(196c)** Age, quando age, sem violência. Todos cedem voluntariamente a Eros, em tudo. Atos do desejoso ao desejante, homologados, não são injustos, dizem as leis, "rainhas na minha cidade". Na balança de Eros equilibram-se justiça e temperança. Que a temperança governe prazeres e ardores, disso ninguém diverge. Prazer algum supera Eros. Sendo inferiores e regidos por Eros – o rei –, prazer e ardor esplendem no primor da temperança de Eros. Se passamos à virilidade, observamos

46. Peitos: corações.

ἀνδρείαν Ἔρωτι [196d] *"οὐδ' Ἄρης ἀνθίσταται,,*. οὐ γὰρ ἔχει Ἔρωτα Ἄρης, ἀλλ' Ἔρως Ἄρη, Ἀφροδίτης, ὡς λόγος· κρείττων δὲ ὁ ἔχων τοῦ ἐχομένου· τοῦ δ' ἀνδρειοτάτου τῶν ἄλλων κρατῶν πάντων ἂν ἀνδρειότατος εἴη· περὶ μὲν οὖν δικαιοσύνης καὶ σωφροσύνης καὶ ἀνδρείας τοῦ θεοῦ εἴρηται, περὶ δὲ σοφίας λείπεται· ὅσον οὖν δυνατόν, πειρατέον μὴ ἐλλείπειν. καὶ πρῶτον μέν, ἵν' αὖ καὶ ἐγὼ τὴν ἡμετέραν τέχνην τιμήσω ὥσπερ Ἐρυξίμαχος [196e] τὴν αὑτοῦ, ποιητὴς ὁ θεὸς σοφὸς οὕτως ὥστε καὶ ἄλλον ποιῆσαι· πᾶς γοῦν ποιητὴς γίγνεται, "κἂν ἄμουσος ᾖ τὸ πρίν,,, οὗ ἂν Ἔρως ἅψηται. ᾧ δὴ πρέπει ἡμᾶς μαρτυρίῳ χρῆσθαι, ὅτι ποιητὴς ὁ Ἔρως ἀγαθὸς ἐν κεφαλαίῳ πᾶσαν ποίησιν τὴν κατὰ μουσικήν· ἃ γάρ τις ἢ μὴ ἔχει ἢ μὴ οἶδεν, οὔτ' ἂν ἑτέρῳ δοίη οὔτ' ἂν ἄλλον διδάξειεν. καὶ [197a] μὲν δὴ τήν γε τῶν ζῴων ποίησιν πάντων τίς ἐναντιώσεται μὴ οὐχὶ Ἔρωτος εἶναι σοφίαν, ᾗ γίγνεταί τε καὶ φύεται πάντα τὰ ζῷα; ἀλλὰ τὴν τῶν τεχνῶν δημιουργίαν οὐκ ἴσμεν, ὅτι οὗ μὲν ἂν ὁ θεὸς οὗτος διδάσκαλος γένηται, ἐλλόγιμος καὶ φανὸς ἀπέβη, οὗ δ' ἂν Ἔρως μὴ ἐφάψηται, σκοτεινός; τοξικήν γε μὴν καὶ ἰατρικὴν καὶ μαντικὴν Ἀπόλλων ἀνεῦρεν ἐπιθυμίας καὶ ἔρωτος ἡγεμονεύσαντος, [197b] ὥστε καὶ οὗτος Ἔρωτος ἂν εἴη μαθητής, καὶ Μοῦσαι μουσικῆς καὶ Ἥφαιστος χαλκείας καὶ Ἀθηνᾶ ἱστουργίας καὶ *"Ζεὺς κυβερνᾶν θεῶν τε καὶ ἀνθρώπων,,*. ὅθεν δὴ καὶ κατεσκευάσθη τῶν θεῶν τὰ πράγματα Ἔρωτος ἐγγενομένου, δῆλον ὅτι κάλλους (αἴσχει γὰρ οὐκ ἔνι Ἔρως)· πρὸ τοῦ δέ, ὥσπερ ἐν ἀρχῇ εἶπον, πολλὰ καὶ δεινὰ θεοῖς ἐγίγνετο, ὡς λέγεται, διὰ τὴν τῆς Ἀνάγκης βασιλείαν· ἐπειδὴ δ' ὁ θεὸς οὗτος ἔφυ, ἐκ τοῦ ἐρᾶν τῶν καλῶν πάντ' ἀγαθὰ γέγονεν καὶ θεοῖς καὶ ἀνθρώποις. [197c] οὕτως ἐμοὶ δοκεῖ, ὦ Φαῖδρε, Ἔρως πρῶτος αὐτὸς ὢν κάλλιστος καὶ ἄριστος μετὰ τοῦτο τοῖς ἄλλοις ἄλλων τοιούτων αἴτιος εἶναι. ἐπέρχεται δέ μοί τι καὶ ἔμμετρον εἰπεῖν, ὅτι οὗτός ἐστιν ὁ ποιῶν

εἰρήνην μὲν ἐν ἀνθρώποις, πελάγει δὲ γαλήνην
νηνεμίαν, ἀνέμων κοίτην ὕπνον τ' ἐνὶ κήδει.

[197d] οὗτος δὲ ἡμᾶς ἀλλοτριότητος μὲν κενοῖ, οἰκειότητος δὲ πληροῖ, τὰς τοιάσδε ξυνόδους μετ'

que nem Ares rivaliza com Eros. **(196d)** Pois Ares não tem Eros; mas Eros tem Ares – erasta de Afrodite, reza o mito[47]. O possuidor supera o possuído. Ora, quem rege o mais viril de todos, é rei de todos os viris. Da justiça, da temperança, da virilidade de Eros, o divino, já falei, resta discorrer sobre o saber. Difícil é, por isso procurarei não ser omisso. Primeiro vem a arte, tentarei honrá-la tanto quanto Erixímaco honrou a sua. **(196e)** Eros é poeta tão completo que leva outros a poetar. Ao toque de Eros, todos devêm poetas, "mesmo os que antes viviam longe do dom das Musas". Eis o fundamento do meu argumento: potente poeta é Eros em todo poetar no vasto campo das Musas. Não se pode ensinar nem transmitir a outro o que não se sabe, o que não se tem. **(197a)** O poetar de Eros é tão potente que preside a aurora de todos os seres vivos e os preserva. Quem contestaria de Eros a sabedoria? Na demiurgia das artes, só discípulos de Eros esplendem célebres, ilustres – bem o sabemos; obscuros rastejam os outros. Balística, medicina e a arte de adivinhar nasceram da vontade de Apolo, guiado por Eros. **(197b)** Vê-se que até mesmo Apolo é pupilo de Eros, ao lado das Musas nas artes musicais e de Hefesto na metalurgia e de Atena na tecelagem e de Zeus no governar deuses e homens. Eros, ao aparecer, passou a amenizar os confrontos divinos. Como se vê, ele busca o belo e repele o desprezível, afirmei-o há pouco. Narrativas míticas relatam que, antes dele, intrigas apavorantes dividiam os deuses porque regidos pela Necessidade. Com a aurora de Eros, o desejo do belo suscitou o universo dos empreendimentos louváveis em território divino e humano. **(197c)** Fundamentado nisso, Fedro declarou que Eros é formosíssimo e excelso em si mesmo, originando o que de belo possamos constatar. Ocorrem-me versos que sustentam o que acabou de afirmar: "Paz entre uns, bonança no mar, / nenhum sopro, ventos adormecidos, sono sereno". **(197d)** Eros do extravagante nos alivia e o aconchegante propicia;

47. Um erasta, movido por Eros, pode sentir afeto por um homem ou por uma mulher.

ἀλλήλων πάσας τιθεὶς ξυνιέναι, ἐν ἑορταῖς, ἐν χοροῖς, ἐν θυσίαις γιγνόμενος ἡγεμών· πρᾳότητα μὲν πορίζων, ἀγριότητα δ' ἐξορίζων· φιλόδωρος εὐμενείας, ἄδωρος δυσμενείας· ἵλεως ἀγαθοῖς· θεατὸς σοφοῖς, ἀγαστὸς θεοῖς· ζηλωτὸς ἀμοίροις, κτητὸς εὐμοίροις· Τρυφῆς, Ἁβρότητος, Χλιδῆς, Χαρίτων, Ἱμέρου, Πόθου πατήρ· ἐπιμελὴς ἀγαθῶν, ἀμελὴς κακῶν· ἐν πόνῳ, ἐν φόβῳ, ἐν πόθῳ, ἐν [197e] λόγῳ κυβερνήτης, ἐπιβάτης, παραστάτης τε καὶ σωτὴρ ἄριστος, ξυμπάντων τε θεῶν καὶ ἀνθρώπων κόσμος, ἡγεμὼν κάλλιστος καὶ ἄριστος, ᾧ χρὴ ἕπεσθαι πάντα ἄνδρα ἐφυμνοῦντα καλῆς ᾠδῆς μετέχοντα ἣν ᾄδει θέλγων πάντων θεῶν τε καὶ ἀνθρώπων νόημα· οὗτος, ἔφη, ὁ παρ' ἐμοῦ λόγος, ὦ Φαῖδρε, τῷ θεῷ ἀνακείσθω, τὰ μὲν παιδιᾶς, τὰ δὲ σπουδῆς μετρίας, καθ' ὅσον ἐγὼ δύναμαι, μετέχων.

XX. [198a] Εἰπόντος δὲ τοῦ Ἀγάθωνος πάντας ἔφη ὁ Ἀριστόδημος ἀναθορυβῆσαι τοὺς παρόντας, ὡς πρεπόντως τοῦ νεανίσκου εἰρηκότος καὶ αὑτῷ καὶ τῷ θεῷ· τὸν οὖν Σωκράτη εἰπεῖν βλέψαντα εἰς τὸν Ἐρυξίμαχον· Ἆρά σοι δοκῶ, φάναι, ὦ παῖ Ἀκουμενοῦ, ἀδεὲς πάλαι δέος δεδιέναι, ἀλλ' οὐ μαντικῶς, ἃ νῦν δὴ ἔλεγον εἰπεῖν, ὅτι Ἀγάθων θαυμαστῶς ἐροῖ, ἐγὼ δ' ἀπορήσοιμι; Τὸ μὲν ἕτερον, φάναι τὸν Ἐρυξίμαχον, μαντικῶς μοι δοκεῖς εἰρηκέναι, ὅτι Ἀγάθων εὖ ἐρεῖ· τὸ δὲ σὲ ἀπορήσειν, οὐκ οἶμαι. [198b] Καὶ πῶς, ὦ μακάριε, εἰπεῖν τὸν Σωκράτη, οὐ μέλλω ἀπορεῖν καὶ ἐγὼ καὶ ἄλλος ὁστισοῦν, μέλλων λέξειν μετὰ καλὸν οὕτω καὶ παντοδαπὸν λόγον ῥηθέντα; καὶ τὰ μὲν ἄλλα οὐχ ὁμοίως μὲν θαυμαστά· τὸ δὲ ἐπὶ τελευτῆς τοῦ κάλλους τῶν ὀνομάτων καὶ ῥημάτων τίς οὐκ ἂν ἐξεπλάγη ἀκούων; ἐπεὶ ἔγωγε ἐνθυμούμενος ὅτι αὐτὸς οὐχ οἷός τ' ἔσομαι οὐδ' ἐγγὺς τούτων οὐδὲν καλὸν εἰπεῖν, ὑπ' αἰσχύνης ὀλίγου [198c] ἀποδρὰς ᾠχόμην, εἴ πῃ εἶχον. καὶ γάρ με Γοργίου ὁ λόγος ἀνεμίμνῃσκεν,

muitos encontros que tais promove, em festas, em coros, em oferendas sendo senhor; brandura incutindo, amargura excluindo; dadivoso da bondade, desdenhoso da maldade; patente nos sapientes, ridente nos potentes; invejado pelos excluídos, conquistado pelos incluídos; **(197e)** pai do prazer, da ternura, do requinte, da beleza, do ardor, do desejo; afeito ao bom, desafeito ao mau; nas lides, no medo, no gosto, na lábia, timoneiro, navegante, atacante, nobilíssimo salvador; dos deuses todos e dos homens joia, guia belíssimo e finíssimo. Esta é minha contribuição, Fedro, ao que está sendo discutido, oferenda a Eros, mistura de brinquedo e seriedade. Exigir mais, excederia minha capacidade. **(198a)**

Ao que me contou Aristodemo, o discurso de Agaton levantou uma tempestade de aplausos. Os convivas estavam convictos de que a expressão do jovem correspondia às características da divindade reverenciada. Observou Sócrates, dirigindo-se a Erixímaco:

– Pensas que era indevido, filho de Acúmeno, o temor que me afligia? Eu dizia, há pouco, que as palavras de Agaton, insuperáveis, me deixariam embaraçado. Foi um presságio.

– Só em parte se cumpriu o que temias. Por que te embaraçaria o brilhante discurso de Agaton? **(198b)**

– Meu venturoso amigo – interveio Sócrates –, depois de um elaborado e variado discurso como esse que acabamos de ouvir, perturbado estou eu como estaria qualquer outro que devesse falar agora. O discurso foi admirável em todos os momentos. Mas a quem não arrebataria o embalo final de palavras e de períodos? Eu? Sinto que em beleza não conseguiria chegar nem perto dessa alocução excepcional. Envergonhado, sinto vontade de fugir, se isso fosse possível. Não pude deixar de lembrar a retórica de Górgias. **(198c)** Senti-me vizinho dos tremores narrados por Homero. Temia que Agaton, na conclusão do seu discurso, enviasse ao meu discurso a cabeça de Gorgo-Górgias[48], de falar aterrador,

---

48. Górgias, filósofo e mestre de oratória, tinha o poder de petrificar pessoas com a voz. Sócrates associa o nome Górgias a Gorgo (Medusa), figura mítica que petrificava com o olhar os que se aproximavam dela.

ὥστε ἀτεχνῶς τὸ τοῦ Ὁμήρου ἐπεπόνθη· ἐφοβούμην μή μοι τελευτῶν ὁ Ἀγάθων Γοργίου κεφαλὴν δεινοῦ λέγειν ἐν τῷ λόγῳ ἐπὶ τὸν ἐμὸν λόγον πέμψας αὐτόν με λίθον τῇ ἀφωνίᾳ ποιήσειε. καὶ ἐνενόησα τότε ἄρα καταγέλαστος ὤν, ἡνίκα ὑμῖν ὡμολόγουν ἐν τῷ μέρει μεθ' [198d] ὑμῶν ἐγκωμιάσεσθαι τὸν Ἔρωτα καὶ ἔφην εἶναι δεινὸς τὰ ἐρωτικά, οὐδὲν εἰδὼς ἄρα τοῦ πράγματος, ὡς ἔδει ἐγκωμιάζειν ὁτιοῦν. ἐγὼ μὲν γὰρ ὑπ' ἀβελτερίας ᾤμην δεῖν τἀληθῆ λέγειν περὶ ἑκάστου τοῦ ἐγκωμιαζομένου, καὶ τοῦτο μὲν ὑπάρχειν, ἐξ αὐτῶν δὲ τούτων τὰ κάλλιστα ἐκλεγομένους ὡς εὐπρεπέστατα τιθέναι· καὶ πάνυ δὴ μέγα ἐφρόνουν ὡς εὖ ἐρῶν, ὡς εἰδὼς τὴν ἀλήθειαν τοῦ ἐπαινεῖν ὁτιοῦν. τὸ δὲ ἄρα, ὡς ἔοικεν, οὐ τοῦτο ἦν τὸ καλῶς ἐπαινεῖν ὁτιοῦν, ἀλλὰ τὸ ὡς [198e] μέγιστα ἀνατιθέναι τῷ πράγματι καὶ ὡς κάλλιστα, ἐάν τε ᾖ οὕτως ἔχοντα ἐάν τε μή· εἰ δὲ ψευδῆ, οὐδὲν ἄρ' ἦν πρᾶγμα. προυρρήθη γάρ, ὡς ἔοικεν, ὅπως ἕκαστος ἡμῶν τὸν ἔρωτα ἐγκωμιάζειν δόξει, οὐχ ὅπως ἐγκωμιάσεται. διὰ ταῦτα δή, οἶμαι, πάντα λόγον κινοῦντες ἀνατίθετε τῷ Ἔρωτι, καί φατε αὐτὸν τοιοῦτόν τε εἶναι καὶ τοσούτων αἴτιον, ὅπως ἂν [199a] φαίνηται ὡς κάλλιστος καὶ ἄριστος, δῆλον ὅτι τοῖς μὴ γιγνώσκουσιν· οὐ γὰρ που τοῖς γε εἰδόσιν· καὶ καλῶς γ' ἔχει καὶ σεμνῶς ὁ ἔπαινος. ἀλλὰ γὰρ ἐγὼ οὐκ ᾔδη τὸν τρόπον τοῦ ἐπαίνου, οὐδ' εἰδὼς ὑμῖν ὡμολόγησα καὶ αὐτὸς ἐν τῷ μέρει ἐπαινέσεσθαι. "ἡ γλῶσσα οὖν ὑπέσχετο, ἡ δὲ φρὴν οὔ„· χαιρέτω δή. οὐ γὰρ ἔτι ἐγκωμιάζω τοῦτον τὸν τρόπον· οὐ γὰρ ἂν δυναίμην· οὐ μέντοι ἀλλὰ τά γε ἀληθῆ, [199b] εἰ βούλεσθε, ἐθέλω εἰπεῖν κατ' ἐμαυτόν, οὐ πρὸς τοὺς ὑμετέρους λόγους, ἵνα μὴ γέλωτα ὄφλω. ὅρα οὖν, ὦ Φαῖδρε, εἴ τι καὶ τοιούτου λόγου δέῃ, περὶ Ἔρωτος τἀληθῆ λεγόμενα ἀκούειν, ὀνομάσει δὲ καὶ θέσει ῥημάτων τοιαύτῃ ὁποία δὴ ἄν τις τύχῃ ἐπελθοῦσα. τὸν οὖν Φαῖδρον ἔφη καὶ τοὺς ἄλλους κελεύειν λέγειν, ὅπῃ αὐτὸς οἴοιτο δεῖν εἰπεῖν, ταύτῃ. Ἔτι τοίνυν, φάναι, ὦ Φαῖδρε, πάρες μοι Ἀγάθωνα σμίκρ' ἄττα ἐρέσθαι, ἵνα ἀνομολογησάμενος παρ' αὐτοῦ οὕτως ἤδη λέγω. [199c] Ἀλλὰ παρίημι, φάναι τὸν

para transformar-me numa pedra sem voz. Reconheço que concordei em participar do elogio de Eros. **(198d)** Cheguei a dizer que em assuntos eróticos eu era exímio, embora não soubesse nada. Muito menos passava-me pela cabeça a maneira de arquitetar o elogio. Inocente como sou, pensava que, ao abordar qualquer questão, deveríamos permanecer na verdade. Estabelecido isso, seria conveniente destacar o melhor e expô-lo do modo mais adequado. Eu me tinha em alto conceito. Estava certo de que me sairia bem e de que em qualquer encômio eu reconheceria a verdade. Reconheço agora meu engano. Não é assim que se louva. **(198e)** Louvar significa ornar o assunto com os mais retumbantes atributos, se corretos ou não, pouco importa. Ficou previamente acertado que cada um desse a impressão de elogiar Eros, em lugar de elogiá-lo de fato. Penso ser esse o motivo de vocês recolherem tudo o que já se aventou para o atribuir a Eros, salientando qualidades e efeitos para que esplenda como o melhor, o mais belo. **(199a)** Ele fulgirá, é claro, aos olhos dos que não o conhecem. Só a esses o elogio será belo e nobre, jamais aos que o sabem. O modo de elogiar me era estranho. Concordei em participar do elogio por ignorância. "Promessa de língua e não de inteligência." Que suma! Não insistirei nesse jeito de elogiar. Não seria honesto. Decididamente, não! Mas estou disposto – se vocês estiverem de acordo – a proferir a verdade a meu modo. Não quero competir com o palavrório de vocês para não cair no ridículo. **(199b)** Quero que me diga, Fedro, se ainda há lugar para uma intervenção assim. Estão dispostos a ouvir verdades enunciadas sobre Eros com palavras e frases que brotam ao acaso?

Fedro e os demais pediram que Sócrates falasse como bem entendesse.

– Permite-me, Fedro, que eu interrogue Agaton sobre algumas questiúnculas. Chegados a um acordo, passarei a falar. **(199c)**

– Claro que permito – reagiu Fedro. – Pergunta.

Sócrates começou mais ou menos assim:

Φαῖδρον, ἀλλ' ἐρώτα. μετὰ ταῦτα δὴ τὸν Σωκράτη ἔφη ἐνθένδε ποθὲν ἄρξασθαι.

XXI. Καὶ μήν, ὦ φίλε Ἀγάθων, καλῶς μοι ἔδοξας καθηγήσασθαι τοῦ λόγου, λέγων ὅτι πρῶτον μὲν δέοι αὐτὸν ἐπιδεῖξαι ὁποῖός τίς ἐστιν ὁ Ἔρως, ὕστερον δὲ τὰ ἔργα αὐτοῦ, ταύτην τὴν ἀρχὴν πάνυ ἄγαμαι. ἴθι οὖν μοι περὶ Ἔρωτος, ἐπειδὴ καὶ τἆλλα καλῶς καὶ μεγαλοπρεπῶς διῆλθες οἷός ἐστι, καὶ [199d] τόδε εἰπέ· πότερόν ἐστι τοιοῦτος οἷος εἶναι τινὸς ὁ Ἔρως ἔρως, ἢ οὐδενός; ἐρωτῶ δ' οὐκ εἰ μητρός τινος ἢ πατρός ἐστιν—γελοῖον γὰρ ἂν εἴη τὸ ἐρώτημα, εἰ Ἔρως ἐστὶν ἔρως μητρὸς ἢ πατρός—ἀλλ' ὥσπερ ἂν εἰ αὐτὸ τοῦτο πατέρα ἠρώτων, ἆρα ὁ πατήρ ἐστι πατήρ τινος ἢ οὔ; εἶπες ἂν δή πού μοι, εἰ ἐβούλου καλῶς ἀποκρίνασθαι, ὅτι ἔστιν ὑέος γε ἢ θυγατρὸς ὁ πατὴρ πατήρ· ἢ οὔ; Πάνυ γε, φάναι τὸν Ἀγάθωνα. Οὐκοῦν καὶ ἡ μήτηρ ὡσαύτως; Ὁμολογεῖσθαι καὶ τοῦτο. [199e] Ἔτι τοίνυν, εἰπεῖν τὸν Σωκράτη, ἀπόκριναι ὀλίγῳ πλείω, ἵνα μᾶλλον καταμάθῃς ὃ βούλομαι. εἰ γὰρ ἐροίμην, τί δέ; ἀδελφός, αὐτὸ τοῦθ' ὅπερ ἔστιν, ἔστι τινὸς ἀδελφὸς ἢ οὔ; Φάναι εἶναι. Οὐκοῦν ἀδελφοῦ ἢ ἀδελφῆς; Ὁμολογεῖν. Πειρῶ δή, φάναι, καὶ τὸν ἔρωτα εἰπεῖν. ὁ Ἔρως ἔρως ἐστὶν οὐδενὸς ἢ τινός; Πάνυ μὲν οὖν ἔστιν. [200a] Τοῦτο μὲν τοίνυν, εἰπεῖν τὸν Σωκράτη, φύλαξον παρὰ σαυτῷ μεμνημένος ὅτου· τοσόνδε δὲ εἰπέ, πότερον ὁ Ἔρως ἐκείνου οὗ ἔστιν ἔρως, ἐπιθυμεῖ αὐτοῦ ἢ οὔ; Πάνυ γε, φάναι. Πότερον ἔχων αὐτὸ οὗ ἐπιθυμεῖ τε καὶ ἐρᾷ, εἶτα ἐπιθυμεῖ τε καὶ ἐρᾷ, ἢ οὐκ ἔχων; Οὐκ ἔχων, ὡς τὸ εἰκός γε, φάναι. Σκόπει δή, εἰπεῖν τὸν Σωκράτη, ἀντὶ τοῦ εἰκότος εἰ ἀνάγκη οὕτως, τὸ ἐπιθυμοῦν ἐπιθυμεῖν οὗ ἐνδεές ἐστιν, ἢ μὴ [200b] ἐπιθυμεῖν, ἐὰν μὴ ἐνδεὲς ᾖ. ἐμοὶ μὲν γὰρ θαυμαστῶς δοκεῖ, ὦ Ἀγάθων, ὡς ἀνάγκη εἶναι· σοὶ δὲ πῶς; Κἀμοί, φάναι, δοκεῖ. Καλῶς λέγεις. ἆρ' οὖν βούλοιτ' ἄν τις μέγας ὢν μέγας εἶναι, ἢ ἰσχυρὸς ὢν ἰσχυρός; Ἀδύνα-

– Meu caro Agaton, a introdução do teu discurso me pareceu magnífica. Afirmaste que convinha primeiro mostrar o que Eros é e, só então, examinar a ação dele. Agrada-me começar assim. Já que falaste tão esplêndida e eloquentemente sobre Eros, eu gostaria de saber ainda isto: Eros é eros de alguém (algo) ou de ninguém (nada)[49]? **(199d)** Não pergunto pelo apego a um pai ou a uma mãe. Seria ridículo perguntar se Eros é eros a uma mãe ou a um pai, mas se eu tivesse em mira a própria noção de pai e perguntasse, "o pai é pai de alguém ou não?", tu me responderias, se estivesses determinado a me dar uma resposta adequada, que o pai é pai de um filho ou de uma filha. Não é assim?

– É claro – respondeu Agaton.

– Vale o mesmo para a mãe?

– Por certo. **(199e)**

– Adiante! Continua respondendo para que alcances melhor o que quero. Se eu te perguntasse: e irmão – pergunto pela natureza – é irmão de alguém, ou não?

– É, sim.

– De um irmão, de uma irmã?

– Sem dúvida.

– Vamos a Eros. Eros é eros de algo ou de nada?

– De algo, é claro. **(200a)**

– Eros deseja e quer o que ele já tem ou deseja e quer o que não tem?

– O que ele não tem, penso.

– Observa bem. Em lugar de conjecturar, não será absolutamente necessário que assim seja: quem deseja, deseja o que lhe falta, mas, se nada lhe falta, não deseja nada. **(200b)** É espantoso, Agaton, o que acabo de dizer se me impõe como necessidade: o que eu disse é inquestionavelmente necessário. A ti não?

– A mim também, Sócrates.

– Muito bem! Desejaria ser grande alguém que já o é? Alguém que é forte desejaria ser forte?

49. No original, *oudenós*: ninguém ou nada.

τον ἐκ τῶν ὡμολογημένων. Οὐ γάρ που ἐνδεὴς ἂν εἴη τούτων ὅ γε ὤν. Ἀληθῆ λέγεις. Εἰ γὰρ καὶ ἰσχυρὸς ὢν βούλοιτο ἰσχυρὸς εἶναι, φάναι τὸν Σωκράτη, καὶ ταχὺς ὢν ταχύς, καὶ ὑγιὴς ὢν ὑγιής—ἴσως γὰρ ἄν τις ταῦτα οἰηθείη καὶ πάντα τὰ τοιαῦτα, τοὺς ὄντας [200c] τε τοιούτους καὶ ἔχοντας ταῦτα τούτων ἅπερ ἔχουσι καὶ ἐπιθυμεῖν, ἵν' οὖν μὴ ἐξαπατηθῶμεν, τούτου ἕνεκα λέγω· τούτοις γάρ, ὦ Ἀγάθων, εἰ ἐννοεῖς, ἔχειν μὲν ἕκαστα τούτων ἐν τῷ παρόντι ἀνάγκη ἃ ἔχουσιν, ἐάν τε βούλωνται ἐάν τε μή, καὶ τούτου γε δή που τίς ἂν ἐπιθυμήσειεν; ἀλλ' ὅταν τις λέγῃ ὅτι ἐγὼ ὑγιαίνων βούλομαι καὶ ὑγιαίνειν, καὶ πλουτῶν βούλομαι καὶ πλουτεῖν, καὶ ἐπιθυμῶ αὐτῶν τούτων ἃ ἔχω, εἴποιμεν ἂν αὐτῷ ὅτι σύ, ὦ ἄνθρωπε, [200d] πλοῦτον κεκτημένος καὶ ὑγίειαν καὶ ἰσχὺν βούλει καὶ εἰς τὸν ἔπειτα χρόνον ταῦτα κεκτῆσθαι, ἐπεὶ ἐν τῷ γε νῦν παρόντι, εἴτε βούλει εἴτε μή, ἔχεις· σκόπει οὖν, ὅταν τοῦτο λέγῃς, ὅτι ἐπιθυμῶ τῶν παρόντων, εἰ ἄλλο τι λέγεις ἢ τόδε, ὅτι βούλομαι τὰ νῦν παρόντα καὶ εἰς τὸν ἔπειτα χρόνον παρεῖναι· ἄλλο τι ὁμολογοῖ ἄν; Συμφάναι ἔφη τὸν Ἀγάθωνα. εἰπεῖν δὴ τὸν Σωκράτη, Οὐκοῦν τοῦτό γ' ἐστὶν ἐκείνου ἐρᾶν, ὃ οὔπω ἕτοιμον αὐτῷ ἐστιν οὐδὲ ἔχει, τὸ εἰς τὸν ἔπειτα χρόνον ταῦτα εἶναι αὐτῷ σῳζόμενα καὶ παρόντα; [200e] Πάνυ γε, φάναι. Καὶ οὗτος ἄρα καὶ ἄλλος πᾶς ὁ ἐπιθυμῶν τοῦ μὴ ἑτοίμου ἐπιθυμεῖ καὶ τοῦ μὴ παρόντος, καὶ ὃ μὴ ἔχει καὶ ὃ μὴ ἔστιν αὐτὸς καὶ οὗ ἐνδεής ἐστι, τοιαῦτ' ἄττα ἐστὶν ὧν ἡ ἐπιθυμία τε καὶ ὁ ἔρως ἐστίν; Πάνυ γ', εἰπεῖν. Ἴθι δή, φάναι τὸν Σωκράτη, ἀνομολογησώμεθα τὰ εἰρημένα. ἄλλο τι ἔστιν ὁ Ἔρως ἢ πρῶτον μὲν τινῶν, ἔπειτα τούτων ὧν ἂν ἔνδεια παρῇ αὐτῷ; [201a] Ναί, φάναι. Ἐπὶ δὴ τούτοις ἀναμνήσθητι τίνων ἔφησθα ἐν τῷ λόγῳ εἶναι τὸν Ἔρωτα· εἰ δὲ βούλει, ἐγώ σε ἀναμνήσω. οἶμαι γάρ σε οὑτωσί πως εἰπεῖν, ὅτι τοῖς θεοῖς κατεσκευάσθη τὰ πράγματα δι' ἔρωτα καλῶν· αἰσχρῶν γὰρ οὐκ εἴη ἔρως. οὐχ οὑτωσί πως ἔλεγες; Εἶπον γάρ, φάναι τὸν Ἀγάθωνα. Καὶ ἐπιεικῶς γε λέγεις, ὦ ἑταῖρε, φάναι τὸν Σωκράτη· καὶ εἰ τοῦτο οὕτως ἔχει, ἄλλο τι ὁ Ἔρως

– Baseado em nossas conclusões, isso é impossível.

– Logo, não somos carentes daquilo que já somos.

– É verdade.

– Suponhamos que o forte queira ser forte, o veloz queira ser veloz, o sadio queira ser sadio... Alguém poderia pensar que nas situações referidas e em situações semelhantes a essas os aquinhoados desejam o que já têm? **(200c)** Eu o lembro para não cairmos em engano. Se pensas bem, Agaton, é forçoso que essas pessoas tenham o que desejem, queiram ou não. Quem poderia desejar o que já tem no momento de desejar? **(200d)** Alguém poderia declarar: sou saudável e desejo sê-lo, sou rico e desejo ser rico, quero o que tenho. Poderíamos responder-lhe: homem, a riqueza, a saúde, a força que possuis, querendo ou não, tu as desejas também no futuro. Presta atenção ao que dizes. Se afirmas "quero o que tenho", na verdade, queres dizer "quero também no futuro o que está comigo agora". Poderíamos imaginar que respondesses diferentemente?

– Decididamente, não.

– Nesse caso, Eros nos leva a desejar o que ainda não temos, o que está escondido no futuro, a permanência do presente?

– Com toda certeza. **(200e)**

– Logo, esse, como qualquer outro, deseja o que ainda não está à disposição, deseja o que não está presente, o que ele próprio não é, aquilo que lhe falta, objetos de desejo, de apelo erótico?

– Concordo plenamente.

– Avancemos! Recapitulemos nossas convergências. Eros é, em primeiro lugar, desejo de algo indefinido, em seguida, é demanda daquilo que no momento nos falta.

– Está certo. **(201a)**

– Chegados a isso, recordemos o que afirmaste de Eros no teu discurso. Se queres, eu te ajudo. Se estou bem lembrado, falaste mais ou menos assim: pelo impulso ao belo, Eros amainou as rusgas dos deuses. Sobre Eros, o que é feio não exerce atração. Meu resumo está correto?

κάλλους ἂν εἴη ἔρως, αἴσχους δὲ οὔ; Ὡμολόγει. [201b] Οὐκοῦν ὡμολόγηται, οὗ ἐνδεής ἐστι καὶ μὴ ἔχει, τούτου ἐρᾶν; Ναί, εἰπεῖν. Ἐνδεὴς ἄρ' ἐστὶ καὶ οὐκ ἔχει ὁ Ἔρως κάλλος. Ἀνάγκη, φάναι. Τί δέ; τὸ ἐνδεὲς κάλλους καὶ μηδαμῇ κεκτημένον κάλλος ἆρα λέγεις σὺ καλὸν εἶναι; Οὐ δῆτα. Ἔτι οὖν ὁμολογεῖς Ἔρωτα καλὸν εἶναι, εἰ ταῦτα οὕτως ἔχει; καὶ τὸν Ἀγάθωνα εἰπεῖν. Κινδυνεύω, ὦ Σώκρατες, οὐδὲν εἰδέναι ὧν τότε εἶπον. [201c] Καὶ μὴν καλῶς γε εἶπες, φάναι, ὦ Ἀγάθων. ἀλλὰ σμικρὸν ἔτι εἰπέ· τἀγαθὰ οὐ καὶ καλὰ δοκεῖ σοι εἶναι; Ἔμοιγε. Εἰ ἄρα ὁ Ἔρως τῶν καλῶν ἐνδεής ἐστι, τὰ δὲ ἀγαθὰ καλά, κἂν τῶν ἀγαθῶν ἐνδεὴς εἴη. Ἐγώ, φάναι, ὦ Σώκρατες, σοὶ οὐκ ἂν δυναίμην ἀντιλέγειν, ἀλλ' οὕτως ἐχέτω ὡς σὺ λέγεις. Οὐ μὲν οὖν τῇ ἀληθείᾳ, φάναι, ὦ φιλούμενε Ἀγάθων, δύνασαι ἀντιλέγειν, ἐπεὶ Σωκράτει γε οὐδὲν χαλεπόν.

XXII. [201d] Καὶ σὲ μέν γε ἤδη ἐάσω· τὸν δὲ λόγον τὸν περὶ τοῦ Ἔρωτος, ὅν ποτ' ἤκουσα γυναικὸς Μαντινικῆς Διοτίμας, ἣ ταῦτά τε σοφὴ ἦν καὶ ἄλλα πολλά, καὶ Ἀθηναίοις ποτὲ θυσαμένοις πρὸ τοῦ λοιμοῦ δέκα ἔτη ἀναβολὴν ἐποίησε τῆς νόσου, ἣ δὴ καὶ ἐμὲ τὰ ἐρωτικὰ ἐδίδαξεν,— ὃν οὖν ἐκείνη ἔλεγε λόγον, πειράσομαι ὑμῖν διελθεῖν ἐκ τῶν ὡμολογημένων ἐμοὶ καὶ Ἀγάθωνι, αὐτὸς ἀπ' ἐμαυτοῦ, ὅπως ἂν δύνωμαι. δεῖ δή, ὦ Ἀγάθων, ὥσπερ σὺ διηγήσω, διελθεῖν [201e] αὐτὸν πρῶτον, τίς ἐστιν ὁ Ἔρως καὶ ποῖός τις, ἔπειτα τὰ ἔργα αὐτοῦ. δοκεῖ οὖν μοι ῥᾷστον εἶναι οὕτω διελθεῖν, ὥς ποτέ με ἡ ξένη ἀνακρίνουσα διῄει. σχεδὸν γάρ τι καὶ ἐγὼ πρὸς αὐτὴν ἕτερα τοιαῦτα ἔλεγον οἷάπερ νῦν πρὸς ἐμὲ Ἀγάθων, ὡς εἴη ὁ Ἔρως μέγας θεός, εἴη δὲ τῶν καλῶν· ἤλεγχε δή με τούτοις τοῖς λόγοις οἷσπερ ἐγὼ τοῦτον, ὡς οὔτε καλὸς εἴη κατὰ τὸν ἐμὸν λόγον οὔτε ἀγαθός. καὶ ἐγώ,

– Apanhaste bem o que eu disse.

– Muito bem, amigo. Sendo assim, Eros é eros do belo e não do feio.

– De acordo. **(201b)**

– Aquilo de que somos carentes, o que nos falta, é a isso que Eros nos leva?

– Com certeza.

– Eros, portanto, sente-se carente do belo, não o possui.

– Forçoso é admiti-lo.

– Então? O carente do belo, o que de modo algum possui o belo, ainda o declaras belo?

– Eu não poderia fazê-lo.

– Sendo assim, ainda sustentas que Eros é belo?

– Temo, Sócrates, não saber nada do que então eu disse. **(201c)**

– Não obstante, Agaton, foi belo o discurso que proferiste. Mais um detalhe. Pensas que o bem também é belo?

– Penso.

– Conclusão: se Eros é carente do belo e se o belo é o bem, Eros também é carente do bem.

– Eu não poderia contradizer-te, Sócrates. Que seja como declaras!

– Meu caro Agaton, é a verdade que não podes contradizer; contradizer Sócrates não é difícil. **(201d)**

"– Agaton, considero encerrada esta discussão. A partir dos pontos em que Agaton e eu concordamos, passarei a reproduzir, na medida do possível, as palavras que outrora ouvi de Diotima, sacerdotisa de Mantineia, entendida na matéria que estamos discutindo e em muitos outros assuntos. Ela retardou por dez anos a peste que os atenienses com sacrifícios tentaram afastar. **(201e)** Convém, a teu exemplo, considerar primeiro quem é Eros, qual é sua natureza, para depois analisar as obras dele. Parece-me mais fácil proceder como a Estrangeira[50], que naquela ocasião me submeteu a perguntas. O que eu respondi então não diferia muito do que

50. Estrangeira: a sacerdotisa Diotima.

Πῶς λέγεις, ἔφην, ὦ Διοτίμα; αἰσχρὸς ἄρα ὁ Ἔρως ἐστὶ καὶ κακός; καὶ ἥ, Οὐκ εὐφημήσεις; ἔφη· ἢ οἴει, ὅτι ἂν μὴ καλὸν ᾖ, ἀναγκαῖον αὐτὸ εἶναι αἰσχρόν; [202a] Μάλιστά γε. Ἦ καὶ ἂν μὴ σοφόν, ἀμαθές; ἢ οὐκ ᾔσθησαι ὅτι ἔστιν τι μεταξὺ σοφίας καὶ ἀμαθίας; Τί τοῦτο; Τὸ ὀρθὰ δοξάζειν καὶ ἄνευ τοῦ ἔχειν λόγον δοῦναι οὐκ οἶσθ', ἔφη, ὅτι οὔτε ἐπίστασθαί ἐστιν (ἄλογον γὰρ πρᾶγμα πῶς ἂν εἴη ἐπιστήμη;) οὔτε ἀμαθία (τὸ γὰρ τοῦ ὄντος τυγχάνον πῶς ἂν εἴη ἀμαθία;) ἔστι δὲ δή που τοιοῦτον ἡ ὀρθὴ δόξα, μεταξὺ φρονήσεως καὶ ἀμαθίας. Ἀληθῆ, ἦν δ' ἐγώ, λέγεις. [202b] Μὴ τοίνυν ἀνάγκαζε ὃ μὴ καλόν ἐστιν αἰσχρὸν εἶναι, μηδὲ ὃ μὴ ἀγαθόν, κακόν. οὕτω δὲ καὶ τὸν Ἔρωτα ἐπειδὴ αὐτὸς ὁμολογεῖς μὴ εἶναι ἀγαθὸν μηδὲ καλόν, μηδέν τι μᾶλλον οἴου δεῖν αὐτὸν αἰσχρὸν καὶ κακὸν εἶναι, ἀλλά τι μεταξύ, ἔφη, τούτοιν. Καὶ μήν, ἦν δ' ἐγώ, ὁμολογεῖταί γε παρὰ πάντων μέγας θεὸς εἶναι; Τῶν μὴ εἰδότων, ἔφη, πάντων λέγεις, ἢ καὶ τῶν εἰδότων; Ξυμπάντων μὲν οὖν. καὶ ἣ γελάσασα· Καὶ πῶς ἄν, ἔφη, ὦ Σώκρατες, [202c] ὁμολογοῖτο μέγας θεὸς εἶναι παρὰ τούτων, οἵ φασιν αὐτὸν οὐδὲ θεὸν εἶναι; Τίνες οὗτοι; ἦν δ' ἐγώ. Εἷς μέν, ἔφη, σύ, μία δ' ἐγώ. κἀγὼ εἶπον· Πῶς τοῦτο, ἔφην, λέγεις; καὶ ἥ, Ῥᾳδίως, ἔφη. λέγε γάρ μοι, οὐ πάντας θεοὺς φῂς εὐδαίμονας εἶναι καὶ καλούς; ἢ τολμήσαις ἄν τινα μὴ φάναι καλόν τε καὶ εὐδαίμονα θεῶν εἶναι; Μὰ Δί' οὐκ ἔγωγ', ἔφην. Εὐδαίμονας δὲ δὴ λέγεις οὐ τοὺς τἀγαθὰ καὶ τὰ καλὰ κεκτημένους; Πάνυ γε. [202d] Ἀλλὰ μὴν Ἔρωτά γε ὡμολόγηκας δι' ἔνδειαν τῶν ἀγαθῶν καὶ καλῶν ἐπιθυμεῖν αὐτῶν τούτων ὧν ἐνδεής ἐστιν. Ὡμολόγηκα γάρ. Πῶς ἂν οὖν θεὸς εἴη ὅ γε τῶν καλῶν καὶ ἀγαθῶν ἄμοιρος; Οὐδαμῶς, ὥς γ' ἔοικεν. Ὁρᾷς οὖν, ἔφη, ὅτι καὶ σὺ ἔρωτα οὐ θεὸν νομίζεις;

XXIII. Τί οὖν ἄν, ἔφην, εἴη ὁ Ἔρως; θνητός; Ἥκιστά γε. Ἀλλὰ τί μήν; Ὥσπερ τὰ πρότερα, ἔφη, μεταξὺ θνη-

Agaton acaba de declarar: que Eros é um grande deus e que seus pendores o prendem ao belo. Ela me refutou com os mesmos argumentos que apresentei a Agaton: que Eros não é belo, como eu pensava, nem bom.

"– Como, Diotima? Afirmas que Eros é feio e mau?

"– Não digas asneiras. Pensas que o não belo é forçosamente feio?

"– Sem dúvida. **(202a)**

"– Não sábio é, por ventura, ignorante? Não percebes que entre saber e ignorar existe algo?

"– O quê?

"– Opinar corretamente. Não sabes desvendar o fundamento (de que forma ignorar o fundamento poderia ser conhecer?) nem apresentar a ignorância. Não pode ser ignorância apontar a coisa sob teu olhar. A opinião correta ocupa um lugar intermediário entre o entendimento e a ignorância.

"– É verdade. **(202b)**

"– Não exijas que o não belo seja feio nem que o não bom seja mau. Vale o mesmo para Eros. Admites que ele não é bom nem belo; nem por isso penses que deva ser feio e mau, mas um ente situado no meio.

"– Entretanto, todos admitem que ele é um grande deus.

"– Quando dizes 'todos', referes-te a ignorantes ou a pessoas que sabem?

"– Ora, refiro-me a todos. **(202c)**

"– Sócrates! – respondeu-me ela com um sorriso. – Como admitiriam que ele é um grande deus pessoas que nem o reconhecem como deus?

"– Quem?

"– Tu és um, outra sou eu.

"– Como?

"– É fácil. Não são os deuses todos venturosos e belos? Responde. Ou ousarias afirmar que algum deles não é belo nem venturoso?

"– Por Zeus, de jeito nenhum.

"– Afirmas que os venturosos provam a beleza e o bem. Não é assim?

"– Certamente. **(202d)**

τοῦ καὶ ἀθανάτου. Τί οὖν, ὦ Διοτίμα; Δαίμων μέγας, ὦ Σώκρατες· καὶ γὰρ πᾶν τὸ δαιμόνιον [202e] μεταξύ ἐστι θεοῦ τε καὶ θνητοῦ. Τίνα, ἦν δ' ἐγώ, δύναμιν ἔχον; Ἑρμηνεῦον καὶ διαπορθμεῦον θεοῖς τὰ παρ' ἀνθρώπων καὶ ἀνθρώποις τὰ παρὰ θεῶν, τῶν μὲν τὰς δεήσεις καὶ θυσίας, τῶν δὲ τὰς ἐπιτάξεις τε καὶ ἀμοιβὰς τῶν θυσιῶν, ἐν μέσῳ δὲ ὂν ἀμφοτέρων συμπληροῖ, ὥστε τὸ πᾶν αὐτὸ αὑτῷ ξυνδεδέσθαι. διὰ τούτου καὶ ἡ μαντικὴ πᾶσα χωρεῖ καὶ ἡ τῶν ἱερέων τέχνη τῶν τε περὶ τὰς θυσίας καὶ τελετὰς [203a] καὶ τὰς ἐπῳδὰς καὶ τὴν μαντείαν πᾶσαν καὶ γοητείαν. θεὸς δὲ ἀνθρώπῳ οὐ μίγνυται, ἀλλὰ διὰ τούτου πᾶσά ἐστιν ἡ ὁμιλία καὶ ἡ διάλεκτος θεοῖς πρὸς ἀνθρώπους, καὶ ἐγρηγορόσι καὶ καθεύδουσι· καὶ ὁ μὲν περὶ τὰ τοιαῦτα σοφὸς δαιμόνιος ἀνήρ, ὁ δὲ ἄλλο τι σοφὸς ὢν ἢ περὶ τέχνας ἢ χειρουργίας τινὰς βάναυσος. οὗτοι δὴ οἱ δαίμονες πολλοὶ καὶ παντοδαποί εἰσιν, εἷς δὲ τούτων ἐστὶ καὶ ὁ Ἔρως. Πατρὸς δέ, ἦν δ' ἐγώ, τίνος ἐστὶ καὶ μητρός; [203b] Μακρότερον μέν, ἔφη, διηγήσασθαι· ὅμως δέ σοι ἐρῶ. ὅτε γὰρ ἐγένετο ἡ Ἀφροδίτη, εἱστιῶντο οἱ θεοὶ οἵ τε ἄλλοι καὶ ὁ τῆς Μήτιδος ὑὸς Πόρος. ἐπειδὴ δὲ ἐδείπνησαν, προσαιτήσουσα οἷον δὴ εὐωχίας οὔσης ἀφίκετο ἡ Πενία, καὶ ἦν περὶ τὰς θύρας. ὁ οὖν Πόρος μεθυσθεὶς τοῦ νέκταρος, οἶνος γὰρ οὔπω ἦν, εἰς τὸν τοῦ Διὸς κῆπον εἰσελθὼν βεβαρημένος ηὗδεν. ἡ οὖν Πενία ἐπιβουλεύουσα διὰ τὴν αὑτῆς ἀπορίαν παιδίον ποιήσασθαι ἐκ τοῦ Πόρου, κατακλίνεταί [203c] τε παρ' αὐτῷ καὶ ἐκύησε τὸν ἔρωτα. διὸ δὴ καὶ τῆς Ἀφροδίτης ἀκόλουθος καὶ θεράπων γέγονεν ὁ Ἔρως, γεννηθεὶς ἐν τοῖς ἐκείνης γενεθλίοις, καὶ ἅμα φύσει ἐραστὴς ὢν περὶ τὸ καλὸν καὶ τῆς Ἀφροδίτης καλῆς οὔσης. ἅτε οὖν Πόρου καὶ Πενίας ὑὸς ὢν ὁ Ἔρως ἐν τοιαύτῃ τύχῃ καθέστηκεν. πρῶτον μὲν πένης ἀεί ἐστι, καὶ πολλοῦ δεῖ ἁπαλός τε καὶ καλός, οἷον οἱ πολλοὶ οἴονται, ἀλλὰ σκληρὸς [203d] καὶ αὐχμηρὸς καὶ ἀνυπόδητος καὶ ἄοικος, χαμαιπετὴς ἀεὶ ὢν καὶ ἄστρωτος, ἐπὶ

"– Quanto a Eros, reconheces que por carência deseja o bom e o belo, coisas que lhe faltam?

"– Reconheço.

"– Como, então, seria deus o desprovido de coisas boas e belas?

"– Não poderia ser, admito.

"– Vês que nem tu tens Eros como um deus?

"– Nesse caso, o que seria Eros? Um mortal?

"– Já tratamos disso. Eros está entre o mortal e o imortal.

"– Ele é, então, o quê, Diotima?

"– Ele é um grande dêmon. Todo demônico está entre um deus e um mortal. **(202e)**

"– Que poder exerce um dêmon?

"– Ele é intérprete e mensageiro. Leva aos deuses assuntos humanos e traz aos homens instruções divinas. Leva preces e sacrifícios, traz ordens e respostas a sacrifícios. Estando no meio, ele completa uns e outros. Sendo assim, achega o todo a si mesmo. Através dele, nos vem a arte divinatória inteira, como também a arte dos sacerdotes, dedicados a sacrifícios, a iniciações, a encantamentos, a toda sorte de predições e à magia. **(203a)** Deus e homem não se misturam, mas é através de Eros que se estabelece o contato e a conversa entre deuses e homens, quer estejam acordados, quer dormindo. O entendido nisso é demônico. O experiente em outras artes, em outros ofícios é artesão. Os dêmones são muitos e variados. Eros é um deles.

"– Quem é o pai de Eros, quem é a mãe? **(203b)**

"– É uma longa história. Vou contá-la assim mesmo. Para festejar o nascimento de Afrodite, os deuses deram uma festa. Entre os convivas encontrava-se Poros (Caminho), filho de Mêtis, e a Sabedoria. Findo o banquete, apareceu uma mendiga, Penia (Penúria). Em busca de restos, aguardava à porta. Poros, ébrio de néctar – vinho naquela época ainda não existia –, entrou no jardim de Zeus e, chumbado, adormeceu. Penúria, em seu descaminho, desejando gerar um filho de Caminho, deitou-se a seu lado e concebeu Eros. **(203c)** O motivo de Eros tornar-se companheiro e serviçal de Afrodite foi esse, ter sido

θύραις καὶ ἐν ὁδοῖς ὑπαίθριος κοιμώμενος, τὴν τῆς μητρὸς φύσιν ἔχων, ἀεὶ ἐνδείᾳ ξύνοικος. κατὰ δὲ αὖ τὸν πατέρα ἐπίβουλός ἐστι τοῖς καλοῖς καὶ τοῖς ἀγαθοῖς, ἀνδρεῖος ὢν καὶ ἴτης καὶ σύντονος, θηρευτὴς δεινός, ἀεί τινας πλέκων μηχανάς, καὶ φρονήσεως ἐπιθυμητὴς καὶ πόριμος, φιλοσοφῶν διὰ παντὸς τοῦ βίου, δεινὸς γόης καὶ φαρμακεὺς καὶ σοφιστής· καὶ οὔτε ὡς [203e] ἀθάνατος πέφυκεν οὔτε ὡς θνητός, ἀλλὰ τοτὲ μὲν τῆς αὐτῆς ἡμέρας θάλλει τε καὶ ζῇ, ὅταν εὐπορήσῃ, τοτὲ δὲ ἀποθνῄσκει, πάλιν δὲ ἀναβιώσκεται διὰ τὴν τοῦ πατρὸς φύσιν, τὸ δὲ ποριζόμενον ἀεὶ ὑπεκρεῖ· ὥστε οὔτε ἀπορεῖ Ἔρως ποτὲ οὔτε πλουτεῖ, σοφίας τε αὖ καὶ ἀμαθίας ἐν μέσῳ ἐστίν. [204a] ἔχει γὰρ ὧδε. θεῶν οὐδεὶς φιλοσοφεῖ οὐδ᾽ ἐπιθυμεῖ σοφὸς γενέσθαι· ἔστι γάρ· οὐδ᾽ εἴ τις ἄλλος σοφός, οὐ φιλοσοφεῖ· οὐδ᾽ αὖ οἱ ἀμαθεῖς φιλοσοφοῦσιν οὐδ᾽ ἐπιθυμοῦσι σοφοὶ γενέσθαι· αὐτὸ γὰρ τοῦτό ἐστι χαλεπὸν ἀμαθία, τὸ μὴ ὄντα καλὸν κἀγαθὸν μηδὲ φρόνιμον δοκεῖν αὑτῷ εἶναι ἱκανόν· οὔκουν ἐπιθυμεῖ ὁ μὴ οἰόμενος ἐνδεὴς εἶναι οὗ ἂν μὴ οἴηται ἐπιδεῖσθαι. Τίνες οὖν, ἔφην ἐγώ, ὦ Διοτίμα, οἱ φιλοσοφοῦντες, εἰ μήτε οἱ σοφοὶ μήτε οἱ ἀμαθεῖς; [204b] Δῆλον δή, ἔφη, τοῦτό γε ἤδη καὶ παιδί, ὅτι οἱ μεταξὺ τούτων ἀμφοτέρων, ὧν αὖ καὶ ὁ Ἔρως. ἔστι γὰρ δὴ τῶν καλλίστων ἡ σοφία, Ἔρως δ᾽ ἐστὶν ἔρως περὶ τὸ καλόν, ὥστε ἀναγκαῖον Ἔρωτα φιλόσοφον εἶναι, φιλόσοφον δὲ ὄντα μεταξὺ εἶναι σοφοῦ καὶ ἀμαθοῦς. αἰτία δὲ αὐτῷ καὶ τούτων ἡ γένεσις· πατρὸς μὲν γὰρ σοφοῦ ἐστί καὶ εὐπόρου, μητρὸς δὲ οὐ σοφῆς καὶ ἀπόρου· ἡ μὲν οὖν φύσις τοῦ δαίμονος, ὦ φίλε Σώκρατες, αὕτη· ὃν δὲ σὺ ᾠήθης Ἔρωτα [204c] εἶναι, θαυμαστὸν οὐδὲν ἔπαθες. ᾠήθης δέ, ὡς ἐμοὶ δοκεῖ τεκμαιρομένῃ ἐξ ὧν σὺ λέγεις, τὸ ἐρώμενον Ἔρωτα εἶναι, οὐ τὸ ἐρῶν· διὰ ταῦτά σοι οἶμαι πάγκαλος ἐφαίνετο ὁ Ἔρως. καὶ γὰρ ἔστι τὸ ἐραστὸν τὸ τῷ ὄντι καλὸν καὶ ἁβρὸν καὶ τέλεον καὶ μακαριστόν· τὸ δέ γε ἐρῶν ἄλλην ἰδέαν τοιαύτην ἔχον, οἵαν ἐγὼ διῆλθον.

engendrado durante os festejos natalícios dela; erasta do Belo, porque Afrodite é bela. Filho de Penúria e Caminho, a origem determinou-lhe a sorte. Antes de mais nada, vive sempre na penúria, extremamente carente de suavidade e beleza. Contra o que supõe a maioria, Eros é rude, seco. **(203d)** Descalço e sem teto, dorme no chão, ao relento. Por ter herdado a natureza da mãe, perambula às portas, perdido nas ruas, inquilino da miséria. Em compensação, a natureza do pai conferiu-lhe ardor por coisas belas e boas: coragem, decisão, energia. Caçador assombroso, tece artimanhas, pensa apaixonadamente, soluciona, filosofa a vida toda, é hábil em sortilégios, em drogas, em arrazoados capciosos. **(203e)** Não sendo de natureza mortal nem imortal, floresce, vive próspero, morre e revive num mesmo dia, graças à natureza do pai. Escapa-lhe, entretanto, sem demora, o que alcança, de sorte que Eros jamais empobrece nem enriquece. Ocupa o lugar situado entre o saber e a ignorância. Assim é. **(204a)** Deus algum filosofa ou deseja tornar-se sábio, pois já é. Da mesma forma, qualquer outro, se é sábio, não filosofa. Tampouco filosofam os ignorantes, nem desejam ser sábios. O que irrita na ignorância é precisamente isto: há pessoas que não são distintas nem sensatas, e declaram-se satisfeitas. Ora, quem ignora que lhe falta algo, não sente necessidade de nada.

"– Quem, então, filosofa, Diotima, se sábios e ignorantes não filosofam? **(204b)**

"– Isso não oferece dificuldade nem a uma criança. Filosofa quem se encontra entre esses dois extremos, Eros é um deles. No território das coisas mais belas está o saber. Eros é desejo voltado ao belo. Já que o filósofo ocupa um lugar entre o saber e a ignorância, é imprescindível que Eros seja filósofo. Sendo filho de um pai sábio e inventivo e de uma mãe não sábia e limitada, a origem determinou essa situação. A natureza deste dêmon, meu caro Sócrates, é essa. Não me espanta a concepção de Eros que tu anteriormente tinhas. **(204c)** Ao que pude perceber nas tuas palavras, pensavas que Eros era erômeno e não erasta. Por esse motivo, suponho,

XXIV. Καὶ ἐγὼ εἶπον· Εἶεν δή, ὦ ξένη· καλῶς γὰρ λέγεις· τοιοῦτος ὢν ὁ Ἔρως τίνα χρείαν ἔχει τοῖς ἀνθρώποις; [204d] Τοῦτο δὴ μετὰ ταῦτ', ἔφη, ὦ Σώκρατες, πειράσομαί σε διδάξαι. ἔστι μὲν γὰρ δὴ τοιοῦτος καὶ οὕτω γεγονὼς ὁ Ἔρως, ἔστι δὲ τῶν καλῶν, ὡς σὺ φῄς. εἰ δέ τις ἡμᾶς ἔροιτο· τί τῶν καλῶν ἐστιν ὁ Ἔρως, ὦ Σώκρατές τε καὶ Διοτίμα; ὧδε δὲ σαφέστερον ἐρῶ· ὁ ἐρῶν τῶν καλῶν τί ἐρᾷ; καὶ ἐγὼ εἶπον ὅτι· Γενέσθαι αὑτῷ. Ἀλλ' ἐπιποθεῖ, ἔφη, ἡ ἀπόκρισις ἐρώτησιν τοιάνδε· τί ἔσται ἐκείνῳ ᾧ ἂν γένηται τὰ καλά; Οὐ πάνυ ἔφην ἔτι ἔχειν ἐγὼ πρὸς ταύτην τὴν ἐρώτησιν προχείρως ἀποκρίνασθαι. [204e] Ἀλλ', ἔφη, ὥσπερ ἂν εἴ τις μεταβαλὼν ἀντὶ τοῦ καλοῦ τῷ ἀγαθῷ χρώμενος πυνθάνοιτο· φέρε, ὦ Σώκρατες, ἐροιτο· ὁ ἐρῶν τῶν ἀγαθῶν· τί ἐρᾷ; Γενέσθαι, ἦν δ' ἐγώ, αὑτῷ. Καὶ τί ἔσται ἐκείνῳ ᾧ ἂν γένηται τἀγαθά; Τοῦτ' εὐπορώτερον, ἦν δ' ἐγώ, ἔχω ἀποκρίνασθαι, ὅτι εὐδαίμων ἔσται. [205a] Κτήσει γάρ, ἔφη, ἀγαθῶν οἱ εὐδαίμονες εὐδαίμονες, καὶ οὐκέτι προσδεῖ ἐρέσθαι ἵνα τί δὲ βούλεται εὐδαίμων εἶναι ὁ βουλόμενος, ἀλλὰ τέλος δοκεῖ ἔχειν ἡ ἀπόκρισις. Ἀληθῆ λέγεις, εἶπον ἐγώ. Ταύτην δὴ τὴν βούλησιν καὶ τὸν ἔρωτα τοῦτον πότερα κοινὸν οἴει εἶναι πάντων ἀνθρώπων, καὶ πάντας τἀγαθὰ βούλεσθαι αὑτοῖς εἶναι ἀεί, ἢ πῶς λέγεις; Οὕτως, ἦν δ' ἐγώ· κοινὸν εἶναι πάντων. Τί δὴ οὖν, ἔφη, ὦ Σώκρατες, οὐ πάντας ἐρᾶν φαμέν, [205b] εἴπερ γε πάντες τῶν αὐτῶν ἐρῶσι καὶ ἀεί, ἀλλά τινάς φαμεν ἐρᾶν, τοὺς δ' οὔ; Θαυμάζω, ἦν δ' ἐγώ, καὶ αὐτός. Ἀλλὰ μὴ θαύμαζ', ἔφη· ἀφελόντες γὰρ ἄρα τοῦ ἔρωτός τι εἶδος ὀνομάζομεν, τὸ τοῦ ὅλου ἐπιθέντες ὄνομα, ἔρωτα, τὰ δὲ ἄλλα ἄλλοις καταχρώμεθα ὀνόμασιν. Ὥσπερ τί; ἦν δ' ἐγώ. Ὥσπερ τόδε, οἶσθ' ὅτι ποίησίς ἐστί τι πολύ· ἡ γάρ τοι ἐκ τοῦ μὴ ὄντος εἰς τὸ ὂν

Eros te parecia de beleza estonteante. De fato, o eroticamente desejado é belo, suave, perfeito, venturoso. Como já te expliquei, a natureza do erasta é diferente.

"– É magnífico o que dizes, Estrangeira. Se Eros é assim, que proveito traz ele aos homens? **(204d)**

"– Sobre isso tentarei esclarecer-te agora. A origem de Eros já está estabelecida, e, como o percebes, o belo é seu destino. Suponhamos que alguém nos aborde com a pergunta: Sócrates e Diotima, o que é sentir eros por coisas belas? Ou melhor: o erasta de coisas belas deseja o quê?

"– Penso que deseja que o belo seja dele.

"– Mas a pergunta demanda, ainda, outra resposta: que acontecerá com aquele que obtiver o belo? **(204e)**

"– Eu não saberia absolutamente o que responder.

"– Imaginemos que alguém faça uma substituição, tome o bem em lugar do belo e diga: 'Atenção, Sócrates, agora o erasta deseja o bem', para quê?

"– Para que o bem seja dele.

"– Que acontecerá com aquele que obtiver o bem?

"– A resposta é agora mais fácil: ele será venturoso. **(205a)**

"– É, pois, pela aquisição do bem que os venturosos são venturosos. Descabida seria a pergunta: por que o desejante deseja ser venturoso? Tudo indica que a resposta alcançou a meta.

"– Sem dúvida.

"– Pensas que esse querer, esse desejo é comum a todos os homens, que todos desejam adquirir o bem? O que te parece?

"– Penso assim. Desejar o bem é comum a todos.

"– Sócrates, por que não declaramos todos erontas, se todos desejam sempre o mesmo objeto, mas afirmamos que uns são erontas e outros não? **(205b)**

"– Isso surpreende também a mim.

"– Cesse a surpresa! Destacamos de Eros certo erotismo e o designamos erótico, aplicando-lhe a designação geral; para outros erotismos, entretanto, servimo-nos de nomes diferentes.

"– Dá-me um exemplo.

"– Por exemplo, conheces bem a amplitude do termo 'poesia'. Poesia é toda ação que promove a passagem do não

ἰόντι ὁτῳοῦν αἰτία πᾶσά ἐστι [205c] ποίησις, ὥστε καὶ αἱ ὑπὸ πάσαις ταῖς τέχναις ἐργασίαι ποιήσεις εἰσὶ καὶ οἱ τούτων δημιουργοὶ πάντες ποιηταί. Ἀληθῆ λέγεις. Ἀλλ' ὅμως, ἦ δ' ἥ, οἶσθ' ὅτι οὐ καλοῦνται ποιηταὶ ἀλλὰ ἄλλα ἔχουσιν ὀνόματα, ἀπὸ δὲ πάσης τῆς ποιήσεως ἓν μόριον ἀφορισθὲν τὸ περὶ τὴν μουσικὴν καὶ τὰ μέτρα τῷ τοῦ ὅλου ὀνόματι προσαγορεύεται. ποίησις γὰρ τοῦτο μόνον καλεῖται, καὶ οἱ ἔχοντες τοῦτο τὸ μόριον τῆς ποιήσεως ποιηταί. Ἀληθῆ λέγεις, ἔφην. [205d] Οὕτω τοίνυν καὶ περὶ τὸν ἔρωτα· τὸ μὲν κεφάλαιόν ἐστι πᾶσα ἡ τῶν ἀγαθῶν ἐπιθυμία καὶ τοῦ εὐδαιμονεῖν, ὁ μέγιστός τε καὶ δολερὸς ἔρως παντί· ἀλλ' οἱ μὲν ἄλλῃ τρεπόμενοι πολλαχῇ ἐπ' αὐτόν, ἢ κατὰ χρηματισμὸν ἢ κατὰ φιλογυμναστίαν ἢ κατὰ φιλοσοφίαν, οὔτε ἐρᾶν καλοῦνται οὔτ' ἐρασταί, οἱ δὲ κατὰ ἕν τι εἶδος ἰόντες τε καὶ ἐσπουδακότες τὸ τοῦ ὅλου ὄνομα ἴσχουσιν, ἔρωτά τε καὶ ἐρᾶν καὶ ἐρασταί. Κινδυνεύεις ἀληθῆ, ἔφην ἐγώ, λέγειν. Καὶ λέγεται μέν γέ τις, ἔφη, λόγος, ὡς οἳ ἂν τὸ ἥμισυ [205e] ἑαυτῶν ζητῶσιν, οὗτοι ἐρῶσιν· ὁ δ' ἐμὸς λόγος οὔτε ἡμίσεός φησιν εἶναι τὸν ἔρωτα οὔτε ὅλου, ἐὰν μὴ τυγχάνῃ γέ που, ὦ ἑταῖρε, ἀγαθὸν ὄν· ἐπεὶ αὑτῶν γε καὶ πόδας καὶ χεῖρας ἐθέλουσιν ἀποτέμνεσθαι οἱ ἄνθρωποι, ἐὰν αὐτοῖς δοκῇ τὰ ἑαυτῶν πονηρὰ εἶναι. οὐ γὰρ τὸ ἑαυτῶν οἶμαι ἕκαστοι ἀσπάζονται, εἰ μὴ εἴ τις τὸ μὲν ἀγαθὸν οἰκεῖον καλεῖ καὶ ἑαυτοῦ, τὸ δὲ κακὸν ἀλλότριον· ὡς οὐδέν γε ἄλλο ἐστὶν οὗ [206a] ἐρῶσιν ἄνθρωποι ἢ τοῦ ἀγαθοῦ. ἢ σοὶ δοκοῦσιν; Μὰ Δί' οὐκ ἔμοιγε, ἦν δ' ἐγώ. Ἆρ' οὖν, ἦ δ' ἥ, οὕτως ἁπλοῦν ἐστι λέγειν ὅτι οἱ ἄνθρωποι τἀγαθοῦ ἐρῶσιν; Ναί, ἔφην. Τί δέ; οὐ προσθετέον, ἔφη, ὅτι καὶ εἶναι τὸ ἀγαθὸν αὑτοῖς ἐρῶσιν; Προσθετέον. Ἆρ' οὖν, ἔφη, καὶ οὐ μόνον εἶναι, ἀλλὰ καὶ ἀεὶ εἶναι; Καὶ τοῦτο προσθετέον. Ἔστιν ἄρα συλλήβδην, ἔφη, ὁ ἔρως τοῦ τὸ ἀγαθὸν αὑτῷ εἶναι ἀεί. Ἀληθέστατα, ἔφην ἐγώ, λέγεις.

ser ao ser, de sorte que todas as atividades, no domínio de qualquer uma das artes, são poéticas. **(205c)** Todos os artífices são poetas.

"– É verdade.

"– No entanto, sabes muito bem, não são conhecidos como poetas, mas são chamados de outros nomes. De toda a poesia, foi destacada uma fração. Só as frações correspondentes à música e à métrica recebem a designação adequada a todas as artes. Só isso designa-se poesia, e os que exercem as modalidades referidas são chamados poetas.

"– É verdade. **(205d)**

"– Com Eros acontece o mesmo. Em suma, qualquer desejo de bem e de ventura 'é em tudo Eros, potentíssimo e enganoso'. Há, entretanto, muitas maneiras de abordá-lo: o mundo dos negócios, exercícios físicos, filosofia... Não se diz que os afeiçoados a essas artes sejam movidos por Eros, que sejam erastas. Outros, porém, como vimos, que se dedicam a somente uma das províncias de Eros, arrebatam para si o nome todo, consideram-se só esses erotizados e erastas.

"– Parecem-me verdadeiras tuas considerações.

"– Corre, entretanto, uma versão segundo a qual erotizados vivem os que procuram sua própria metade. **(205e)** Meu amigo, penso, ao contrário, que Eros não busca a metade nem o todo, se estes não se encontrarem em bom estado. Há quem esteja disposto a perder até mãos e pés, se esses membros lhe parecerem corrompidos. Não é ao próprio que aspiram os homens; exigem que o próprio seja bom, o mau lhes é alheio. De sorte que os homens só se erotizam pelo bem. O que te parece? **(206a)**

"– Por Zeus, penso como tu.

"– Declarar que os homens se erotizam pelo bem, será tão simples?

"– Por que não?

"– Não deveríamos acrescentar o desejo de possuir o bem erotizado?

"– Sim, deveríamos.

XXV. [206b] Ὅτε δὴ τούτου ὁ ἔρως ἐστὶν ἀεί, ἦ δ' ἥ, τῶν τίνα τρόπον διωκόντων αὐτὸ καὶ ἐν τίνι πράξει ἡ σπουδὴ καὶ ἡ ξύντασις ἔρως ἂν καλοῖτο; τί τοῦτο τυγχάνει ὂν τὸ ἔργον; ἔχεις εἰπεῖν; Οὐ μεντ' ἂν σέ, ἔφην ἐγώ, ὦ Διοτίμα, ἐθαύμαζον ἐπὶ σοφίᾳ καὶ ἐφοίτων παρὰ σὲ αὐτὰ ταῦτα μαθησόμενος. Ἀλλ' ἐγώ σοι, ἔφη, ἐρῶ. ἔστι γὰρ τοῦτο τόκος ἐν καλῷ καὶ κατὰ τὸ σῶμα καὶ κατὰ τὴν ψυχήν. Μαντείας, ἦν δ' ἐγώ, δεῖται ὅτι ποτε λέγεις, καὶ οὐ μανθάνω. [206c] Ἀλλ' ἐγώ, ἦ δ' ἥ, σαφέστερον ἐρῶ. κυοῦσιν γάρ, ἔφη, ὦ Σώκρατες, πάντες ἄνθρωποι καὶ κατὰ τὸ σῶμα καὶ κατὰ τὴν ψυχήν, καὶ ἐπειδὰν ἔν τινι ἡλικίᾳ γένωνται, τίκτειν ἐπιθυμεῖ ἡμῶν ἡ φύσις. τίκτειν δὲ ἐν μὲν αἰσχρῷ οὐ δύναται, ἐν δὲ τῷ καλῷ. ἡ γὰρ ἀνδρὸς καὶ γυναικὸς συνουσία τόκος ἐστίν. ἔστι δὲ τοῦτο θεῖον τὸ πρᾶγμα, καὶ τοῦτο ἐν θνητῷ ὄντι τῷ ζῴῳ ἀθάνατον ἔνεστιν, ἡ κύησις καὶ ἡ γέννησις. τὰ δὲ ἐν τῷ ἀναρμόστῳ ἀδύνατον γενέσθαι. [206d] ἀνάρμοστον δ' ἐστὶ τὸ αἰσχρὸν παντὶ τῷ θείῳ, τὸ δὲ καλὸν ἁρμόττον. Μοῖρα οὖν καὶ Εἰλείθυια ἡ Καλλονή ἐστι τῇ γενέσει. διὰ ταῦτα ὅταν μὲν καλῷ προσπελάζῃ τὸ κυοῦν, ἵλεών τε γίγνεται καὶ εὐφραινόμενον διαχεῖται καὶ τίκτει τε καὶ γεννᾷ· ὅταν δὲ αἰσχρῷ, σκυθρωπόν τε καὶ λυπούμενον συσπειρᾶται καὶ ἀποτρέπεται καὶ ἀνείλλεται καὶ οὐ γεννᾷ, ἀλλὰ ἴσχον τὸ κύημα χαλεπῶς φέρει. ὅθεν δὴ τῷ κυοῦντί τε καὶ ἤδη σπαργῶντι πολλὴ ἡ πτοίησις γέγονε [206e] περὶ τὸ καλὸν διὰ τὸ μεγάλης ὠδῖνος ἀπολύειν τὸν ἔχοντα. ἔστιν γάρ, ὦ Σώκρατες, ἔφη, οὐ τοῦ καλοῦ ὁ ἔρως, ὡς σὺ οἴει. Ἀλλὰ τί μήν; Τῆς γεννήσεως καὶ τοῦ τόκου ἐν τῷ καλῷ. Εἶεν, ἦν δ' ἐγώ. Πάνυ μὲν οὖν, ἔφη. τί δὴ οὖν τῆς γεννήσεως; ὅτι ἀειγενές ἐστι καὶ ἀθάνατον ὡς θνητῷ ἡ γέννησις. ἀθανασίας [207a] δὲ ἀναγκαῖον ἐπιθυμεῖν μετὰ ἀγαθοῦ ἐκ τῶν ὡμολογημένων, εἴπερ τοῦ τἀγαθὸν ἑαυτῷ εἶναι ἀεὶ ἔρως ἐστίν. ἀναγκαῖον δὴ ἐκ τούτου τοῦ λόγου καὶ τῆς ἀθανασίας τὸν ἔρωτα εἶναι.

"– Não apenas de possuir, mas de possuir sempre?

"– Acrescente-se também isso.

"– Para resumir, Eros é a posse perpétua do bem?

"– Certissimamente. **(206b)**

"– Se Eros é sempre assim, como agem os que o buscam? Que ações, que cuidados, que esforços deveríamos considerar eros? Quero ouvir-te.

"– Se eu o soubesse, teu saber não me arrebataria, eu não estaria aqui para te ouvir.

"– Está bem, escuta! É um parto em beleza corporal e psíquico.

"– Para entender-te, eu deveria ser adivinho. Não compreendi nada. **(206c)**

"– Serei mais precisa, Sócrates. Fecundos são todos os homens, no corpo e na psique. Chegados a certa idade, nossa natureza deseja dar à luz. Como a natureza não pode gerar no desprezível, deverá gerar no belo. Gerar, o contato do homem e da mulher, é um ato divino, a presença do imortal na vida mortal, compreende gestar e dar à luz. O desarmonioso não propicia a procriação. **(206d)** O feio não harmoniza com o divino. Harmonioso é o belo. Na reprodução, Beleza é a confraternização de Moira, o Destino, e de Ilítia, a Aurora-da-vida. Em virtude disso, quando de um corpo belo se aproxima o fecundo, experimenta conforto, verte bem-estar, dá à luz, procria. Quando, ao contrário, se avizinha do feio, recolhe-se sombrio, aflito, afasta-se, retém, não gera; guardando o fruto da fecundidade, carrega-o penosamente. Daí é grande o contentamento do fecundo, do entumescido na presença do belo. O parto o liberta de imensa dor. **(206e)** Sócrates, o belo não é a meta de Eros, como pensas.

"– Qual é, então, a meta?

"– É a procriação, a geração no belo.

"– Seja!

"– Eu o asseguro.

"– A procriação, por quê?

"– Porque procriar é como o permanente, o imortal no mortal. **(207a)** Das nossas conclusões depreende-se que a

XXVI. Ταῦτά τε οὖν πάντα ἐδίδασκέ με, ὁπότε περὶ τῶν ἐρωτικῶν λόγους ποιοῖτο, καί ποτε ἤρετο Τί οἴει, ὦ Σώκρατες, αἴτιον εἶναι τούτου τοῦ ἔρωτος καὶ τῆς ἐπιθυμίας; ἢ οὐκ αἰσθάνει ὡς δεινῶς διατίθεται πάντα τὰ θηρία ἐπειδὰν γεννᾶν ἐπιθυμήσῃ, καὶ τὰ πεζὰ καὶ τὰ πτηνά, νοσοῦντά τε [207b] πάντα καὶ ἐρωτικῶς διατιθέμενα, πρῶτον μὲν περὶ τὸ ξυμμιγῆναι ἀλλήλοις, ἔπειτα περὶ τὴν τροφὴν τοῦ γενομένου, καὶ ἕτοιμά ἐστιν ὑπὲρ τούτων καὶ διαμάχεσθαι τὰ ἀσθενέστατα τοῖς ἰσχυροτάτοις καὶ ὑπεραποθνῄσκειν, καὶ αὐτὰ τῷ λιμῷ παρατεινόμενα ὥστ᾽ ἐκεῖνα ἐκτρέφειν, καὶ ἄλλο πᾶν ποιοῦντα; τοὺς μὲν γὰρ ἀνθρώπους, ἔφη, οἴοιτ᾽ ἄν τις ἐκ λογισμοῦ ταῦτα ποιεῖν· τὰ δὲ θηρία τίς αἰτία οὕτως ἐρωτικῶς διατίθεσθαι; ἔχεις λέγειν; [207c] καὶ ἐγὼ αὖ ἔλεγον ὅτι οὐκ εἰδείην· ἣ δ᾽ εἶπεν, Διανοεῖ οὖν δεινός ποτε γενήσεσθαι τὰ ἐρωτικά, ἐὰν ταῦτα μὴ ἐννοῇς; Ἀλλὰ διὰ ταῦτά τοι, ὦ Διοτίμα, ὅπερ νῦν δὴ εἶπον, παρὰ σὲ ἥκω, γνοὺς ὅτι διδασκάλων δέομαι. ἀλλά μοι λέγε καὶ τούτων τὴν αἰτίαν καὶ τῶν ἄλλων τῶν περὶ τὰ ἐρωτικά. Εἰ τοίνυν, ἔφη, πιστεύεις ἐκείνου εἶναι φύσει τὸν ἔρωτα, οὗ πολλάκις ὡμολογήκαμεν, μὴ θαύμαζε. ἐνταῦθα γὰρ [207d] τὸν αὐτὸν ἐκείνῳ λόγον ἡ θνητὴ φύσις ζητεῖ κατὰ τὸ δυνατὸν ἀεί τε εἶναι καὶ ἀθάνατος. δύναται δὲ ταύτῃ μόνον τῇ γενέσει, ὅτι ἀεὶ καταλείπει ἕτερον νέον ἀντὶ τοῦ παλαιοῦ, ἐπεὶ καὶ ἐν ᾧ ἓν ἕκαστον τῶν ζῴων ζῆν καλεῖται καὶ εἶναι τὸ αὐτό· οἷον ἐκ παιδαρίου ὁ αὐτὸς λέγεται ἕως ἂν πρεσβύτης γένηται· οὗτος μέντοι οὐδέποτε τὰ αὐτὰ ἔχων ἐν αὑτῷ ὅμως ὁ αὐτὸς καλεῖται, ἀλλὰ νέος ἀεὶ γιγνόμενος, τὰ δὲ ἀπολλύς, καὶ κατὰ τὰς τρίχας καὶ σάρκα καὶ ὀστᾶ καὶ [207e] αἷμα καὶ ξύμπαν τὸ σῶμα. καὶ μὴ ὅτι κατὰ τὸ σῶμα, ἀλλὰ καὶ κατὰ τὴν ψυχὴν οἱ τρόποι, τὰ ἤθη, δόξαι, ἐπιθυμίαι, ἡδοναί, λῦπαι, φόβοι τούτων ἕκαστα οὐδέποτε τὰ αὐτὰ πάρεστιν ἑκάστῳ, ἀλλὰ τὰ μὲν γίγνεται, τὰ δὲ

imortalidade acompanha obrigatoriamente o desejo do bem, se é verdade que Eros almeja a posse do bem. Este argumento confirma sem equívocos que Eros também aspira à imortalidade."

– Ela ensinou-me tudo isso ao discorrer sobre Eros. Perguntou-me em certa ocasião:

"– Qual te parece a causa, Sócrates, do eros e do desejo de que falamos? Não estranhas o comportamento dos animais quando desejam gerar? Refiro-me aos que andam e aos que voam. **(207b)** Eros os acomete como uma doença, primeiro quando se unem, depois quando alimentam a cria. Os mais fracos lutam contra os mais fortes, dispostos a sacrificarem a vida, a passarem fome para alimentá-los. Submetem-se, enfim, a toda sorte de sacrifícios. Poderíamos dizer que os homens agem assim orientados pelo raciocínio. Qual seria o móvel do comportamento erótico dos animais? Tens alguma sugestão? **(207c)**

"– Não me ocorre nenhuma.

"– Pensas adquirir, um dia, habilidade em assuntos eróticos se ignoras isso?

"– Já te disse, Diotima, que, carente de instrutor, te procurei. Fala-me, portanto, sobre isso e sobre outros aspectos da vida erótica.

"– Se de fato acreditas que por natureza Eros deseja aquilo em que já concordamos, não te espantes. **(207d)** Lá como aqui o argumento é o mesmo: a natureza mortal aspira à imortalidade, na medida do possível. Limitada à geração, ela deixa um novo ser em lugar do anterior. É assim que cada espécie animal vive e é sempre a mesma. Pelo mesmo motivo declaramos cada indivíduo o mesmo desde a infância até a velhice. Mesmo que não tenha nunca as mesmas características, nós o consideramos o mesmo. As perdas permitem que se renove: cabelos, carne, ossos, sangue, o corpo inteiro. **(207e)** As perdas não se limitam ao corpo, afetam também a psique: modos, costumes, opiniões, desejos, prazeres, tristezas,

ἀπόλλυται. πολὺ δὲ τούτων ἀτοπώτερον ἔτι, ὅτι καὶ αἱ ἐπιστῆμαι [208a] μὴ ὅτι αἱ μὲν γίγνονται, αἱ δὲ ἀπόλλυνται ἡμῖν, καὶ οὐδέποτε οἱ αὐτοί ἐσμεν οὐδὲ κατὰ τὰς ἐπιστήμας, ἀλλὰ καὶ μία ἑκάστη τῶν ἐπιστημῶν ταὐτὸν πάσχει. ὃ γὰρ καλεῖται μελετᾷν, ὡς ἐξιούσης ἐστὶ τῆς ἐπιστήμης· λήθη γὰρ ἐπιστήμης ἔξοδος, μελέτη δὲ πάλιν καινὴν ἐμποιοῦσα ἀντὶ τῆς ἀπιούσης μνήμην σῴζει τὴν ἐπιστήμην, ὥστε τὴν αὐτὴν δοκεῖν εἶναι. τούτῳ γὰρ τῷ τρόπῳ πᾶν τὸ θνητὸν σῴζεται, οὐ τὸ παντάπασιν τὸ αὐτὸ ἀεὶ εἶναι ὥσπερ τὸ [208b] θεῖον, ἀλλὰ τῷ τὸ ἀπιὸν καὶ παλαιούμενον ἕτερον νέον ἐγκαταλείπειν οἷον αὐτὸ ἦν. ταύτῃ τῇ μηχανῇ, ὦ Σώκρατες, ἔφη, θνητὸν ἀθανασίας μετέχει, καὶ σῶμα καὶ τἆλλα πάντα· ἀθάνατον δὲ ἄλλῃ. μὴ οὖν θαύμαζε εἰ τὸ αὑτοῦ ἀποβλάστημα φύσει πᾶν τιμᾷ· ἀθανασίας γὰρ χάριν παντὶ αὕτη ἡ σπουδὴ καὶ ὁ ἔρως ἕπεται.

XXVII. Καὶ ἐγὼ ἀκούσας τὸν λόγον ἐθαύμασά τε καὶ εἶπον Εἶεν, ἦν δ' ἐγώ, ὦ σοφωτάτη Διοτίμα, ταῦτα ὡς ἀληθῶς οὕτως ἔχει; [208c] καὶ ἥ, ὥσπερ οἱ τέλεοι σοφισταί, Εὖ ἴσθι, ἔφη, ὦ Σώκρατες· ἐπεί γε καὶ τῶν ἀνθρώπων εἰ ἐθέλεις εἰς τὴν φιλοτιμίαν βλέψαι, θαυμάζοις ἂν τῆς ἀλογίας πέρι, ἃ ἐγὼ εἴρηκα εἰ μὴ ἐννοεῖς, ἐνθυμηθεὶς ὡς δεινῶς διάκεινται ἔρωτι τοῦ ὀνομαστοὶ γενέσθαι καὶ "κλέος ἐς τὸν ἀεὶ χρόνον ἀθάνατον καταθέσθαι„, καὶ ὑπὲρ τούτου κινδύνους τε κινδυνεύειν ἕτοιμοί εἰσι πάντας ἔτι μᾶλλον ἢ ὑπὲρ τῶν [208d] παίδων, καὶ χρήματα ἀναλίσκειν καὶ πόνους πονεῖν οὑστινασοῦν καὶ ὑπεραποθνῄσκειν. ἐπεὶ οἴει σύ, ἔφη, Ἄλκηστιν ὑπὲρ Ἀδμήτου ἀποθανεῖν ἄν, ἢ Ἀχιλλέα Πατρόκλῳ ἐπαποθανεῖν, ἢ προαποθανεῖν τὸν ὑμέτερον Κόδρον ὑπὲρ τῆς βασιλείας τῶν παίδων, μὴ οἰομένους ἀθάνατον μνήμην ἀρετῆς πέρι ἑαυτῶν ἔσεσθαι, ἣν νῦν ἡμεῖς ἔχομεν; πολλοῦ γε δεῖ, ἔφη, ἀλλ' οἶμαι ὑπὲρ ἀρετῆς ἀθανάτου καὶ

temores... Nenhum desses afetos é sempre igual em cada um de nós; uns surgem, outros desaparecem. Mais estranho ainda: nossos conhecimentos, uns aparecem, outros perecem. **(208a)** Para os conhecimentos que nos investigam, jamais somos os mesmos. Com cada um dos conhecimentos acontece o mesmo. Se dizemos que exercemos um conhecimento, é como se o conhecimento saísse de nós. Esquecer é abandonar o conhecimento. O exercício, porque produz um novo conhecimento para tomar o lugar daquele que nos deixou, salva o conhecimento, de tal sorte que aparentemente parece igual. Dessa forma todo o mortal é preservado, não por ser inteiramente o mesmo, como o divino, mas por deixar um outro, renovado, em lugar do envelhecido, como se fosse o mesmo. **(208b)** Com esse processo, o mortal participa da imortalidade tanto no corpo como em todos os outros aspectos, embora o imortal esteja situado em outro nível. Não há, portanto, nada de estranho no fato de cada um dos seres admirar o seu rebento. A imortalidade provoca esse zelo, esse erotismo.

"– Assim seja, sapientíssima Diotima! – exclamei admirado do que acabara de ouvir. – De fato é assim? **(208c)**

"– Tens minha palavra, Sócrates – respondeu-me ela como o mais seguro dos pensadores. – Se dirigires o olhar a homens que estimam a honra, terás oportunidade de constatar a passionalidade de que te falei. Se ainda não tiveste a oportunidade de observá-los, não te espantes. Nota com que paixão perseguem o renome, 'aspiram a um renome duradouro, imortal'. Para alcançá-lo animam-se a enfrentar os maiores perigos. **(208d)** Preterem filhos, gastam fortunas, enfrentam os maiores sacrifícios, querem vencer a morte. Pensas que Alceste se disporia a morrer em lugar de Admeto, que Aquiles se entregaria à morte depois de Pátroclo ou que nosso Codro[51] se deixaria abater pelo inimigo para assegurar o trono aos filhos sem a certeza de que a virtude demonstrada lhes traria renome eterno, renome que nós lhes

51. Último rei de Atenas, filho de Melanto.

τοιαύτης δόξης εὐκλεοῦς πάντες πάντα ποιοῦσιν, ὅσῳ ἂν ἀμείνους [208e] ὦσι, τοσούτῳ μᾶλλον· τοῦ γὰρ ἀθανάτου ἐρῶσιν. οἱ μὲν οὖν ἐγκύμονες, ἔφη, κατὰ τὰ σώματα ὄντες πρὸς τὰς γυναῖκας μᾶλλον τρέπονται καὶ ταύτῃ ἐρωτικοί εἰσιν, διὰ παιδογονίας ἀθανασίαν καὶ μνήμην καὶ εὐδαιμονίαν, ὡς οἴονται, αὑτοῖς εἰς τὸν ἔπειτα χρόνον πάντα ποριζόμενοι· οἱ δὲ κατὰ τὴν [209a] ψυχήν—εἰσὶ γὰρ οὖν, ἔφη, οἳ ἐν ταῖς ψυχαῖς κυοῦσιν ἔτι μᾶλλον ἢ ἐν τοῖς σώμασιν, ἃ ψυχῇ προσήκει καὶ κυῆσαι καὶ τεκεῖν· τί οὖν προσήκει; φρόνησίν τε καὶ τὴν ἄλλην ἀρετήν· ὧν δή εἰσι καὶ οἱ ποιηταὶ πάντες γεννήτορες καὶ τῶν δημιουργῶν ὅσοι λέγονται εὑρετικοὶ εἶναι· πολὺ δὲ μεγίστη, ἔφη, καὶ καλλίστη τῆς φρονήσεως ἡ περὶ τὰ τῶν πόλεών τε καὶ οἰκήσεων διακόσμησις, ᾗ δὴ ὄνομά ἐστι σωφροσύνη τε καὶ δικαιοσύνη· τούτων δ᾽ αὖ ὅταν τις ἐκ [209b] νέου ἐγκύμων ᾖ τὴν ψυχήν θεῖος ὢν, καὶ ἡκούσης τῆς ἡλικίας, τίκτειν τε καὶ γεννᾶν ἤδη ἐπιθυμῇ, ζητεῖ δὴ οἶμαι καὶ οὗτος περιιὼν τὸ καλὸν ἐν ᾧ ἂν γεννήσειεν· ἐν τῷ γὰρ αἰσχρῷ οὐδέποτε γεννήσει. τά τε οὖν σώματα τὰ καλὰ μᾶλλον ἢ τὰ αἰσχρὰ ἀσπάζεται ἅτε κυῶν, καὶ ἂν ἐντύχῃ ψυχῇ καλῇ καὶ γενναίᾳ καὶ εὐφυεῖ, πάνυ δὴ ἀσπάζεται τὸ ξυναμφότερον, καὶ πρὸς τοῦτον τὸν ἄνθρωπον εὐθὺς εὐπορεῖ λόγων περὶ ἀρετῆς καὶ περὶ οἷον χρὴ εἶναι [209c] τὸν ἄνδρα τὸν ἀγαθὸν καὶ ἃ ἐπιτηδεύειν, καὶ ἐπιχειρεῖ παιδεύειν. ἁπτόμενος γὰρ οἶμαι τοῦ καλοῦ καὶ ὁμιλῶν αὐτῷ, ἃ πάλαι ἐκύει, τίκτει καὶ γεννᾷ, καὶ παρὼν καὶ ἀπὼν μεμνημένος, καὶ τὸ γεννηθὲν συνεκτρέφει κοινῇ μετ᾽ ἐκείνου, ὥστε πολὺ μείζω κοινωνίαν τῆς τῶν παίδων πρὸς ἀλλήλους οἱ τοιοῦτοι ἴσχουσι καὶ φιλίαν βεβαιοτέραν, ἅτε καλλιόνων καὶ ἀθανατωτέρων παίδων κεκοινωνηκότες. καὶ πᾶς ἂν δέξαιτο ἑαυτῷ τοιούτους παῖδας μᾶλλον γεγονέναι ἢ τοὺς [209d] ἀνθρωπίνους, καὶ εἰς Ὅμηρον ἀποβλέψας καὶ Ἡσίοδον καὶ τοὺς ἄλλους ποιητὰς τοὺς ἀγαθοὺς ζηλῶν, οἷα ἔκγονα ἑαυτῶν καταλείπουσιν, ἃ ἐκείνοις ἀθάνατον κλέος καὶ μνήμην παρέχεται αὐτὰ τοιαῦτα ὄντα· εἰ δὲ βούλει, ἔφη, οἵους Λυκοῦργος παῖδας κατελίπετο ἐν

garantimos? Longe disso. Por uma virtude sempre lembrada, por uma glória, por um renome brilhante, todos fazem tudo. Erotizados pela imortalidade, quanto mais distintos, maior o empenho. **(208e)** Os de corpos fecundos procuram mulheres e lhes dedicam erotismo, imaginando que a prole lhes trará imortalidade, lembrança, ventura para todo o sempre. **(209a)** Nos intelectuais, entretanto – pois em certos homens a psique é mais fecunda do que o corpo –, concebe e gera o espírito. Ganham o quê? Prudência e virtudes desse jaez. A essa categoria pertencem todos os poetas, todos os criadores, todos os artesãos, todos os que se presumem inventivos. A atividade mais distinta, a mais brilhante, é sem dúvida a que envolve os negócios do Estado, a administração dos bens privados, e leva o nome de inteligência, de justiça. Quando o espírito de alguém é fecundado por essas atividades já na juventude, esse alguém, ser divino que é, atento aos rumores da idade, avança no ímpeto de gerar, de produzir, procurando em torno de si, penso, o belo em que possa gerar. **(209b)** Não o fará jamais no feio. Em estado de concepção, prefere os corpos belos aos feios. Encontrando psique formosa, nobre, bem-nascida, esse conjunto receberá acolhida irrestrita, presença que abre caminho a discursos sobre a virtude, sobre as obrigações e tarefas do homem íntegro, tendo a formação por meta. **(209c)** O contato com o belo em situação adequada produz, gera o já há muito gestado. Próximo ou distante, não sairá da lembrança. O gerado e o belo desenvolvem-se juntos. Maior será a comunhão do que com os filhos, mais sólida será a amizade. **(209d)** Cada qual reconhecerá nesses rebentos familiaridade maior do que nos de geração humana. Homero, Hesíodo e outros grandes poetas são admirados e invejados em virtude da linhagem que deixaram, garantia de glória e lembrança imortais. Se preferes, lembro os filhos deixados por Licurgo, para o bem da Lacedemônia e, por extensão, de toda a Hélade. Renome deram também a Sólon leis por ele criadas como aconteceu também a outros em outros territórios gregos ou bárbaros, graças a obras e a

Λακεδαίμονι σωτῆρας τῆς Λακεδαίμονος καὶ ὡς ἔπος εἰπεῖν τῆς Ἑλλάδος. τίμιος δὲ παρ' ὑμῖν καὶ Σόλων διὰ τὴν τῶν νόμων γέννησιν, καὶ ἄλλοι [209e] ἄλλοθι πολλαχοῦ ἄνδρες, καὶ ἐν Ἕλλησι καὶ ἐν βαρβάροις, πολλὰ καὶ καλὰ ἀποφηνάμενοι ἔργα, γεννήσαντες παντοίαν ἀρετήν· ὧν καὶ ἱερὰ πολλὰ ἤδη γέγονε διὰ τοὺς τοιούτους παῖδας, διὰ δὲ τοὺς ἀνθρωπίνους οὐδενός πω.

XXVIII. Ταῦτα μὲν οὖν τὰ ἐρωτικὰ ἴσως, ὦ Σώκρατες, κἂν σὺ [210a] μυηθείης· τὰ δὲ τέλεα καὶ ἐποπτικά, ὧν ἕνεκα καὶ ταῦτα ἔστιν, ἐάν τις ὀρθῶς μετίῃ, οὐκ οἶδ' εἰ οἷός τ' ἂν εἴης. ἐρῶ μὲν οὖν, ἔφη, ἐγὼ καὶ προθυμίας οὐδὲν ἀπολείψω· πειρῶ δὲ ἕπεσθαι, ἂν οἷός τε ᾖς. δεῖ γάρ, ἔφη, τὸν ὀρθῶς ἰόντα ἐπὶ τοῦτο τὸ πρᾶγμα ἄρχεσθαι μὲν νέον ὄντα ἰέναι ἐπὶ τὰ καλὰ σώματα, καὶ πρῶτον μέν, ἐὰν ὀρθῶς ἡγῆται ὁ ἡγούμενος, ἑνὸς αὐτὸν σώματος ἐρᾶν καὶ ἐνταῦθα γεννᾶν λόγους καλούς, ἔπειτα δὲ αὐτὸν κατανοῆσαι ὅτι τὸ κάλλος [210b] τὸ ἐπὶ ὁτῳοῦν σώματι τῷ ἐπὶ ἑτέρῳ σώματι ἀδελφόν ἐστι, καὶ εἰ δεῖ διώκειν τὸ ἐπ' εἴδει καλόν, πολλὴ ἄνοια μὴ οὐχ ἕν τε καὶ ταὐτὸν ἡγεῖσθαι τὸ ἐπὶ πᾶσιν τοῖς σώμασι κάλλος· τοῦτο δ' ἐννοήσαντα καταστῆναι πάντων τῶν καλῶν σωμάτων ἐραστήν, ἑνὸς δὲ τὸ σφόδρα τοῦτο χαλάσαι καταφρονήσαντα καὶ σμικρὸν ἡγησάμενον· μετὰ δὲ ταῦτα τὸ ἐν ταῖς ψυχαῖς κάλλος τιμιώτερον ἡγήσασθαι τοῦ ἐν τῷ σώματι, ὥστε καὶ ἐὰν ἐπιεικὴς ὢν τὴν ψυχήν τις κἂν σμικρὸν ἄνθος [210c] ἔχῃ, ἐξαρκεῖν αὐτῷ καὶ ἐρᾶν καὶ κήδεσθαι καὶ τίκτειν λόγους τοιούτους καὶ ζητεῖν, οἵτινες ποιήσουσι βελτίους τοὺς νέους, ἵνα ἀναγκασθῇ αὖ θεάσασθαι τὸ ἐν τοῖς ἐπιτηδεύμασι καὶ τοῖς νόμοις καλὸν καὶ τοῦτ' ἰδεῖν ὅτι πᾶν αὐτὸ αὑτῷ ξυγγενές ἐστιν, ἵνα τὸ περὶ τὸ σῶμα καλὸν σμικρόν τι ἡγήσηται εἶναι. μετὰ δὲ τὰ ἐπιτηδεύματα ἐπὶ τὰς ἐπιστήμας ἀγαγεῖν, ἵνα ἴδῃ αὖ ἐπιστημῶν κάλλος, καὶ βλέπων πρὸς [210d] πολὺ ἤδη τὸ καλὸν μηκέτι τῷ παρ' ἑνί, ὥσπερ οἰκέτης, ἀγαπῶν παιδαρίου κάλλος ἢ ἀνθρώπου τινός ἢ ἐπιτηδεύματος ἑνός, δουλεύων φαῦλος ᾖ καὶ σμικρολόγος,

virtudes geradas.[52] **(209e)** Em razão de tais filhos, templos foram erguidos a seus progenitores, ao passo que por descendentes humanos não se rende homenagem a pai algum. Numa eroticidade assim também tu, Sócrates, poderias ser iniciado. **(210a)** Gostaria de saber se estás preparado para uma visão conclusiva em direção à qual estes estágios foram estabelecidos. Seja como for, eu a exporei sem poupar esforços. Se fores capaz, tenta acompanhar-me. A quem se eleva corretamente a essa esfera importa que inicie quando jovem pela procura de belos corpos. No princípio, se corretamente orientado, convém que, erotizado por um único corpo belo, gere belas palavras; em seguida, deverá compreender que o belo que está presente em um corpo irmana-se ao belo em outro. Importa, então, que o persiga numa forma sensível. **(210b)** Seria muita insensatez não reconhecer em todos os corpos o mesmo belo. Atingida essa compreensão, impõe-se que se faça erasta de todos os corpos belos, que detenha o apego a um só, considerando-o mesquinho. Só então considerará mais precioso o belo nas psiques do que o belo localizado no corpo. Se o belo residir numa psique instalada num corpo que não fulgure pelo encanto juvenil, **(210c)** basta que o erasta o preze, que o cubra de cuidados, que lhe proporcione palavras apropriadas, que investigue as que têm o poder de aperfeiçoar jovens. O agraciado se verá assim compelido a contemplar o belo nos ofícios e nas normas e a perceber parentesco no belo onde quer que ele se manifeste. Depois dos ofícios, o guia o conduzirá aos conhecimentos a fim de que perceba o belo neles. Atento ao belo em sua amplitude, não ficará preso ao belo situado em um só. **(210d)** Não viverá assim, aviltado e bajulador, como serviçal de um único senhor, mostrando afeição à beleza de um único rapazinho, de um único homem, de um único costume. Voltado ao mar imenso do belo e absorto nele, produzirá variados e formosos discursos, pensamentos embebidos de filosofia inesgotável.

52. Licurgo foi legislador de Esparta, uma das cidades-Estado da Grécia (ou Hélade). Sólon, por sua vez, foi legislador de Atenas.

ἀλλ' ἐπὶ τὸ πολὺ πέλαγος τετραμμένος τοῦ καλοῦ καὶ θεωρῶν πολλοὺς καὶ καλοὺς λόγους καὶ μεγαλοπρεπεῖς τίκτῃ καὶ διανοήματα ἐν φιλοσοφίᾳ ἀφθόνῳ, ἕως ἂν ἐνταῦθα ῥωσθεὶς καὶ αὐξηθεὶς κατίδῃ τινὰ ἐπιστήμην μίαν τοιαύτην, ἥ ἐστι καλοῦ [210e] τοιοῦδε. πειρῶ δέ μοι, ἔφη, τὸν νοῦν προσέχειν ὡς οἷόν τε μάλιστα.

XXIX. Ὃς γὰρ ἂν μέχρι ἐνταῦθα πρὸς τὰ ἐρωτικὰ παιδαγωγηθῇ, θεώμενος ἐφεξῆς τε καὶ ὀρθῶς τὰ καλά, πρὸς τέλος ἤδη ἰὼν τῶν ἐρωτικῶν ἐξαίφνης κατόψεταί τι θαυμαστὸν τὴν φύσιν καλόν, τοῦτο ἐκεῖνο, ὦ Σώκρατες, οὗ δὴ ἕνεκεν καὶ οἱ ἔμπροσθεν πάντες πόνοι ἦσαν, πρῶτον μὲν [211a] ἀεὶ ὂν καὶ οὔτε γιγνόμενον οὔτε ἀπολλύμενον, οὔτε αὐξανόμενον οὔτε φθίνον, ἔπειτα οὐ τῇ μὲν καλόν, τῇ δ' αἰσχρόν, οὐδὲ τοτὲ μέν, τοτὲ δὲ οὔ, οὐδὲ πρὸς μὲν τὸ καλόν, πρὸς δὲ τὸ αἰσχρόν. οὐδ' ἔνθα μὲν καλόν, ἔνθα δὲ αἰσχρόν, ὡς τισὶ μὲν ὂν καλόν, τισὶ δὲ αἰσχρόν· οὐδ' αὖ φαντασθήσεται αὐτῷ τὸ καλὸν οἷον πρόσωπόν τι οὐδὲ χεῖρες οὐδὲ ἄλλο οὐδὲν ὧν σῶμα μετέχει, οὐδέ τις λόγος οὐδέ τις ἐπιστήμη, οὐδέ που ὂν ἐν ἑτέρῳ τινι, οἷον ἐν ζῴῳ ἢ ἐν γῇ ἢ ἐν οὐρανῷ [211b] ἢ ἔν τῳ ἄλλῳ, ἀλλ' αὐτὸ καθ' αὑτὸ μεθ' αὑτοῦ μονοειδὲς ἀεὶ ὄν, τὰ δὲ ἄλλα πάντα καλὰ ἐκείνου μετέχοντα τρόπον τινὰ τοιοῦτον, οἷον γιγνομένων τε τῶν ἄλλων καὶ ἀπολλυμένων μηδὲν ἐκεῖνο μήτε τι πλέον μήτε ἔλαττον γίγνεσθαι μηδὲ πάσχειν μηδέν, ὅταν δή τις ἀπὸ τῶνδε διὰ τὸ ὀρθῶς παιδεραστεῖν ἐπανιὼν ἐκεῖνο τὸ καλὸν ἄρχηται καθορᾶν, σχεδὸν ἄν τι ἅπτοιτο τοῦ τέλους. τοῦτο γὰρ δή ἐστι τὸ ὀρθῶς ἐπὶ [211c] τὰ ἐρωτικὰ ἰέναι ἢ ὑπ' ἄλλου ἄγεσθαι, ἀρχόμενον ἀπὸ τῶνδε τῶν καλῶν ἐκείνου ἕνεκα τοῦ καλοῦ ἀεὶ ἐπανιέναι, ὥσπερ ἐπαναβαθμοῖς χρώμενον, ἀπὸ ἑνὸς ἐπὶ δύο καὶ ἀπὸ δυοῖν ἐπὶ πάντα τὰ καλὰ σώματα, καὶ ἀπὸ τῶν καλῶν σωμάτων ἐπὶ τὰ καλὰ ἐπιτηδεύματα, καὶ ἀπὸ τῶν καλῶν ἐπιτηδευμάτων ἐπὶ τὰ καλὰ μαθήματα, καὶ ἀπὸ τῶν μαθημάτων ἐπ' ἐκεῖνο τὸ μάθημα τελευτῆσῃ, ὅ ἐστιν οὐκ ἄλλου ἢ αὐτοῦ ἐκείνου τοῦ καλοῦ μάθημα, καὶ

Robustecido e desenvolvido, contemplará um saber único, o do belo, objeto das minhas próximas considerações.[53] **(210e)** Rogo-te que me dês agora atenção máxima. Aquele que até agora tiver sido conduzido ao território da eroticidade, contemplará, de imediato, na sequência correta, os domínios do belo e terá uma visão da maravilhosa natureza do belo, ápice, Sócrates, de todos os esforços precedentes. **(211a)** Antes de quaisquer outras considerações, o belo dura sempre, não surge nem perece, não aumenta nem diminui, não é belo aqui e feio acolá, não conhece sim e não sucessivos, não é belo em relação a isso e feio em relação a aquilo, nem belo aqui e feio ali, nem belo para uns e feio para outros. Não imaginará o belo dotado de rosto, movendo mãos ou pés, não o representará corpóreo. O belo não lhe aparecerá falante ou pensante, nem pretenderá que o belo se mostre em algo: um vivente terrestre ou celeste, outro ser qualquer. **(211b)** O belo se revelará em si mesmo, por si mesmo, sempre uniforme, ao passo que todos os corpos belos participam dele de tal maneira que nascimentos e mortes nada lhe aumentam nem diminuem, em nada o afetam. Quando, então, alguém se eleva daqui, através de uma correta pederastia, passa a contemplar aquele belo, tocando, por assim dizer, o topo. O modo correto de conduzir-se na vereda da eroticidade ou de ser conduzido por outro é este. **(211c)** Tome-se como ponto de partida o que aqui é belo, não se perca de vista aquele belo, fonte de todos os corpos belos. Suba-se como por degraus, de um só a dois e de dois a todos os corpos belos e dos belos corpos aos belos ofícios e dos ofícios aos belos saberes e dos saberes até findar naquele saber que não é outro senão o saber daquele belo, sabendo, por fim, o que é o belo em si. **(211d)** Nesse estágio da existência, meu caro Sócrates, mais do que em outro qualquer, a vida merece ser vivida, quando se contempla o belo em si mesmo. Se um dia tiveres a sorte de vê-lo, perceberás que nada parecerá comparável a ele, nem ouro,

53. Platão subordina a produção do belo particular ao belo universal, o belo situado no mundo das ideias.

γνῷ αὐτὸ τελευτῶν ὃ ἔστι [211d] καλόν. ἐνταῦθα τοῦ βίου, ὦ φίλε Σώκρατες, ἔφη ἡ Μαντινικὴ ξένη, εἴπερ που ἄλλοθι, βιωτὸν ἀνθρώπῳ, θεωμένῳ αὐτὸ τὸ καλόν. ὃ ἐάν ποτε ἴδῃς, οὐ κατὰ χρυσίον τε καὶ ἐσθῆτα καὶ τοὺς καλοὺς παῖδάς τε καὶ νεανίσκους δόξει σοι εἶναι, οὓς νῦν ὁρῶν ἐκπέπληξαι καὶ ἕτοιμος εἶ καὶ σὺ καὶ ἄλλοι πολλοί, ὁρῶντες τὰ παιδικὰ καὶ ξυνόντες ἀεὶ αὐτοῖς, εἴ πως οἷόν τ' ἦν, μήτ' ἐσθίειν μήτε πίνειν, ἀλλὰ θεᾶσθαι μόνον καὶ συνεῖναι. τί δῆτα, ἔφη, οἰόμεθα, εἴ τῳ γένοιτο [211e] αὐτὸ τὸ καλὸν ἰδεῖν εἰλικρινές, καθαρόν, ἄμικτον, ἀλλὰ μὴ ἀνάπλεων σαρκῶν τε ἀνθρωπίνων καὶ χρωμάτων καὶ ἄλλης πολλῆς φλυαρίας θνητῆς, ἀλλ' αὐτὸ τὸ θεῖον καλὸν δύναιτο μονοειδὲς κατιδεῖν; ἆρ' οἴει, ἔφη, φαῦλον βίον [212a] γίγνεσθαι ἐκεῖσε βλέποντος ἀνθρώπου καὶ ἐκεῖνο ᾧ δεῖ θεωμένου καὶ ξυνόντος αὐτῷ; ἢ οὐκ ἐνθυμῇ, ἔφη, ὅτι ἐνταῦθα αὐτῷ μοναχοῦ γενήσεται, ὁρῶντι ᾧ ὁρατὸν τὸ καλόν, τίκτειν οὐκ εἴδωλα ἀρετῆς, ἅτε οὐκ εἰδώλου ἐφαπτομένῳ, ἀλλὰ ἀληθῆ, ἅτε τοῦ ἀληθοῦς ἐφαπτομένῳ· τεκόντι δὲ ἀρετὴν ἀληθῆ καὶ θρεψαμένῳ ὑπάρχει θεοφιλῆ γενέσθαι, καὶ εἴπέρ τῳ ἄλλῳ ἀνθρώπων ἀθανάτῳ καὶ ἐκείνῳ; [212b] —Ταῦτα δή, ὦ Φαῖδρέ τε καὶ οἱ ἄλλοι, ἔφη μὲν Διοτίμα, πέπεισμαι δ' ἐγώ· πεπεισμένος δὲ πειρῶμαι καὶ τοὺς ἄλλους πείθειν ὅτι τούτου τοῦ κτήματος τῇ ἀνθρωπείᾳ φύσει συνεργὸν ἀμείνω Ἔρωτος οὐκ ἄν τις ῥᾳδίως λάβοι. διὸ δὴ ἔγωγέ φημι χρῆναι πάντα ἄνδρα τὸν Ἔρωτα τιμᾶν, καὶ αὐτὸς τιμῶ τὰ ἐρωτικὰ καὶ διαφερόντως ἀσκῶ, καὶ τοῖς ἄλλοις παρακελεύομαι, καὶ νῦν τε καὶ ἀεὶ ἐγκωμιάζω τὴν δύναμιν καὶ ἀνδρείαν τοῦ Ἔρωτος καθ' ὅσον οἷός τ' εἰμί. τοῦτον [212c] οὖν τὸν λόγον, ὦ Φαῖδρε, εἰ μὲν βούλει, ὡς ἐγκώμιον εἰς Ἔρωτα νόμισον εἰρῆσθαι, εἰ δέ, ὅτι καὶ ὅπῃ χαίρεις ὀνομάζων, τοῦτο ὀνόμαζε.

XXX. Εἰπόντος δὲ ταῦτα τοῦ Σωκράτους τοὺς μὲν ἐπαινεῖν, τὸν δὲ Ἀριστοφάνη λέγειν τι ἐπιχειρεῖν, ὅτι ἐμνήσθη αὐτοῦ λέγων ὁ Σωκράτης περὶ τοῦ λόγου· καὶ ἐξαίφνης τὴν αὔλειον θύραν κρουομένην πολὺν ψόφον παρασχεῖν ὡς κωμαστῶν, καὶ αὐλητρίδος φωνὴν

nem vestimenta, nem delicadinhos, nem amiguinhos. Eles te inflamam agora. É só uma bonequinha dessas cair nos olhos, nos teus ou de outros, e o incêndio estala. Comer e beber é de menos, importa ver os queridinhos, ficar com eles. Raciocinemos! **(211e)** O que aconteceria se algum de vocês pudesse ver o próprio belo: íntegro, puro, sem mistura, em lugar de belezas contaminadas de carne humana, de cores, de outras bobagens perecíveis? Não gostarias, se pudesses, de ver o belo em si, divino, único? **(212a)** Dirigir o olhar ao belo, contemplá-lo e estar com o que importa; pensas que isso seria viver miseravelmente? Não te parece que só quem tiver chegado lá, vendo o belo como convém, poderá produzir não simulacros de virtude – pois não é em sombras que estará tocando –, e sim virtudes autênticas, visto que o tocado é a própria verdade? Ora, a divindade preza os que geram e cultivam a verdade. Se convém que alguém se torne imortal, é esse." **(212b)**

– Fedro e demais convivas, o que ouvi de Diotima foi isso. Ela me convenceu. Por estar convencido, tento convencer também outros que, para a aquisição desse cabedal, nenhum colaborador melhor do que Eros poderá favorecer a natureza humana. Enfatizo a necessidade de honrar Eros. Sendo eu próprio um decidido cultor do erotismo, incito os demais a fazê-lo. Na medida de minhas possibilidades, exalto o poder e a virilidade de Eros agora e sempre. **(212c)** O que tinha a dizer, eu disse, Fedro. Fica a teu critério considerar elogio a Eros meu depoimento. Caso contrário, dá-lhe o nome que te parece mais adequado.

Enquanto soavam aplausos ao discurso de Sócrates, Aristófanes tentou dizer que certa passagem da fala de Sócrates se referia a ele. De repente, um estrondo sacode a porta do pátio, uma algazarra como de foliões, e ergue-se a voz de uma flautista.

– Porteiros – grita Agaton –, ninguém vai ver? Se é um conhecido, que entre! Se não, digam que a bebedeira terminou, que já nos recolhemos. **(212d)**

ἀκούειν. τὸν οὖν Ἀγάθωνα, Παῖδες, φάναι, [212d] οὐ σκέψεσθε; καὶ ἐὰν μέν τις τῶν ἐπιτηδείων ᾖ, καλεῖτε· εἰ δὲ μή, λέγετε ὅτι οὐ πίνομεν ἀλλ' ἀναπαυόμεθα ἤδη. καὶ οὐ πολὺ ὕστερον Ἀλκιβιάδου τὴν φωνὴν ἀκούειν ἐν τῇ αὐλῇ σφόδρα μεθύοντος καὶ μέγα βοῶντος, ἐρωτῶντος ὅπου Ἀγάθων καὶ κελεύοντος ἄγειν παρ' Ἀγάθωνα. ἄγειν οὖν αὐτὸν παρὰ σφᾶς τήν τε αὐλητρίδα ὑπολαβοῦσαν καὶ ἄλλους τινὰς τῶν ἀκολούθων, καὶ ἐπιστῆναι ἐπὶ τὰς θύρας [212e] ἐστεφανωμένον αὐτὸν κιττοῦ τέ τινι στεφάνῳ δασεῖ καὶ ἴων, καὶ ταινίας ἔχοντα ἐπὶ τῆς κεφαλῆς πάνυ πολλάς, καὶ εἰπεῖν· Ἄνδρες, χαίρετε· μεθύοντα ἄνδρα πάνυ σφόδρα δέξεσθε συμπότην, ἢ ἀπίωμεν ἀναδήσαντες μόνον Ἀγάθωνα, ἐφ' ᾧσπερ ἤλθομεν; ἐγὼ γάρ τοι, φάναι, χθὲς μὲν οὐχ οἷός τ' ἐγενόμην ἀφικέσθαι, νῦν δὲ ἥκω ἐπὶ τῇ κεφαλῇ ἔχων τὰς ταινίας, ἵνα ἀπὸ τῆς ἐμῆς κεφαλῆς τὴν τοῦ σοφωτάτου καὶ καλλίστου κεφαλὴν ἀνειπὼν οὑτωσὶ ἀναδήσω· ἆρα καταγελάσεσθέ μου ὡς μεθύοντος; ἐγὼ δέ, κἂν ὑμεῖς [213a] γελᾶτε, ὅμως εὖ οἶδ' ὅτι ἀληθῆ λέγω. ἀλλά μοι λέγετε αὐτόθεν, ἐπὶ ῥητοῖς εἰσίω ἢ μή; συμπίεσθε ἢ οὔ; πάντας οὖν ἀναθορυβῆσαι καὶ κελεύειν εἰσιέναι καὶ κατακλίνεσθαι, καὶ τὸν Ἀγάθωνα καλεῖν αὐτόν. καὶ τὸν ἰέναι ἀγόμενον ὑπὸ τῶν ἀνθρώπων, καὶ περιαιρούμενον ἅμα τὰς ταινίας ὡς ἀναδήσοντα, ἐπίπροσθε τῶν ὀφθαλμῶν ἔχοντα οὐ κατιδεῖν τὸν Σωκράτη, ἀλλὰ καθίζεσθαι παρὰ τὸν Ἀγάθωνα [213b] ἐν μέσῳ Σωκράτους τε καὶ ἐκείνου· παραχωρῆσαι γὰρ τὸν Σωκράτη ὡς ἐκεῖνον καθίζειν. παρακαθεζόμενον δὲ αὐτὸν ἀσπάζεσθαί τε τὸν Ἀγάθωνα καὶ ἀναδεῖν. εἰπεῖν οὖν τὸν Ἀγάθωνα· Ὑπολύετε, παῖδες, Ἀλκιβιάδην, ἵνα ἐκ τρίτων κατακέηται. Πάνυ γε, εἰπεῖν τὸν Ἀλκιβιάδην· ἀλλὰ τίς ἡμῖν ὅδε τρίτος συμπότης; καὶ ἅμα μεταστρεφόμενον αὐτὸν ὁρᾶν τὸν Σωκράτη, ἰδόντα δὲ ἀναπηδῆσαι καὶ εἰπεῖν· Ὦ Ἡράκλεις, τουτὶ τί ἦν; Σωκράτης οὗτος; ἐλλοχῶν αὖ με ἐνταῦθα κατέκεισο, [213c] ὥσπερ εἰώθεις ἐξαίφνης ἀναφαίνεσθαι ὅπου ἐγὼ ᾤμην ἥκιστά σε ἔσεσθαι. καὶ νῦν τί ἥκεις; καὶ τί αὖ ἐνταῦθα κατεκλίνης; ὡς οὐ παρὰ Ἀριστοφάνει οὐδὲ εἴ τις ἄλλος γελοῖος ἔστι τε καὶ βούλεται, ἀλλὰ διεμηχανήσω

"Em seguida, ouvimos a voz de Alcibíades no pátio, de pileque grosso", contou Aristodemo. Perguntava, aos berros, por Agaton. Agaton, ele não queria outro. A flautista, ajudada por outros companheiros, aproximou-o dos convivas. Alcibíades deteve-se na porta. **(212e)** Trazia uma espécie de coroa espessa, feita de hera e violetas. Fitas pendiam-lhe abundantes da cabeça.

– Senhores – gritou –, salve! Aceitam um homem chumbado que ainda não matou a sede ou devemos dar o fora depois de coroar Agaton?[54] Estamos aqui para isso. Quis desincumbir-me dessa tarefa ontem. Outros compromissos me detiveram. É por isso que vocês me veem aqui. Quero passar estas fitas à cabeça mais sábia e mais bela, estou certo de não exagerar. Querem rir dum borracho? **(213a)** Pouco me importa. Sei que digo a verdade. Falem daí mesmo. Ouviram o que eu disse. Posso entrar ou não? Oferecem-me alguma coisa para molhar a garganta?

O vozerio foi geral. Convidaram-no a entrar. Que se recostasse. Agaton o chamou. Não faltaram braços para carregá-lo até lá. As fitas que lhe cercavam a cabeça não permitiram que percebesse Sócrates. Acomodou-se entre Agaton e Sócrates. **(213b)** Este se afastou para lhe ceder o lugar.

– Escravos, tirem-lhe o calçado – ordenou Agaton. – Ele será o terceiro no meu divã.

– Perfeito – respondeu Alcibíades. – Mas o terceiro beberrão, quem é?

Vira-se. Mal vê Sócrates, exclama, surpreso:

– Por Héracles, o que é isso? Sócrates, aqui? Tomaste este lugar de olho em mim. Eu te conheço. Apareces de repente onde menos te espero. **(213c)** O que é isso? Por que estás deitado justamente aqui? Por que não escolheste Aristófanes ou um outro que queira ser engraçado como ele? Justamente o mais belo! Foi artimanha tua.

---

54. Alcibíades, político influente, quer saber se o aceitam no banquete, mesmo embriagado, por já ter participado de outras festas, ou se querem que se retire depois de homenagear Agaton.

ὅπως παρὰ τῷ καλλίστῳ τῶν ἔνδον κατακείσει; καὶ τὸν Σωκράτη· Ἀγάθων, φάναι, ὅρα εἴ μοι ἐπαμύνεις· ὡς ἐμοὶ ὁ τούτου ἔρως τοῦ ἀνθρώπου οὐ φαῦλον πρᾶγμα γέγονεν. ἀπ' ἐκείνου γὰρ τοῦ χρόνου, ἀφ' οὗ τούτου [213d] ἠράσθην, οὐκέτι ἔξεστίν μοι οὔτε προσβλέψαι οὔτε διαλεχθῆναι καλῷ οὐδ' ἑνί, ἢ οὑτοσὶ ζηλοτυπῶν με καὶ φθονῶν θαυμαστὰ ἐργάζεται καὶ λοιδορεῖταί τε καὶ τὼ χεῖρε μόγις ἀπέχεται. ὅρα οὖν μή τι καὶ νῦν ἐργάσηται, ἀλλὰ διάλλαξον ἡμᾶς, ἢ ἐὰν ἐπιχειρῇ βιάζεσθαι, ἐπάμυνε, ὡς ἐγὼ τὴν τούτου μανίαν τε καὶ φιλεραστίαν πάνυ ὀρρωδῶ. Ἀλλ' οὐκ ἔστι, φάναι τὸν Ἀλκιβιάδην, ἐμοὶ καὶ σοὶ διαλλαγή. ἀλλὰ τούτων μὲν εἰσαῦθις σε τιμωρήσομαι· νῦν [213e] δέ μοι, Ἀγάθων, φάναι, μετάδος τῶν ταινιῶν, ἵνα ἀναδήσωμεν καὶ τὴν τούτου ταυτηνὶ τὴν θαυμαστὴν κεφαλήν, καὶ μή μοι μέμφηται ὅτι σὲ μὲν ἀνέδησα, αὐτὸν δὲ νικῶντα ἐν λόγοις πάντας ἀνθρώπους, οὐ μόνον πρῴην ὥσπερ σύ, ἀλλ' ἀεί, ἔπειτα οὐκ ἀνέδησα. καὶ ἅμ' αὐτὸν λαβόντα τῶν ταινιῶν ἀναδεῖν τὸν Σωκράτη καὶ κατακλίνεσθαι.

XXXI. Ἐπειδὴ δὲ κατεκλίνη, εἰπεῖν· Εἶεν δή, ἄνδρες· δοκεῖτε γάρ μοι νήφειν. οὐκ ἐπιτρεπτέον ὑμῖν, ἀλλὰ ποτέον· ὡμολόγηται γὰρ ταῦθ' ἡμῖν. ἄρχοντα οὖν αἱροῦμαι τῆς πόσεως, ἕως ἂν ὑμεῖς ἱκανῶς πίητε, ἐμαυτόν. ἀλλὰ φερέτω, Ἀγάθων, εἴ τι ἔστιν ἔκπωμα μέγα. μᾶλλον δὲ οὐδὲν δεῖ, ἀλλὰ φέρε, παῖ, φάναι, τὸν ψυκτῆρα ἐκεῖνον, ἰδόντα αὐτὸν [214a] πλέον ἢ ὀκτὼ κοτύλας χωροῦντα. τοῦτον ἐμπλησάμενον πρῶτον μὲν αὐτὸν ἐκπιεῖν, ἔπειτα τῷ Σωκράτει κελεύειν ἐγχεῖν καὶ ἅμα εἰπεῖν· Πρὸς μὲν Σωκράτη, ὦ ἄνδρες, τὸ σόφισμά μοι οὐδέν· ὁπόσον γὰρ ἂν κελεύῃ τις, τοσοῦτον ἐκπιὼν οὐδὲν μᾶλλον μή ποτε μεθυσθῇ. τὸν μὲν οὖν Σωκράτη ἐγχέαντος τοῦ παιδὸς πίνειν· τὸν δ' Ἐρυξίμαχον· Πῶς οὖν, φάναι, ὦ Ἀλκιβιάδη, ποιοῦμεν; [214b] οὕτως οὔτε τι λέγομεν ἐπὶ τῇ κύλικι οὔτε τι ᾄδομεν, ἀλλ' ἀτεχνῶς ὥσπερ οἱ διψῶντες πιόμεθα; τὸν οὖν Ἀλκιβιάδην εἰπεῖν· Ὦ Ἐρυξίμαχε, βέλτιστε βελτίστου πατρὸς καὶ σωφρονεστάτου, χαῖρε. Καὶ γὰρ σύ, φάναι τὸν Ἐρυξίμαχον·

– Agaton – rogou Sócrates –, vê se me defendes. Não foram poucos os problemas que me trouxe o ardor deste homem. Desde a época em que me fiz erasta dele, não posso mais admirar nem falar com jovem belo algum. **(213d)** Este homem, ciumento, invejoso é capaz de coisas incríveis: ele me injuria, por pouco não bota as mãos em mim. Cuida para que não me agrida agora. Pede para que faça as pazes comigo. Não quero sofrer violência. Defende-me. Ele é um maníaco. A paixão dele me assusta.

– Não – interveio Alcibíades. – Não quero me entender contigo. Ainda vais me pagar pelo que me disseste agora. **(213e)** Tuas fitas, Agaton, passa-as já para cá. Quero que embelezem também a admirável cabeça deste homem. Não vá ele me censurar por eu ter coroado a ti e não a ele, vitorioso no manejo da palavra não só ontem, como tu, mas sempre.

Alcibíades toma as fitas, coroa Sócrates e se reclina. Feito isso, fala:

– Ora, amigos, vocês me parecem sóbrios. Isso é intolerável. Bebam! Foi o que combinamos. Elejo-me a mim mesmo chefe da bebedeira, até que vocês estejam completamente encharcados. Agaton, uma taça das grandes, se é que as tens. Que venha! Melhor ainda. Já não é preciso. Ó rapaz, você mesmo, aquele balde de refrescar, me dá.

O vasilhame que ele viu comportava uns dois litros. **(214a)** Agarrou o balde cheio e derramou o vinho goela abaixo. Passou, em seguida, o recipiente a Sócrates.

– Não envolvo, amigos, Sócrates em nenhuma trama. Ele bebe o que a gente manda, e não se embriaga nunca.

O escravo serviu Sócrates, que se pôs a beber. Interveio Erixímaco:

– Que atitude é essa, Alcibíades? **(214b)** De copo na mão, ninguém fala nada. Nem canta! Vamos beber como se estivéssemos morrendo de sede?

– Salve, sábio entre sábios, filho de um sapientíssimo pai.

– Salve, Alcibíades. Quais são tuas ordens?

ἀλλὰ τί ποιῶμεν; Ὅ τι ἂν σὺ κελεύῃς. δεῖ γάρ σοι πείθεσθαι·

ἰητρὸς γὰρ ἀνὴρ πολλῶν ἀντάξιος ἄλλων·

ἐπίταττε οὖν ὅτι βούλει. Ἄκουσον δή, εἰπεῖν τὸν Ἐρυξίμαχον. ἡμῖν πρὶν σὲ εἰσελθεῖν ἔδοξε χρῆναι ἐπὶ δεξιὰ ἕκαστον ἐν μέρει λόγον [214c] περὶ Ἔρωτος εἰπεῖν ὡς δύναιτο κάλλιστον, καὶ ἐγκωμιάσαι. οἱ μὲν οὖν ἄλλοι πάντες ἡμεῖς εἰρήκαμεν· σὺ δ' ἐπειδὴ οὐκ εἴρηκας καὶ ἐκπέπωκας, δίκαιος εἶ εἰπεῖν, εἰπὼν δὲ ἐπιτάξαι Σωκράτει ὅ τι ἂν βούλῃ, καὶ τοῦτον τῷ ἐπὶ δεξιὰ καὶ οὕτω τοὺς ἄλλους. Ἀλλά, φάναι, ὦ Ἐρυξίμαχε, τὸν Ἀλκιβιάδην, καλῶς μὲν λέγεις, μεθύοντα δὲ ἄνδρα παρὰ νηφόντων λόγους παραβάλλειν μὴ οὐκ ἐξ ἴσου ᾖ. καὶ ἅμα, ὦ μακάριε, πείθει τί [214d] σε Σωκράτης ὧν ἄρτι εἶπεν; ἢ οἶσθα ὅτι τοὐναντίον ἐστὶ πᾶν ἢ ὃ ἔλεγεν; οὗτος γάρ, ἐάν τινα ἐγὼ ἐπαινέσω τούτου παρόντος ἢ θεὸν ἢ ἄνθρωπον ἄλλον ἢ τοῦτον, οὐκ ἀφέξεταί μου τὼ χεῖρε. Οὐκ εὐφημήσεις; φάναι τὸν Σωκράτη. Μὰ τὸν Ποσειδῶ, εἰπεῖν τὸν Ἀλκιβιάδην, μηδὲν λέγε πρὸς ταῦτα, ὡς ἐγὼ οὐδ' ἂν ἕνα ἄλλον ἐπαινέσαιμι σοῦ παρόντος. Ἀλλ' οὕτω ποίει, φάναι τὸν Ἐρυξίμαχον, εἰ βούλει· Σωκράτη ἐπαίνεσον. [214e] Πῶς λέγεις; εἰπεῖν τὸν Ἀλκιβιάδην· δοκεῖ χρῆναι, ὦ Ἐρυξίμαχε; ἐπιθῶμαι τῷ ἀνδρὶ καὶ τιμωρήσωμαι ὑμῶν ἐναντίον; Οὗτος, φάναι τὸν Σωκράτη, τί ἐν νῷ ἔχεις; ἐπὶ τὰ γελοιότερά με ἐπαινέσαι; ἢ τί ποιήσεις; Τἀληθῆ ἐρῶ. ἀλλ' ὅρα εἰ παρίης. Ἀλλὰ μέντοι, φάναι, τά γε ἀληθῆ παρίημι καὶ κελεύω λέγειν. Οὐκ ἂν φθάνοιμι, εἰπεῖν τὸν Ἀλκιβιάδην. καὶ μέντοι οὑτωσὶ ποίησον. ἐάν τι μὴ ἀληθὲς λέγω, μεταξὺ ἐπιλαβοῦ, ἂν βούλῃ, καὶ εἰπὲ ὅτι τοῦτο ψεύδομαι· ἑκὼν γὰρ εἶναι οὐδὲν [215a] ψεύσομαι. ἐὰν μέντοι ἀναμιμνῃσκόμενος ἄλλο ἄλλοθεν λέγω, μηδὲν θαυμάσῃς· οὐ γάρ τι ῥᾴδιον τὴν σὴν ἀτοπίαν ὧδ' ἔχοντι εὐπόρως καὶ ἐφεξῆς καταριθμῆσαι.

XXXII. Σωκράτη δ' ἐγὼ ἐπαινεῖν, ὦ ἄνδρες, οὕτως ἐπιχειρήσω, δι' εἰκόνων. οὗτος μὲν οὖν ἴσως οἰήσεται

– O que é isso, Erixímaco. Quem manda é você? Meu papel é obedecer. "Um médico vale mais que muita gente." Vamos lá, quais são as instruções.

– Nesse caso, presta a atenção. Antes de tua chegada, decidimos que cada um falasse sobre Eros, da melhor maneira possível. Quisemos ouvir elogios, da esquerda para a direita. **(214c)** Ora, já falamos todos. Tu, como ainda não falaste e já encheste a cara, é justo que fales. Ao terminar, passa a palavra a Sócrates. Pede-lhe o que quiseres. Sócrates fará o mesmo com aquele que está a sua direita, e assim por diante.

– Bravo, Erixímaco. Mas um chumbado falar a sóbrios, não é justo. A propósito, camarada, acreditas no que Sócrates disse há pouco? **(214d)** Não suspeitas de que ele pensa o contrário de tudo que afirmou? Este homem, se eu, na presença dele, tiver a ousadia de louvar outro, deus ou homem, pouco importa, te garanto que ele me agarra e não me solta mais.

– Cala a boca – resmungou Sócrates.

– Por Posidon! – respondeu-lhe Alcibíades. – Não te preocupes. Na tua presença, louvo a ti e mais ninguém.

– Está bem – interveio Erixímaco. – Se é isso que te agrada, louva Sócrates. **(214e)**

– O quê? Achas que é preciso? E se eu me atracar com esse homem e o castigar na frente de vocês todos?

– Para aí – reagiu Sócrates. – O que tens na cabeça? Teu elogio é para me avacalhar? O que pretendes?

– Só vou dizer a verdade. Quero ver se aguentas.

– É claro que suporto a verdade. Até insisto que a digas.

– É pra já. Vamos fazer o seguinte. **(215a)** Se eu disser alguma coisa que não tenha acontecido, intervém, fala que é mentira. De minha vontade, não falsearei nada. Mas se, puxando pela memória, eu disser outra coisa, não te espantes. Não é fácil, no estado em que estou, oferecer um relatório coerente e seguido de tuas maluquices. Amigos, tentarei louvar Sócrates recorrendo a imagens. Ele com certeza pensará que isso leva ao risível, mas porei a imagem a serviço da verdade e não do ridículo. **(215b)** Asseguro que ele é muito

ἐπὶ τὰ γελοιότερα, ἔσται δ' ἡ εἰκὼν τοῦ ἀληθοῦς ἕνεκα, οὐ τοῦ γελοίου. φημὶ γὰρ δὴ ὁμοιότατον αὐτὸν εἶναι τοῖς σειληνοῖς τούτοις τοῖς [215b] ἐν τοῖς ἑρμογλυφείοις καθημένοις, οὕστινας ἐργάζονται οἱ δημιουργοὶ σύριγγας ἢ αὐλοὺς ἔχοντας, οἳ διχάδε διοιχθέντες φαίνονται ἔνδοθεν ἀγάλματα ἔχοντες θεῶν. καὶ φημὶ αὖ ἐοικέναι αὐτὸν τῷ σατύρῳ τῷ Μαρσύᾳ. ὅτι μὲν οὖν τό γε εἶδος ὅμοιος εἶ τούτοις, ὦ Σώκρατες, οὐδ' ἂν αὐτὸς δή που ἀμφισβητήσαις· ὡς δὲ καὶ τἆλλα ἔοικας, μετὰ τοῦτο ἄκουε. ὑβριστὴς εἶ· ἢ οὔ; ἐὰν γὰρ μὴ ὁμολογῇς, μάρτυρας παρέξομαι. ἀλλ' οὐκ αὐλητής; πολύ γε θαυμασιώτερος ἐκείνου· [215c] ὁ μέν γε δι' ὀργάνων ἐκήλει τοὺς ἀνθρώπους τῇ ἀπὸ τοῦ στόματος δυνάμει, καὶ ἔτι νυνὶ ὃς ἂν τὰ ἐκείνου αὐλῇ· ἃ γὰρ Ὄλυμπος ηὔλει, Μαρσύου λέγω, τούτου διδάξαντος· τὰ οὖν ἐκείνου ἐάν τε ἀγαθὸς αὐλητὴς αὐλῇ ἐάν τε φαύλη αὐλητρίς, μόνα κατέχεσθαι ποιεῖ καὶ δηλοῖ τοὺς τῶν θεῶν τε καὶ τελετῶν δεομένους διὰ τὸ θεῖα εἶναι. σὺ δ' ἐκείνου τοσοῦτον μόνον διαφέρεις, ὅτι ἄνευ ὀργάνων ψιλοῖς λόγοις ταὐτὸν [215d] τοῦτο ποιεῖς. ἡμεῖς γοῦν ὅταν μέν του ἄλλου ἀκούωμεν λέγοντος καὶ πάνυ ἀγαθοῦ ῥήτορος ἄλλους λόγους, οὐδὲν μέλει ὡς ἔπος εἰπεῖν οὐδενί· ἐπειδὰν δὲ σοῦ τις ἀκούῃ ἢ τῶν σῶν λόγων ἄλλου λέγοντος, κἂν πάνυ φαῦλος ᾖ ὁ λέγων, ἐάν τε γυνὴ ἀκούῃ ἐάν τε ἀνὴρ ἐάν τε μειράκιον, ἐκπεπληγμένοι ἐσμὲν καὶ κατεχόμεθα. ἐγὼ γοῦν, ὦ ἄνδρες, εἰ μὴ ἔμελλον κομιδῇ δόξειν μεθύειν, εἶπον ὀμόσας ἂν ὑμῖν οἷα δὴ πέπονθα αὐτὸς ὑπὸ τῶν τούτου λόγων καὶ πάσχω ἔτι καὶ [215e] νυνί. ὅταν γὰρ ἀκούω, πολύ μοι μᾶλλον ἢ τῶν κορυβαντιώντων ἥ τε καρδία πηδᾷ καὶ δάκρυα ἐκχεῖται ὑπὸ τῶν λόγων τῶν τούτου, ὁρῶ δὲ καὶ ἄλλους παμπόλλους τὰ αὐτὰ πάσχοντας. Πε-

semelhante a esses silenos[55] expostos nas oficinas dos escultores, esculpidos com pífaros ou flautas, os quais, abertos de par em par, exibem estátuas de deuses em seu interior. Digo mais, ele se assemelha ao sátiro Mársias[56]. Pelo aspecto, és parecido com os dois, Sócrates. Não me digas que não. Ainda não terminei. És também parecido no resto. Tua insolência... É igual à deles. Não é? Se não concordas, trago testemunhas. Não és flautista? E muito mais extraordinário do que Mársias. Este encantava os homens com instrumentos, um poder que lhe vinha da boca, **(215c)** como os que executam suas melodias ainda agora. São de Mársias as que tocava Olimpo[57]. Afirmo que são de Mársias, sejam elas tocadas por um bom flautista ou por uma instrumentista de baixa categoria. Ele as ensinava. Só elas nos arrebatam. Por serem divinas, revelam quem precisa dos deuses e de suas iniciações. Tu diferes dele só nesse ponto. Sem instrumentos, com palavras simples, chegas ao mesmo resultado. **(215d)** Quando acompanhamos a exposição de outro sobre outros assuntos, ainda que seja orador experiente, quase que não nos comove. Mas quando tu falas ou quando um outro reproduz palavras tuas, ainda que o expositor não seja grande coisa, empolgamo-nos aturdidos, seja mulher, homem ou garoto. Se não temesse fazer o papel de um bêbado cômico, eu revelaria, sob juramento, o que padeci sob o efeito das lições desse homem, e ainda padeço. **(215e)** Quando o escuto, pulsa-me o coração, as lágrimas jorram, tal é a força das palavras dele. Meus transtornos são maiores do que os dos coribantas[58]. Observo as mesmas reações em muitos outros. Na minha opinião, Péricles[59] e outros oradores brilhantes sem dúvida falavam

---

55. Sátiros são divindades feias, incorporadas ao culto a Dioniso. Sátiros velhos são conhecidos como silenos.

56. Mársias era um notável flautista.

57. Segundo uma das versões, Olimpo era um flautista, pai de Mársias.

58. Sacerdotes que executavam danças alucinadas em homenagem a Cibele, uma deusa das montanhas e das grutas.

59. Estadista de Atenas no período clássico e notável orador.

ρικλέους δὲ ἀκούων καὶ ἄλλων ἀγαθῶν ῥητόρων εὖ μὲν ἡγούμην λέγειν, τοιοῦτον δ' οὐδὲν ἔπασχον, οὐδ' ἐτεθορύβητό μου ἡ ψυχὴ οὐδ' ἠγανάκτει ὡς ἀνδραποδωδῶς διακειμένου· ἀλλ' ὑπὸ τουτουῒ τοῦ Μαρσύου πολλάκις δὴ [216a] οὕτω διετέθην ὥστε μοι δόξαι μὴ βιωτὸν εἶναι ἔχοντι ὡς ἔχω. καὶ ταῦτα, ὦ Σώκρατες, οὐκ ἐρεῖς ὡς οὐκ ἀληθῆ. καὶ ἔτι γε νῦν ξύνοιδ' ἐμαυτῷ ὅτι εἰ ἐθέλοιμι παρέχειν τὰ ὦτα, οὐκ ἂν καρτερήσαιμι ἀλλὰ ταὐτὰ ἂν πάσχοιμι· ἀναγκάζει γάρ με ὁμολογεῖν ὅτι πολλοῦ ἐνδεὴς ὢν αὐτὸς ἔτι ἐμαυτοῦ μὲν ἀμελῶ, τὰ δ' Ἀθηναίων πράττω. βίᾳ οὖν ὥσπερ ἀπὸ τῶν Σειρήνων ἐπισχόμενος τὰ ὦτα οἴχομαι φεύγων, ἵνα μὴ αὐτοῦ καθήμενος παρὰ τούτῳ καταγηράσω. πέπονθα δὲ [216b] πρὸς τοῦτον μόνον ἀνθρώπων, ὃ οὐκ ἄν τις οἴοιτο ἐν ἐμοὶ ἐνεῖναι, τὸ αἰσχύνεσθαι ὁντινοῦν· ἐγὼ δὲ τοῦτον μόνον αἰσχύνομαι. ξύνοιδα γὰρ ἐμαυτῷ ἀντιλέγειν μὲν οὐ δυναμένῳ ὡς οὐ δεῖ ποιεῖν ἃ οὗτος κελεύει, ἐπειδὰν δὲ ἀπέλθω, ἡττημένῳ τῆς τιμῆς τῆς ὑπὸ τῶν πολλῶν. δραπετεύω οὖν αὐτὸν καὶ φεύγω, καὶ ὅταν ἴδω, αἰσχύνομαι τὰ ὡμολογημένα. [216c] καὶ πολλάκις μὲν ἡδέως ἂν ἴδοιμι αὐτὸν μὴ ὄντα ἐν ἀνθρώποις· εἰ δ' αὖ τοῦτο γένοιτο, εὖ οἶδα ὅτι πολὺ μεῖζον ἂν ἀχθοίμην, ὥστε οὐκ ἔχω ὅ τι χρήσωμαι τούτῳ τῷ ἀνθρώπῳ.

XXXIII. Καὶ ὑπὸ μὲν δὴ τῶν αὐλημάτων καὶ ἐγὼ καὶ ἄλλοι πολλοὶ τοιαῦτα πεπόνθασιν ὑπὸ τοῦδε τοῦ σατύρου· ἄλλα δὲ ἐμοῦ ἀκούσατε ὡς ὅμοιός τ' ἐστὶν οἷς ἐγὼ εἴκασα αὐτὸν καὶ τὴν δύναμιν ὡς θαυμασίαν ἔχει. εὖ γὰρ ἴστε ὅτι οὐδεὶς ὑμῶν [216d] τοῦτον γιγνώσκει· ἀλλὰ ἐγὼ δηλώσω, ἐπείπερ ἠρξάμην. ὁρᾶτε γὰρ ὅτι Σωκράτης ἐρωτικῶς διάκειται τῶν καλῶν καὶ ἀεὶ περὶ τούτους ἐστὶ καὶ ἐκπέπληκται, καὶ αὖ ἀγνοεῖ πάντα καὶ οὐδὲν οἶδεν. ὡς τὸ σχῆμα αὐτοῦ. τοῦτο οὐ σειληνῶδες; σφόδρα γε. τοῦτο γὰρ οὗτος ἔξωθεν περιβέβληται, ὥσπερ ὁ γεγλυμμένος σειληνός· ἔνδοθεν δὲ ἀνοιχθεὶς πόσης οἴεσθε γέμει, ὦ ἄνδρες συμπόται, σωφροσύνης;

bem, mas como Sócrates ninguém me tocou ainda. Ele me arrebata, ele me escraviza, isso me irrita. Este Mársias aqui me deixou muitas vezes em tal estado que viver me pareceu impossível, comportando-me como me comporto. **(216a)** Não digas, Sócrates, que não é assim. Tenho certeza de que mesmo agora, se ficasse atento às palavras dele, eu não resistiria, eu seria atormentado pelos mesmos sentimentos. Obriga-me a reconhecer que, embora eu padeça de inúmeras deficiências e não cuide de mim mesmo, me preocupo com Atenas. Com muito esforço, como se me esquivasse das Sereias, cerro os ouvidos e me afasto em fuga. De outro modo, eu ficaria sentado na frente dele até a velhice. **(216b)** Senti na companhia dele, só na companhia dele, o que não imaginava haver em mim. Ninguém me envergonha, e eu senti vergonha diante deste homem. Tenho plena convicção de que me faltam forças para contradizê-lo, para dizer-lhe que não me sinto obrigado a fazer o que ele manda, mas quando me afasto, sou vencido pelo apreço que me tem a multidão. Sumo de sua presença e quando o vejo envergonho-me dos argumentos que subscrevi. **(216c)** Seria um prazer, às vezes, não vê-lo entre os homens. Se, no entanto, visse meu desejo satisfeito, sei que minha dor seria ainda maior, de sorte que não sei o que fazer com este homem. As flauteadas desse sátiro causaram muitos sofrimentos a mim e a outros. Falta-me falar sobre semelhanças dele com os sátiros de que lhes falei, o poder espantoso que ele exerce. Saibam que ninguém o conhece bem. **(216d)** Já que comecei, insisto em minhas revelações. Percebem que Sócrates cultiva proximidade erótica com beldades.[60] Ele os cerca, fica embevecido, ignora tudo, não sabe nada. Não são atitudes de sileno? É evidente. Esse é o seu revestimento exterior, como do sileno esculpido. Mas quando a gente o abre, quanta prudência se encontra encondida lá dentro, meus caros confrades! Saibam que ele não tem a mínima consideração com quem é belo. **(216e)** O

60. Alcibíades alega que Sócrates se sente atraído por jovens belos, frequentes em seu círculo de discípulos.

ἴστε ὅτι οὔτε εἴ τις καλός ἐστι μέλει αὐτῷ οὐδέν, ἀλλὰ καταφρονεῖ τοσοῦτον [216e] ὅσον οὐδ᾽ ἂν εἷς οἰηθείη, οὔτ᾽ εἴ τις πλούσιος, οὔτ᾽ εἰ ἄλλην τινὰ τιμὴν ἔχων τῶν ὑπὸ πλήθους μακαριζομένων· ἡγεῖται δὲ πάντα ταῦτα τὰ κτήματα οὐδενὸς ἄξια καὶ ἡμᾶς οὐδὲν εἶναι, λέγω ὑμῖν, εἰρωνευόμενος δὲ καὶ παίζων πάντα τὸν βίον πρὸς τοὺς ἀνθρώπους διατελεῖ. σπουδάσαντος δὲ αὐτοῦ καὶ ἀνοιχθέντος οὐκ οἶδα εἴ τις ἑώρακε τὰ ἐντὸς ἀγάλματα· ἀλλ᾽ ἐγὼ ἤδη ποτ᾽ εἶδον, καί μοι ἔδοξεν οὕτω θεῖα καὶ [217a] χρυσᾶ εἶναι καὶ πάγκαλα καὶ θαυμαστά, ὥστε ποιητέον εἶναι ἔμβραχυ ὅ τι κελεύοι Σωκράτης. ἡγούμενος δὲ αὐτὸν ἐσπουδακέναι ἐπὶ τῇ ἐμῇ ὥρᾳ ἕρμαιον ἡγησάμην εἶναι καὶ εὐτύχημα ἐμὸν θαυμαστόν, ὡς ὑπάρχον μοι χαρισαμένῳ Σωκράτει πάντ᾽ ἀκοῦσαι ὅσα περ οὗτος ᾔδει· ἐφρόνουν γὰρ δὴ ἐπὶ τῇ ὥρᾳ θαυμάσιον ὅσον. ταῦτα οὖν διανοηθείς, πρὸ τοῦ οὐκ εἰωθὼς ἄνευ ἀκολούθου μόνος μετ᾽ αὐτοῦ γίγνεσθαι, τότε ἀποπέμπων [217b] τὸν ἀκόλουθον μόνος συνεγιγνόμην. δεῖ γὰρ πρὸς ὑμᾶς πάντα τἀληθῆ εἰπεῖν· ἀλλὰ προσέχετε τὸν νοῦν, καὶ εἰ ψεύδομαι, Σώκρατες, ἐξέλεγχε. συνεγιγνόμην γάρ, ὦ ἄνδρες, μόνος μόνῳ, καὶ ᾤμην αὐτίκα διαλέξεσθαι αὐτόν μοι ἅπερ ἂν ἐραστὴς παιδικοῖς ἐν ἐρημίᾳ διαλεχθείη, καὶ ἔχαιρον. τούτων δ᾽ οὐ μάλα ἐγίγνετο οὐδέν, ἀλλ᾽ ὥσπερ εἰώθει διαλεχθεὶς ἄν μοι καὶ συνημερεύσας ᾤχετο ἀπιών. μετὰ ταῦτα ξυγγυμνάζεσθαι [217c] προὐκαλούμην αὐτὸν καὶ συνεγυμναζόμην, ὥς τι ἐνταῦθα περανῶν. συνεγυμνάζετο οὖν μοι καὶ προσεπάλαιεν πολλάκις οὐδενὸς παρόντος· καὶ τί δεῖ λέγειν; οὐδὲν γάρ μοι πλέον ἦν. ἐπειδὴ δὲ οὐδαμῇ ταύτῃ ἤνυτον, ἔδοξέ μοι ἐπιθετέον εἶναι τῷ ἀνδρὶ κατὰ τὸ καρτερὸν καὶ οὐκ ἀνετέον, ἐπειδήπερ ἐγκεχειρήκη, ἀλλὰ ἰστέον ἤδη τί ἐστι τὸ πρᾶγμα. προκαλοῦμαι δὴ αὐτὸν πρὸς τὸ συνδειπνεῖν, ἀτεχνῶς ὥσπερ ἐραστὴς παιδικοῖς ἐπιβουλεύων. καί μοι οὐδὲ τοῦτο ταχὺ [217d] ὑπήκουσεν, ὅμως δ᾽ οὖν χρόνῳ ἐπείσθη. ἐπειδὴ δὲ ἀφίκετο τὸ πρῶτον, δειπνήσας ἀπιέναι ἐβούλετο. καὶ τότε μὲν αἰσχυνόμενος ἀφῆκα αὐτόν· αὖθις δ᾽ ἐπιβουλεύσας,

desprezo dele é indescritível. Despreza ricos, títulos honoríficos, ídolos das multidões. Valores que tais não lhe representam nada. Nós não valemos nada, estejam certos disso. Passa a vida brincando e ironizando pessoas. Mas quando fica sério, quando se abre, aparecem as estátuas guardadas lá dentro. Alguém já as viu? Eu já. Divinas, áureas, tão extraordinariamente belas que o que quer que Sócrates mandasse eu faria no mesmo instante. **(217a)** Achei que minha beleza o tinha enlouquecido. Pareceu-me um achado, sorte incrível. Depois de ter absorvido tudo o que ele sabia, eu julgava que ele estava ao alcance das minhas mãos. Eu estava certo de que minha beleza era irresistível. Antes das ideias que agora me povoam a cabeça, eu não costumava ficar com ele desacompanhado. Despachei o acompanhante e fui encontrar-me com ele a sós. Falo a vocês como realmente aconteceu, sinto necessidade disso. **(217b)** Prestem bem a atenção. Se minto, Sócrates, corrige-me. Amigos, eu estava só com ele. Mais ninguém! Eu pensava que ele me abordaria logo. Não é assim que o erasta procede quando está sozinho com o seu xodó? Eu dava pulinhos. Pois não aconteceu nada disso. Conversou comigo como sempre, passamos o dia juntos, ele se despediu e foi-se embora. **(217c)** Não desisti. Convidei-o a fazer exercícios físicos comigo e passei a rebolar. Isso tinha que produzir efeito. Jogos se repetiram. Engalfinhamo-nos em lutas corporais. Arquibancada vazia! Contar o quê? Não consegui absolutamente nada. Compreendi que não era por aí. Resolvi atacá-lo de rijo, eu estava decidido a não me render. Eu estava com a mão na massa, tinha que descobrir o jeito. Convidei-o para jantar comigo, uma cilada que o erasta costuma armar a seu tesouro. Não aceitou logo. Levou tempo, mas cedeu. **(217d)** Na primeira vez, jantou e me disse que iria embora. Eu, constrangido, permiti que ele se fosse. Segunda investida. Jantamos e eu espichei a conversa noite adentro, sem lhe dar fôlego. Quando ele fez menção de sair, observei-lhe que já era muito tarde. Obriguei-o a ficar. Ele repousava no leito junto ao meu, o mesmo em que tinha jantado. Na sala,

ἐπειδὴ ἐδεδειπνήκει, διελεγόμην πόρρω τῶν νυκτῶν, καὶ ἐπειδὴ ἐβούλετο ἀπιέναι, σκηπτόμενος ὅτι ὀψὲ εἴη, προσηνάγκασα αὐτὸν μένειν. ἀνεπαύετο οὖν ἐν τῇ ἐχομένῃ ἐμοῦ κλίνῃ, ἐν ᾗπερ ἐδείπνει, καὶ οὐδεὶς ἐν τῷ οἰκήματι ἄλλος καθηῦδεν ἢ [217e] ἡμεῖς. μέχρι μὲν οὖν δὴ δεῦρο τοῦ λόγου καλῶς ἂν ἔχοι καὶ πρὸς ὁντινοῦν λέγειν· τὸ δ' ἐντεῦθεν οὐκ ἄν μου ἠκούσατε λέγοντος, εἰ μὴ πρῶτον μέν, τὸ λεγόμενον, οἶνος (ἄνευ τε παίδων καὶ μετὰ παίδων) ἦν ἀληθής, ἔπειτα ἀφανίσαι Σωκράτους ἔργον ὑπερήφανον εἰς ἔπαινον ἐλθόντα ἄδικόν μοι φαίνεται. ἔτι δὲ τὸ τοῦ δηχθέντος ὑπὸ τοῦ ἔχεως πάθος κἀμὲ ἔχει. φασὶ γάρ πού τινα τοῦτο παθόντα οὐκ ἐθέλειν λέγειν οἷον ἦν πλὴν τοῖς δεδηγμένοις, ὡς μόνοις γνωσομένοις [218a] τε καὶ συγγνωσομένοις εἰ πᾶν ἐτόλμα δρᾶν τε καὶ λέγειν ὑπὸ τῆς ὀδύνης. ἐγὼ οὖν δεδηγμένος τε ὑπὸ ἀλγεινοτέρου καὶ τὸ ἀλγεινότατον ὧν ἄν τις δηχθείη—τὴν καρδίαν ἢ ψυχὴν γὰρ ἢ ὅ τι δεῖ αὐτὸ ὀνομάσαι πληγείς τε καὶ δηχθεὶς ὑπὸ τῶν ἐν φιλοσοφίᾳ λόγων, οἳ ἔχονται ἐχίδνης ἀγριώτερον, νέου ψυχῆς μὴ ἀφυοῦς ὅταν λάβωνται, καὶ ποιοῦσι δρᾶν τε καὶ λέγειν ὁτιοῦν—καὶ ὁρῶν αὖ Φαίδρους, Ἀγάθωνας, [218b] Ἐρυξιμάχους, Παυσανίας, Ἀριστοδήμους τε καὶ Ἀριστοφάνας—Σωκράτη δὲ αὐτὸν τί δεῖ λέγειν, καὶ ὅσοι ἄλλοι; πάντες γὰρ κεκοινωνήκατε τῆς φιλοσόφου μανίας τε καὶ βακχείας· διὸ πάντες ἀκούσεσθε· συγγνώσεσθε γὰρ τοῖς τε τότε πραχθεῖσι καὶ τοῖς νῦν λεγομένοις· οἱ δὲ οἰκέται, καὶ εἴ τις ἄλλος ἐστὶν βέβηλός τε καὶ ἄγροικος, πύλας πάνυ μεγάλας τοῖς ὠσὶν ἐπίθεσθε.

XXXIV. Ἐπειδὴ γὰρ οὖν, ὦ ἄνδρες, ὅ τε λύχνος ἀπεσβήκει καὶ [218c] οἱ παῖδες ἔξω ἦσαν, ἔδοξέ μοι χρῆναι μηδὲν ποικίλλειν πρὸς αὐτόν, ἀλλ' ἐλευθέρως εἰπεῖν ἅ μοι ἐδόκει· καὶ εἶπον κινήσας αὐτόν, Σώκρατες, καθεύδεις; Οὐ δῆτα, ἦ δ' ὅς. Οἶσθα οὖν ἅ μοι δέδοκται; Τί μάλιστα, ἔφη. Σὺ ἐμοὶ δοκεῖς, ἦν δ' ἐγώ, ἐμοῦ ἐραστὴς ἄξιος γεγονέναι μόνος, καί μοι φαίνει ὀκνεῖν μνησθῆναι πρός με· ἐγὼ δὲ

mais ninguém, só nós dois iríamos dormir ali. **(217e)** Até aqui, dizer o que eu disse, ficaria bem a qualquer um. Mas o que aconteceu depois eu não diria a ninguém, não fosse o vinho que, conforme o ditado, fala a verdade, o vinho e as crianças. Além do mais, seria injusto ocultar uma atitude de Sócrates, decididamente inusitada, justamente no momento em que vim para elogiá-lo. Há outro motivo. Encontro-me no estado de quem foi mordido por uma víbora. Consta que a vítima de tal acidente só fala a mordidos como ele. **(218a)** Seriam os únicos que poderiam compreender e desculpar o que se ousa dizer sob o efeito da dor. Eu, mordido pelo que há de mais doloroso no lugar mais doloroso em que alguém poderia ser mordido: o coração, ou o espírito, ou como quer que se chame... fui golpeado e mordido pelas lições filosóficas deste, muito mais ferozes no golpe do que a víbora. Essas lições, quando atingem um temperamento jovem de natureza privilegiada, levam-no a fazer o que bem entendem. **(218b)** Vejo os Fedros, os Agatãos, os Erixímacos, os Pausânias, os Aristodemos, os Aristófanes, o próprio Sócrates – que direi dele? – e tantos outros... Todos vocês são comparsas da loucura filosófica, do delírio báquico, por isso todos vocês vão escutar o que tenho a dizer. Espero que vocês desculpem o que eu fiz então e estas minhas palavras de agora. Serviçais, eventuais profanos, gente rústica, tranquem os ouvidos com portas infranqueáveis! Amigos, como estávamos no escuro e os escravos tinham abandonado a sala, imaginei, nas circunstâncias, que floreios eram impróprios. **(218c)** Fui diretamente ao assunto, abri-lhe o meu coração. Apliquei-lhe algumas sacudidelas e perguntei:

"– Estás dormindo, Sócrates?

"– Não estou dormindo, não.

"– Sabes o que tenho em mente?

"– Como é que poderia saber?

"– És a meus olhos o único erasta digno de mim e tens medo de me fazer uma declaração. Sabes o que sinto? Não teria sentido algum resistir a um desejo teu. Eu não te recusaria minha fortuna nem meus amigos. **(218d)** Nada é mais

οὕτωσὶ ἔχω· πάνυ ἀνόητον ἡγοῦμαι εἶναι σοὶ μὴ οὐ καὶ τοῦτο χαρίζεσθαι καὶ εἴ τι ἄλλο ἢ τῆς οὐσίας τῆς ἐμῆς [218d] δέοιο ἢ τῶν φίλων τῶν ἐμῶν. ἐμοὶ μὲν γὰρ οὐδέν ἐστι πρεσβύτερον τοῦ ὡς ὅ τι βέλτιστον ἐμὲ γενέσθαι, τούτου δὲ οἶμαί μοι συλλήπτορα οὐδένα κυριώτερον εἶναι σοῦ. ἐγὼ δὴ τοιούτῳ ἀνδρὶ πολὺ μᾶλλον ἂν μὴ χαριζόμενος αἰσχυνοίμην τοὺς φρονίμους, ἢ χαριζόμενος τούς τε πολλοὺς καὶ ἄφρονας. καὶ οὗτος ἀκούσας μάλα εἰρωνικῶς καὶ σφόδρα ἑαυτοῦ τε καὶ εἰωθότως ἔλεξεν· Ὦ φίλε Ἀλκιβιάδη, κινδυνεύεις τῷ ὄντι οὐ φαῦλος εἶναι, εἴπερ ἀληθῆ τυγχάνει ὄντα ἃ λέγεις [218e] περὶ ἐμοῦ, καί τις ἔστ' ἐν ἐμοὶ δύναμις δι' ἧς ἂν σὺ γένοιο ἀμείνων· ἀμήχανόν τοι κάλλος ὁρῴης ἂν ἐν ἐμοὶ καὶ τῆς παρὰ σοὶ εὐμορφίας πάμπολυ διαφέρον. εἰ δὴ καθορῶν αὐτὸ κοινώσασθαί τέ μοι ἐπιχειρεῖς καὶ ἀλλάξασθαι κάλλος ἀντὶ κάλλους, οὐκ ὀλίγῳ μου πλεονεκτεῖν διανοεῖ, ἀλλ' ἀντὶ δόξης ἀλήθειαν καλῶν κτᾶσθαι ἐπιχειρεῖς καὶ τῷ [219a] ὄντι "χρύσεα χαλκείων„ διαμείβεσθαι νοεῖς. ἀλλ', ὦ μακάριε, ἄμεινον σκόπει, μή σε λανθάνω οὐδὲν ὤν. ἥ τοι τῆς διανοίας ὄψις ἄρχεται ὀξὺ βλέπειν ὅταν ἡ τῶν ὀμμάτων τῆς ἀκμῆς λήγειν ἐπιχειρῇ· σὺ δὲ τούτων ἔτι πόρρω. κἀγὼ ἀκούσας· Τὰ μὲν παρ' ἐμοῦ, ἔφην, ταῦτά ἐστιν, ὧν οὐδὲν ἄλλως εἴρηται ἢ ὡς διανοοῦμαι· σὺ δὲ αὐτὸς οὕτω βουλεύου ὅτι σοί τε ἄριστον καὶ ἐμοὶ ἡγεῖ. Ἀλλ', ἔφη, τοῦτό γ' εὖ λέγεις· ἐν γὰρ τῷ ἐπιόντι χρόνῳ [219b] βουλευόμενοι πράξομεν ὃ ἂν φαίνηται νῷν περί τε τούτων καὶ περὶ τῶν ἄλλων ἄριστον. ἐγὼ μὲν δὴ ταῦτα ἀκούσας τε καὶ εἰπών, καὶ ἀφεὶς ὥσπερ βέλη, τετρῶσθαι αὐτὸν ᾤμην· καὶ ἀναστάς γε, οὐδ' ἐπιτρέψας τούτῳ εἰπεῖν οὐδὲν ἔτι, ἀμφιέσας τὸ ἱμάτιον τὸ ἐμαυτοῦ τοῦτον—καὶ γὰρ ἦν χειμών—ὑπὸ τὸν τρίβωνα κατακλινεὶς τὸν τούτου, περιβαλὼν τὼ χεῖρε τούτῳ τῷ [219c] δαιμονίῳ ὡς ἀληθῶς καὶ θαυμαστῷ, κατεκείμην τὴν νύκτα ὅλην. καὶ οὐδὲ ταῦτα αὖ, ὦ Σώκρατες, ἐρεῖς ὅτι ψεύδομαι. ποιήσαντος δὲ δὴ ταῦτα ἐμοῦ οὗτος τοσοῦτον περιεγένετό τε καὶ κατεφρόνησεν καὶ κατεγέλα-

importante para mim do que meu aperfeiçoamento pessoal. Neste trabalho ninguém poderá orientar-me melhor do que tu. Se eu não correspondesse à vontade de um homem como tu, o juízo de pessoas sensatas me deixaria envergonhado. A opinião da maioria ignorante não me interessa."

Ele me escutou e me encarou com essa expressão irônica que lhe é própria:

"– Meu caro Alcibíades, tudo indica que não és um homem vulgar, se é verdade o que dizes a meu respeito e se há em mim algum poder que poderia tornar-te melhor. **(218e)** Poderás ter visto em mim uma beleza incomparável, bem diferente da formosura que te singulariza. Observando o que existe em mim, ocorrem-te interesses comuns, troca de beleza por beleza na certeza de lucro vultoso. Em lugar de uma verdade presumida, pretendes adquirir beleza real, convencido de que trocas cobre por ouro. **(219a)** Entretanto, afortunado amigo, examina melhor a questão. Não esqueças que sou nada. A visão do entendimento inaugura agudeza maior quando a dos olhos começa a decair. Ainda estás longe disso.

"– Sinto o que disse. Meus pensamentos não diferem do que exprimi com palavras. Cabe a ti decidir ou julgar o melhor para ti e para mim.

"– Falas ajuizadamente. De agora em diante, deliberaremos juntos sobre atitudes benéficas a ambos tanto neste como em outros âmbitos." **(219b)**

– O que eu, naquela ocasião, ouvi e falei se resume a isso. Pensei que o tinha ferido, pois minhas palavras foram flechas disparadas contra ele. Levantei-me sem permitir que ele me dissesse uma só palavra. Vesti a túnica, esta mesma que me cobre agora. Estávamos no inverno. Enfiei-me debaixo do manto desse homem. Envolvi com os dois braços esse autêntico, esse admirável dêmon. **(219c)** Passei a noite abraçado a ele. Não vás dizer que falseei o que realmente ocorreu. Tudo o que eu fiz foi em vão. Ele se impôs, desprezou minha beleza, riu de mim. Foi insolente naquilo de que eu me orgulhava, meus caros juízes. Julguem a arrogância de Sócrates.

σεν τῆς ἐμῆς ὥρας καὶ ὕβρισεν· καὶ περὶ ἐκεῖνό γε ᾤμην τὶ εἶναι, ὦ ἄνδρες δικασταί· δικασταὶ γάρ ἐστε τῆς Σωκράτους ὑπερηφανίας. εὖ γὰρ ἴστε μὰ θεούς, μὰ θεάς, οὐδὲν περιττότερον καταδεδαρθηκὼς [219d] ἀνέστην μετὰ Σωκράτους, ἢ εἰ μετὰ πατρὸς καθηῦδον ἢ ἀδελφοῦ πρεσβυτέρου.

XXXV. Τὸ δὴ μετὰ τοῦτο τίνα οἴεσθέ με διάνοιαν ἔχειν, ἡγούμενον μὲν ἠτιμάσθαι, ἀγάμενον δὲ τὴν τούτου φύσιν τε καὶ σωφροσύνην καὶ ἀνδρείαν, ἐντετυχηκότα ἀνθρώπῳ τοιούτῳ οἵῳ ἐγὼ οὐκ ἂν ᾤμην ποτ᾽ ἐντυχεῖν εἰς φρόνησιν καὶ εἰς καρτερίαν; ὥστε οὔθ᾽ ὅπως οὖν ὀργιζοίμην εἶχον καὶ ἀποστερηθείην τῆς τούτου συνουσίας, οὔθ᾽ ὅπῃ προσαγαγοίμην [219e] αὐτὸν εὐπόρουν. εὖ γὰρ ᾔδη ὅτι χρήμασί γε πολὺ μᾶλλον ἄτρωτος ἦν πανταχῇ ἢ σιδήρῳ ὁ Αἴας, ᾧ τε ᾤμην αὐτὸν μόνῳ ἁλώσεσθαι, διεπεφεύγει με. ἠπόρουν δή, καταδεδουλωμένος τε ὑπὸ τοῦ ἀνθρώπου ὡς οὐδεὶς ὑπ᾽ οὐδενὸς ἄλλου περιῇα. ταῦτά τε γάρ μοι ἅπαντα προὐγεγόνει, καὶ μετὰ ταῦτα στρατεία ἡμῖν εἰς Ποτείδαιαν ἐγένετο κοινὴ καὶ συνεσιτοῦμεν ἐκεῖ. πρῶτον μὲν οὖν τοῖς πόνοις οὐ μόνον ἐμοῦ περιῆν, ἀλλὰ καὶ τῶν ἄλλων ἁπάντων. ὁπότ᾽ ἀναγκασθεῖμεν ἀποληφθέντες που, οἷα δὴ ἐπὶ στρατείας, [220a] ἀσιτεῖν, οὐδὲν ἦσαν οἱ ἄλλοι πρὸς τὸ καρτερεῖν· ἔν τ᾽ αὖ ταῖς εὐωχίαις μόνος ἀπολαύειν οἷός τ᾽ ἦν τά τ᾽ ἄλλα καὶ πίνειν οὐκ ἐθέλων, ὁπότε ἀναγκασθείη, πάντας ἐκράτει, καὶ ὃ πάντων θαυμαστότατον, Σωκράτη μεθύοντα οὐδεὶς πώποτε ἑώρακεν ἀνθρώπων. τούτου μὲν οὖν μοι δοκεῖ καὶ αὐτίκα ὁ ἔλεγχος ἔσεσθαι. πρὸς δὲ αὖ τὰς τοῦ χειμῶνος καρτερήσεις—δεινοὶ γὰρ αὐτόθι χειμῶνες—θαυμάσια εἰργάζετο τά τε [220b] ἄλλα, καί ποτε ὄντος πάγου οἵου δεινοτάτου, καὶ πάντων ἢ οὐκ ἐξιόντων ἔνδοθεν, ἢ εἴ τις ἐξίοι, ἠμφιεσμένων τε θαυμαστὰ δὴ ὅσα καὶ ὑποδεδεμένων καὶ ἐνειλιγμένων τοὺς πόδας εἰς πίλους καὶ ἀρνακίδας, οὗτος δ᾽ ἐν τούτοις ἐξῄει ἔχων

Fiquem sabendo, juro pelos deuses e pelas deusas, que quando me levantei, nada de extraordinário tinha acontecido. Foi como se eu tivesse passado a noite com meu pai ou com um irmão mais velho, e não com Sócrates! **(219d)** Depois disso, que entusiasmo poderia ter eu – vocês não concordam? –, sabendo-me desprezado, eu que admiro a natureza, a temperança, a virilidade desse homem? Penso que jamais poderei encontrar alguém igual a ele em prudência e força. Eu não me sentia inclinado a odiá-lo, eu não tinha forças para afastar-me dele nem sabia o que fazer para atraí-lo. **(219e)** Eu bem sabia que a invulnerabilidade dele ao dinheiro era maior do que a de Ajax ao ferro.[61] Ele escapou da única coisa que na minha opinião poderia prendê-lo. Escravizado por esse homem como ninguém por outro, eu andava desnorteado. Quando nos alistamos na campanha contra Potideia[62], tudo isso já tinha acontecido. Nessa expedição militar, fomos companheiros de mesa. Nas privações, ele se revelou mais resistente do que eu e todos os outros. Quando estávamos isolados em algum ponto, o que é frequente em campanha, a resistência dos outros à falta de alimento reduzia-se a nada comparada a dele. **(220a)** Por outro lado, os momentos de fartura, era o único a aproveitá-los plenamente, principalmente no tocante a bebida: não que bebesse por iniciativa própria, mas, quando o constrangiam, a capacidade dele superava a de todos. Para espanto geral, Sócrates jamais foi visto embriagado. Percebo que da resistência de Sócrates teremos prova agora mesmo. Vale o mesmo para a reação ao frio. O inverno lá é assustador. Notórias foram as façanhas dele. Lembro uma. **(220b)** A geada era das mais severas. Evitávamos sair. Mas quando alguém resolvia enfrentar a intempérie, envolvia-se com panos nada usuais, protegidos os pés com feltros e peles de carneiro, ao passo que este homem saía com o manto de todos os dias, caminhava descalço sobre o gelo com desem-

61. Ajax era um destemido soldado grego que combateu os troianos. Não o assustava a espada (o ferro) inimiga.

62. Cidade coríntia, anexada por Atenas durante a guerra do Peloponeso.

ἱμάτιον μὲν τοιοῦτον οἷόνπερ καὶ πρότερον εἰώθει φορεῖν, ἀνυπόδητος δὲ διὰ τοῦ κρυστάλλου ῥᾷον ἐπορεύετο ἢ οἱ ἄλλοι ὑποδεδεμένοι, οἱ δὲ στρατιῶται ὑπέβλεπον [220c] αὐτὸν ὡς καταφρονοῦντα σφῶν.

XXXVI. Καὶ ταῦτα μὲν δὴ ταῦτα·
οἷον δ' αὖ τόδ' ἔρεξε καὶ ἔτλη καρτερὸς ἀνὴρ
ἐκεῖ ποτε ἐπὶ στρατείας, ἄξιον ἀκοῦσαι. ξυννοήσας γὰρ αὐτόθι ἕωθέν τι εἱστήκει σκοπῶν, καὶ ἐπειδὴ οὐ προυχώρει αὐτῷ, οὐκ ἀνίει ἀλλὰ εἱστήκει ζητῶν. καὶ ἤδη ἦν μεσημβρία, καὶ ἄνθρωποι ᾐσθάνοντο, καὶ θαυμάζοντες ἄλλος ἄλλῳ ἔλεγεν, ὅτι Σωκράτης ἐξ ἑωθινοῦ φροντίζων τι ἕστηκε. τελευτῶντες δέ τινες τῶν Ἰώνων, ἐπειδὴ ἑσπέρα ἦν, δειπνήσαντες, καὶ [220d] γὰρ θέρος τότε γ' ἦν, χαμεύνια ἐξενεγκάμενοι ἅμα μὲν ἐν τῷ ψύχει καθηῦδον, ἅμα δ' ἐφύλαττον αὐτὸν εἰ καὶ τὴν νύκτα ἑστήξοι. ὁ δὲ εἱστήκει μέχρι ἕως ἐγένετο καὶ ἥλιος ἀνέσχεν· ἔπειτα ᾤχετ' ἀπιὼν προσευξάμενος τῷ ἡλίῳ. εἰ δὲ βούλεσθε ἐν ταῖς μάχαις· τοῦτο γὰρ δὴ δίκαιόν γε αὐτῷ ἀποδοῦναι· ὅτε γὰρ ἡ μάχη ἦν ἐξ ἧς ἐμοὶ καὶ τἀριστεῖα ἔδοσαν οἱ στρατηγοί, οὐδεὶς ἄλλος ἐμὲ ἔσωσεν [220e] ἀνθρώπων ἢ οὗτος, τετρωμένον οὐκ ἐθέλων ἀπολιπεῖν, ἀλλὰ συνδιέσωσε καὶ τὰ ὅπλα καὶ αὐτὸν ἐμέ. καὶ ἐγὼ μέν, ὦ Σώκρατες, καὶ τότε ἐκέλευον σοὶ διδόναι τἀριστεῖα τοὺς στρατηγούς, καὶ τοῦτό γέ μοι οὔτε μέμψῃ οὔτε ἐρεῖς ὅτι ψεύδομαι· ἀλλὰ γὰρ τῶν στρατηγῶν πρὸς τὸ ἐμὸν ἀξίωμα ἀποβλεπόντων καὶ βουλομένων ἐμοὶ διδόναι τἀριστεῖα, αὐτὸς προθυμότερος ἐγένου τῶν στρατηγῶν ἐμὲ λαβεῖν ἢ σαυτόν. ἔτι τοίνυν, ὦ ἄνδρες, ἄξιον ἦν θεάσασθαι Σωκράτη, ὅτε ἀπὸ Δηλίου [221a] φυγῇ ἀνεχώρει τὸ στρατόπεδον· ἔτυχον γὰρ παραγενόμενος ἵππον ἔχων, οὗτος δὲ ὅπλα. ἀνεχώρει οὖν ἐσκεδασμένων ἤδη τῶν ἀνθρώπων οὗτός τε ἅμα καὶ Λάχης· καὶ ἐγὼ περιτυγχάνω, καὶ ἰδὼν εὐθὺς παρακελεύομαί τε αὐτοῖν θαρρεῖν, καὶ ἔλεγον ὅτι οὐκ ἀπολείψω αὐτώ. ἐνταῦθα δὴ καὶ κάλλιον ἐθεασάμην Σωκράτη ἢ ἐν Ποτειδαίᾳ. αὐτὸς γὰρ ἧττον ἐν φόβῳ ἦ διὰ τὸ ἐφ' ἵππου

baraço maior do que os calçados. Os soldados, de olhos atravessados, suspeitavam zombaria. **(220c)** Esses são os fatos. Este homem valente ousou e suportou ainda mais lá na expedição. Vale a pena ouvi-lo. Concentrado desde a madrugada, ele se deteve reflexivo. O fato de não chegar a resultado satisfatório não o perturbou. Imperturbável, permaneceu de pé entregue às suas próprias reflexões. Já era meio-dia. Olhares espantados o observavam. O espanto circulava: "Vejam, desde cedo Sócrates medita de pé". Já tarde, depois do jantar – era verão –, **(220d)** jônicos trouxeram seus leitos para fora com a intenção de dormir à fresca, curiosos para saber se o meditativo atravessaria a noite ereto. Sócrates não se moveu. Permaneceu na mesma posição até amanhecer. Fazendo uma prece ao Sol, se retirou. Permitam-me que lhes relate um episódio dos combates. É justo que lhe pague essa dívida. Refiro-me à batalha em que fui condecorado. Fui salvo por este homem, por nenhum outro. **(220e)** Eu estava ferido. Nem por um momento passou-lhe pela cabeça abandonar-me. Salvou até minhas armas. Insisti junto aos generais para que tu fosses distinguido. Não me censures, não vás dizer que minto. Mas os generais, considerando minha posição social, entendiam que o condecorado deveria ser eu. Mais do que os generais, tu insististe em que o homenageado fosse eu e não tu. Amigos, não posso deixar de recordar a atitude de Sócrates quando as tropas foram obrigadas a se retirar de Délio. **(221a)** Acontece que eu me encontrava perto dele, eu a cavalo, ele, da infantaria, se locomovia retardado pelo peso das armas. Os nossos já debandavam. Ele se retirava com Laques. Aproximo-me. Ao reconhecê-los, profiro exortações de coragem, garantindo que não os abandonaria. Tive de Sócrates uma impressão que deixou a de Potideia na sombra. Eu corria risco menor, pois estava a cavalo. Com pleno domínio de si, a coragem dele era maior do que a de Laques. **(221b)** Na verdade – recordo uma expressão tua, Aristófanes –, ele se locomovia lá como aqui, nas ruas de Atenas, "majestosamente, lançando para os lados olhares observadores".

εἶναι· πρῶτον μὲν ὅσον περιῆν [221b] Λάχητος τῷ ἔμφρων εἶναι· ἔπειτα ἔμοιγ᾽ ἐδόκει, ὦ Ἀριστόφανες, τὸ σὸν δὴ τοῦτο, καὶ ἐκεῖ διαπορεύεσθαι ὥσπερ καὶ ἐνθάδε, "βρενθυόμενος καὶ τὠφθαλμὼ παραβάλλων", ἠρέμα παρασκοπῶν καὶ τοὺς φιλίους καὶ τοὺς πολεμίους, δῆλος ὢν παντὶ καὶ πάνυ πόρρωθεν ὅτι εἴ τις ἅψεται τούτου τοῦ ἀνδρός, μάλα ἐρρωμένως ἀμυνεῖται. διὸ καὶ ἀσφαλῶς ἀπῄει καὶ οὗτος καὶ ὁ ἑταῖρος· σχεδὸν γάρ τι τῶν οὕτω διακειμένων ἐν τῷ πολέμῳ οὐδὲ ἅπτονται, ἀλλὰ τοὺς προτροπάδην [221c] φεύγοντας διώκουσιν. πολλὰ μὲν οὖν ἄν τις καὶ ἄλλα ἔχοι Σωκράτη ἐπαινέσαι καὶ θαυμάσια· ἀλλὰ τῶν μὲν ἄλλων ἐπιτηδευμάτων τάχ᾽ ἄν τις καὶ περὶ ἄλλου τοιαῦτα εἴποι, τὸ δὲ μηδενὶ ἀνθρώπων ὅμοιον εἶναι, μήτε τῶν παλαιῶν μήτε τῶν νῦν ὄντων, τοῦτο ἄξιον παντὸς θαύματος. οἷος γὰρ Ἀχιλλεὺς ἐγένετο, ἀπεικάσειεν ἄν τις καὶ Βρασίδαν καὶ ἄλλους, καὶ οἷος αὖ Περικλῆς, καὶ Νέστορα καὶ Ἀντήνορα, εἰσὶ δὲ καὶ ἕτεροι· [221d] καὶ τοὺς ἄλλους κατὰ ταὔτ᾽ ἄν τις ἀπεικάζοι· οἷος δὲ οὑτοσὶ γέγονε τὴν ἀτοπίαν ἄνθρωπος, καὶ αὐτὸς καὶ οἱ λόγοι αὐτοῦ, οὐδ᾽ ἐγγὺς ἂν εὕροι τις ζητῶν, οὔτε τῶν νῦν οὔτε τῶν παλαιῶν, εἰ μὴ ἄρα εἰ οἷς ἐγὼ λέγω ἀπεικάζοι τις αὐτόν, ἀνθρώπων μὲν μηδενί, τοῖς δὲ σειληνοῖς καὶ σατύροις, αὐτὸν καὶ τοὺς λόγους.

XXXVII. Καὶ γὰρ οὖν καὶ τοῦτο ἐν τοῖς πρώτοις παρέλιπον, ὅτι καὶ οἱ λόγοι αὐτοῦ ὁμοιότατοί εἰσι τοῖς σειληνοῖς τοῖς διοιγομένοις. [221e] εἰ γὰρ ἐθέλοι τις τῶν Σωκράτους ἀκούειν λόγων, φανεῖεν ἂν πάνυ γελοῖοι τὸ πρῶτον· τοιαῦτα καὶ ὀνόματα καὶ ῥήματα ἔξωθεν περιαμπέχονται, σατύρου δή τινα ὑβριστοῦ δοράν. ὄνους γὰρ κανθηλίους λέγει καὶ χαλκέας τινὰς καὶ σκυτοτόμους καὶ βυρσοδέψας, καὶ ἀεὶ διὰ τῶν αὐτῶν τὰ αὐτὰ φαίνεται λέγειν, ὥστε ἄπειρος καὶ ἀνόητος ἄνθρωπος [222a]

Observava tranquilo os movimentos dos companheiros e dos inimigos. Todos podiam notar, mesmo à distância, que, se alguém tocasse neste homem, ele se defenderia valorosamente. Retirava-se, por isso, sem risco maior, com seu companheiro. Nos guerreiros que se comportam assim, quase que não se toca. Perseguidos são os fugitivos. **(221c)** Há, sem dúvida, muitas outras coisas que a gente poderia louvar em Sócrates, admiráveis. Muitas outras peculiaridades da vida de Sócrates poderiam ser lembradas, e poderíamos também falar de outros. É admirável, entretanto, que ninguém, falo de heróis antigos e contemporâneos, se assemelhe a ele. A imagem que fazem de Aquiles poderia reproduzir-se em Brasidas e outros; em outra área, poderíamos ver reflexos de Nestor e Antenor.[63] Há outros. Poderíamos ampliar as comparações. **(221d)** O que há, porém, de desconcertante neste homem, refiro-me tanto à pessoa quanto aos ensinamentos, é que não acharíamos, mesmo que nos empenhássemos, nada que se aproximasse dele nem entre personalidades de agora nem de outros tempos, a menos que se investigue, como eu agora, não entre os homens, mas entre silenos e sátiros, algo que pudesse lembrar a personalidade e as palavras dele.[64] Deixei de mencionar que também seus discursos lembram os silenos[65] que se entreabrem. **(221e)** Se nos dispusermos a escutar os discursos de Sócrates, no princípio parecerão grotescos. Os nomes e as frases que os envolvem lembram a pele de um sátiro insolente. Sócrates fala de asnos, de ferreiros, de sapateiros, de correeiros. Parece dizer sempre as mesmas coisas sem escolher palavras. Inexperientes e desinformados ridicularizariam exposições dele. **(222a)** Quem, entretanto, as observar abertas, penetrando no seu interior, verificará pri-

---

63. Brasidas era um general espartano. Nestor era o velho conselheiro das tropas gregas na guerra de Troia. Antenor, por sua vez, era um príncipe troiano.

64. Alcibíades quer saber por que Sócrates atrai tanto, mesmo sendo notoriamente feio.

65. Silenos ou sátiros eram divindades de aspecto grotesco. Em estátuas ocas de Silenos, guardavam-se joias. O grotesco esconde o belo.

πᾶς ἂν τῶν λόγων καταγελάσειεν. διοιγομένους δὲ ἰδὼν ἄν τις καὶ ἐντὸς αὐτῶν γιγνόμενος πρῶτον μὲν νοῦν ἔχοντας ἔνδον μόνους εὑρήσει τῶν λόγων, ἔπειτα θειοτάτους καὶ πλεῖστα ἀγάλματ᾽ ἀρετῆς ἐν αὑτοῖς ἔχοντας καὶ ἐπὶ πλεῖστον τείνοντας, μᾶλλον δὲ ἐπὶ πᾶν ὅσον προσήκει σκοπεῖν τῷ μέλλοντι καλῷ κἀγαθῷ ἔσεσθαι. ταῦτ᾽ ἐστίν, ὦ ἄνδρες, ἃ ἐγὼ Σωκράτη ἐπαινῶ· καὶ αὖ ἃ μέμφομαι συμμείξας ὑμῖν εἶπον ἅ με ὕβρισε. καὶ μέντοι [222b] οὐκ ἐμὲ μόνον ταῦτα πεποίηκεν, ἀλλὰ καὶ Χαρμίδην τὸν Γλαύκωνος καὶ Εὐθύδημον τὸν Διοκλέους καὶ ἄλλους πάνυ πολλούς, οὓς οὗτος ἐξαπατῶν ὡς ἐραστὴς παιδικὰ μᾶλλον αὐτὸς καθίσταται ἀντ᾽ ἐραστοῦ. ἃ δὴ καὶ σοὶ λέγω, ὦ Ἀγάθων, μὴ ἐξαπατᾶσθαι ὑπὸ τούτου, ἀλλ᾽ ἀπὸ τῶν ἡμετέρων παθημάτων γνόντα εὐλαβηθῆναι, καὶ μὴ κατὰ τὴν παροιμίαν ὥσπερ νήπιον παθόντα γνῶναι.

XXXVIII. [222c] Εἰπόντος δὴ ταῦτα τοῦ Ἀλκιβιάδου γέλωτα γενέσθαι ἐπὶ τῇ παρρησίᾳ αὐτοῦ, ὅτι ἐδόκει ἔτι ἐρωτικῶς ἔχειν τοῦ Σωκράτους. τὸν οὖν Σωκράτη· Νήφειν μοι δοκεῖς, φάναι, ὦ Ἀλκιβιάδη. οὐ γὰρ ἄν ποτε οὕτω κομψῶς κύκλῳ περιβαλλόμενος ἀφανίσαι ἐνεχείρεις οὗ ἕνεκα ταῦτα πάντα εἴρηκας, καὶ ὡς ἐν παρέργῳ δὴ λέγων ἐπὶ τελευτῆς αὐτὸ ἔθηκας, ὡς οὐ πάντα τούτου ἕνεκα εἰρηκώς, τοῦ ἐμὲ καὶ [222d] Ἀγάθωνα διαβάλλειν, οἰόμενος δεῖν ἐμὲ μὲν σοῦ ἐρᾶν καὶ μηδενὸς ἄλλου, Ἀγάθωνα δὲ ὑπὸ σοῦ ἐρᾶσθαι καὶ μηδ᾽ ὑφ᾽ ἑνὸς ἄλλου. ἀλλ᾽ οὐκ ἔλαθες, ἀλλὰ τὸ σατυρικόν σου δρᾶμα τοῦτο καὶ σειληνικὸν κατάδηλον ἐγένετο. ἀλλ᾽, ὦ φίλε Ἀγάθων, μηδὲν πλέον αὐτῷ γένηται, ἀλλὰ παρασκευάζου ὅπως ἐμὲ καὶ σὲ μηδεὶς διαβάλῃ. τὸν οὖν Ἀγάθωνα εἰπεῖν· Καὶ μήν, ὦ Σώκρατες, κινδυνεύεις [222e] ἀληθῆ λέγειν. τεκμαίρομαι δὲ καὶ ὡς κατεκλίνη ἐν μέσῳ ἐμοῦ τε καὶ σοῦ, ἵνα χωρὶς ἡμᾶς διαλάβῃ· οὐδὲν οὖν πλέον αὐτῷ ἔσται, ἀλλ᾽ ἐγὼ παρὰ σὲ ἐλθὼν κατακλινήσομαι. Πάνυ γε, φάναι τὸν Σωκράτη, δεῦρο ὑποκάτω ἐμοῦ κατακλίνου. Ὦ Ζεῦ, εἰπεῖν τὸν Ἀλκιβιάδην, οἷα αὖ πάσχω ὑπὸ τοῦ ἀνθρώπου. οἴεταί μου

meiro serem, no fundo, as únicas inteligentes, em seguida, as constatará divinas, abundantíssimas em imagens de virtude, orientadas denodadamente para o que importa ter em mira se não nos falta o desejo de beleza e plenitude. Amigos, o meu louvor a Sócrates é este. Introduzi recriminações e declarei os insultos que sofri. **(222b)** Não fui a única vítima. Sócrates insultou Cármides, filho de Glauco, Eutidemo, filho de Diocles, além de outros, em grande número.[66] Ele os engana, declarando-se erasta, quando na verdade ocupa o lugar de desejado. Eu te previno, Agaton. Não te deixes enganar por este homem. Que minha experiência te instrua! Não permitas que ele te faça de bobo. Que não te aconteça o que diz o provérbio: "O tolo só aprende depois de sofrer". **(222c)**

As palavras de Alcibíades, sua franqueza, provocaram riso, davam provas de ainda desejar Sócrates. Este manifestou-se:

– Alcibíades, penso que a tontura não te afetou o juízo, de outro modo não terias realizado evoluções tão habilidosas para ensombrar o verdadeiro motivo desse teu palavrório todo. Fazes crer que, deixando-o para o fim, chegaste a ele incidentalmente. **(222d)** Queres indispor-me com Agaton, dando a entender que devo apegar-me a ti e a nenhum outro, enquanto que Agaton deve receber atenções de ti e de nenhum outro. Teus truques não nos escaparam. Esse teu drama de sátiros e de silenos deixou claro o que pretendes. Meu caro Agaton, não te deixes embrulhar. Não permitas que alguém se intrometa em nossa relação.

– Tudo indica que a razão está contigo, Sócrates. **(222e)** Prova? Para nos afastar um do outro, ele se recostou aqui no meio, entre ti e mim. Não lhe concedamos esta vantagem. Mudo de lugar. Vou recostar-me aí do teu lado.

– Certo – disse Sócrates –, recosta-te aqui, logo abaixo[67] de mim.

---

66. Cármides e Eutidemo são discípulos de Sócrates. Alcibíades argumenta que, por viverem encantados por Sócrates, eles sofreram muito.

67. Abaixo na sequência dos oradores.

δεῖν πανταχῇ περιεῖναι. ἀλλ' εἰ μή τι ἄλλο, ὦ θαυμάσιε, ἐν μέσῳ ἡμῶν ἔα Ἀγάθωνα κατακεῖσθαι. Ἀλλ' ἀδύνατον, φάναι τὸν Σωκράτη. σὺ μὲν γὰρ ἐμὲ ἐπῄνεσας, δεῖ δὲ ἐμὲ αὖ τὸν ἐπὶ δεξιὰ ἐπαινεῖν. ἐὰν οὖν ὑπὸ σοὶ κατακλινῇ Ἀγάθων, οὐ δή που ἐμὲ πάλιν ἐπαινέσεται, πρὶν ὑπ' ἐμοῦ μᾶλλον ἐπαινεθῆναι. ἀλλ' ἔασον, [223a] ὦ δαιμόνιε, καὶ μὴ φθονήσῃς τῷ μειρακίῳ ὑπ' ἐμοῦ ἐπαινεθῆναι· καὶ γὰρ πάνυ ἐπιθυμῶ αὐτὸν ἐγκωμιάσαι. Ἰοὺ ἰού, φάναι τὸν Ἀγάθωνα, Ἀλκιβιάδη, οὐκ ἔσθ' ὅπως ἂν ἐνθάδε μείναιμι, ἀλλὰ παντὸς μᾶλλον μεταναστήσομαι, ἵνα ὑπὸ Σωκράτους ἐπαινεθῶ. Ταῦτα ἐκεῖνα, φάναι τὸν Ἀλκιβιάδην, τὰ εἰωθότα· Σωκράτους παρόντος τῶν καλῶν μεταλαβεῖν ἀδύνατον ἄλλῳ. καὶ νῦν ὡς εὐπόρως καὶ πιθανὸν λόγον ηὗρεν, ὥστε παρ' ἑαυτῷ τουτονὶ κατακεῖσθαι.

XXXIX. [223b] Τὸν μὲν οὖν Ἀγάθωνα ὡς κατακεισόμενον παρὰ τῷ Σωκράτει ἀνίστασθαι· ἐξαίφνης δὲ κωμαστὰς ἥκειν παμπόλλους ἐπὶ τὰς θύρας, καὶ ἐπιτυχόντας ἀνεῳγμέναις ἐξιόντος τινὸς εἰς τὸ ἄντικρυς πορεύεσθαι παρὰ σφᾶς καὶ κατακλίνεσθαι, καὶ θορύβου μεστὰ πάντα εἶναι, καὶ οὐκέτι ἐν κόσμῳ οὐδενὶ ἀναγκάζεσθαι πίνειν πάμπολυν οἶνον. τὸν μὲν οὖν Ἐρυξίμαχον καὶ τὸν Φαῖδρον καὶ ἄλλους τινὰς ἔφη ὁ Ἀριστόδημος οἴχεσθαι ἀπιόντας, ἓ δὲ ὕπνον λαβεῖν, [223c] καὶ καταδαρθεῖν πάνυ πολύ, ἅτε μακρῶν τῶν νυκτῶν οὐσῶν, ἐξεγρέσθαι δὲ πρὸς ἡμέραν ἤδη ἀλεκτρυόνων ᾀδόντων, ἐξεγρόμενος δὲ ἰδεῖν τοὺς μὲν ἄλλους καθεύδοντας καὶ οἰχομένους, Ἀγάθωνα δὲ καὶ Ἀριστοφάνη καὶ Σωκράτη ἔτι μόνους ἐγρηγορέναι καὶ πίνειν ἐκ φιάλης μεγάλης ἐπὶ δεξιά. τὸν οὖν Σωκράτη αὐτοῖς διαλέγεσθαι· καὶ τὰ μὲν ἄλλα ὁ [223d] Ἀριστόδημος οὐκ ἔφη μεμνῆσθαι τῶν λόγων. οὔτε γὰρ ἐξ ἀρχῆς παραγενέσθαι ὑπονυστάζειν τε· τὸ μέντοι κεφάλαιον, ἔφη, προσαναγκάζειν τὸν Σωκράτη ὁμολογεῖν αὐτοὺς τοῦ αὐτοῦ ἀνδρὸς εἶναι κωμῳδίαν καὶ τραγῳδίαν ἐπίστασθαι ποιεῖν, καὶ τὸν τέχνῃ τραγῳδοποιὸν ὄντα κωμῳδοποιὸν εἶναι. ταῦτα δὴ ἀναγκαζομένους αὐτοὺς καὶ οὐ σφόδρα ἑπομένους νυστάζειν·

– Zeus me acuda! Devo suportar ainda isso? – esbravejou Alcibíades. – Pensa que deves ser superior a mim em tudo? Permite ao menos, brilhante mestre, que Agaton se recoste entre nós dois.

– Impossível! Acabas de me elogiar. Cabe a mim, agora, elogiar quem está à minha direita. Ora, se Agaton ficar abaixo de ti, receberei novo elogio, agora dele, mas é minha vez de elogiá-lo. **(223a)** Deixa as coisas como estão, meu divino. Nada de ciúmes. Que receba meu elogio! Meu desejo de elogiar este jovem é enorme.

– Bravo! Alcibíades, não há como ficar aqui. Vou mudar de lugar e já. Quero ouvir o elogio de Sócrates.

– Repete-se o espetáculo de sempre. Na presença de Sócrates é inútil tentar conquistar jovens belos. Com que facilidade ele encontrou a palavra para persuadir esta beldade a ficar do lado dele! **(223b)**

Agaton levantou para reclinar-se ao lado de Sócrates. De repente aproximou-se da porta um bando de foliões. Com a saída de alguém, encontraram-na aberta. Avançam direto rumo aos convivas e se estendem nos leitos. O tumulto é geral. Forçoso é agora beber sem ordem alguma.[68] Erixímaco, Fedro e alguns outros retiram-se. Aristodemo, pesado de sono, havia adormecido profundamente, longas espichavam-se as noitadas. **(223c)** Acordou ao raiar do dia, ao canto dos galos. Ao abrir os olhos, notou que os que não tinham partido dormiam. Agaton, Aristófanes e Sócrates eram os únicos que ainda estavam acordados. Bebiam de uma grande taça que corria da esquerda para a direita. Do que se falava, Aristodemo tinha lembrança vaga. **(223d)** Ainda sonolento, perdera o princípio da conversa. Em síntese, Sócrates obrigou seus interlocutores a reconhecerem que competia a um mesmo homem escrever comédias e tragédias. Argumento: quem é poeta de tragédias também o é de comédias. Mas os outros, sem conseguir acom-

68. Pela proposta de Erixímaco, bebia-se ordenadamente. Com a entrada de Alcibíades, a ordem foi perturbada.

καὶ πρότερον μὲν καταδαρθεῖν τὸν Ἀριστοφάνη, ἤδη δὲ ἡμέρας γιγνομένης τὸν Ἀγάθωνα. τὸν οὖν Σωκράτη, κατακοιμίσαντ᾽ ἐκείνους, ἀναστάντα ἀπιέναι, καὶ ἓ ὥσπερ εἰώθει ἕπεσθαι, καὶ ἐλθόντα εἰς Λύκειον, ἀπονιψάμενον, ὥσπερ ἄλλοτε τὴν ἄλλην ἡμέραν διατρίβειν, καὶ οὕτω διατρίψαντα εἰς ἑσπέραν οἴκοι ἀναπαύεσθαι.

panhá-lo, caíram no sono. Primeiro adormeceu Aristófanes e, ao amanhecer, Agaton. Sócrates acomodou-os, levantou-se e saiu. Como de costume, Aristodemo o acompanhou. Sócrates dirigiu-se ao Liceu, tomou banho e passou lá o dia inteiro. Ao entardecer foi para casa repousar.

ANEXOS

Convivas do Banquete

Donaldo Schüler

Fedro

Fedro (o nome vem de *phaidros* – agradável, tempo claro), falando para agradar, para esclarecer, cita Hesíodo. O Eros hesiódico, presente na juventude da terra, deverá encontrar-se em todos, em tudo. Atuante na vida pública e privada, todos os regimes dobram-se a seu poder. Contrariando a *Ilíada,* em que sentimentos eróticos perturbam a disciplina, Fedro quer que Eros (estável, não abalado pela paixão, produtivo) construa comunidades políticas e guerreiras.

Desde Heráclito sublinha-se a relevância do olhar. Não se ignore, entretanto, o risco. Freud evita o olhar como a cara hedionda de Medusa. O olhar imobiliza, hipnotiza, petrifica, anula a liberdade de ação. O olhar oprime, a conclusão é de Sartre. Fedro erotiza o olhar, isso muda tudo. O olhar erotizado move-se do erômeno (o objeto erótico) ao erasta (o sujeito erótico) e vice-versa. O olhar do erômeno cai sobre o erasta, e este passa a ser para esse olhar, adivinha-lhe os desejos. Se o erasta não corresponde à demanda do erômeno, eclode a dor. A infelicidade é causada pela falência ante o olhar erotizado. O sentimento de não ser quem deveria ser encaminha o erasta à virtude. Na erótica inscreve-se o dever--ser. Eros inflama a imaginação.

As três situações eróticas de Fedro confrontam o homem com a morte. Erótica é a morte. O que os pais recusam a Admeto, a esposa lhe dá. No sacrifício de Alceste, Eros desponta como dádiva que não demanda recompensa. Que paga poderia aguardar Alceste ao candidatar-se à morte? Os príncipes das regiões sombrias, impressionados com a grandeza da oferta, pagam, contra toda a expectativa, o sacrifício com a devolução da vida. O ato heroico consagra.

Aquiles não pode ter tido o destino de mortais comuns como quer Homero. Universos verbais não definem a realidade. Sendo aproximações, pode-se reelaborá-los. As palavras de Homero não são palavras de deuses, mas de homens, e como tais convém tratá-las. Onde está a verdade? Mesmo testemunhos respeitáveis, Homero entre outros, são infirmados. Aquiles (o erômeno) morre por Pátroclo (o erasta), a conclusão brota de exame textual: Pátroclo era mais velho do que Aquiles. Na vida ateniense idosos afeiçoavam-se a jovens. O jogo do olhar acontecido no pacto erótico é gerador de virtude, de ressonância política. A que fundamento mais vigoroso poderia aspirar a cidade ou o exército? No tecido de Eros, homens preferem a morte a um ato vil. O gesto de Aquiles esplende pelo fato de enfrentar o adversário para honrar um amigo que, tendo tombado, já não pode recompensá-lo. Em recompensa, os deuses concedem-lhe mais do que a vida terrena. Enviam-no, na versão de Fedro, às Ilhas dos Felizes. O prêmio do sacrifício de Aquiles é maior.

Aparece Orfeu, o mestre da cítara, o mero citarista, o ludibriador, o poeta. Avança com a intenção de resgatar Eurídice da morte sem custos. Em lugar de se entregar à morte pela desejada como Alceste, serve-se de um ardil. Encanta com ritmos e sons. Os atilados senhores do mundo dos mortos, ludibriando o ludibriador, oferecem-lhe o fantasma da mulher que Orfeu pretende devolver à luz. O espetro se desfaz ao cair sob o olhar precavido do inigualável artista. Por não querer de verdade, mulheres o atacam ao retornar da aventura singular antes que pudesse imobilizá-las com as encantadoras vibrações da lira. Na reinterpretação de Fedro, por não se render a Eros, o furor dionisíaco pune o recalcitrante pelas mãos das Mênades, sacerdotisas de Dioniso. Fernando Pessoa, ao declarar que o poeta é um fingidor, afronta Fedro. Em Fernando Pessoa, a poesia, real como sombra, não está subordinada a fins.

O heroísmo não é só masculino. Compare-se Alceste com Orfeu. O poeta-músico preferiu o encantamento ao

sacrifício. Outra é a função da palavra na ótica de Fedro. A arte de Orfeu, a arte dos sofistas subjuga. Contra as artimanhas do orador, convém que o receptor hasteie a vigilância. Morre com Orfeu a poesia-embriaguez. Sentimentos eróticos produzem sentimentos eróticos. Prova? A morte heroica de Aquiles, afeiçoado ao erômeno como ninguém.

Bem-estar e virtude estão fundados em Eros. A ética é uma erótica. Em lugar da lei, Eros. Nas ponderações de Fedro, Eros se distingue do sexo. O sexo tem como objetivo a satisfação de necessidades físicas, a procriação. Eros cria afeto, desenvolve virtudes, solidifica laços cívicos, fomenta vínculos que não são necessariamente sexuais.

Definam-se os domínios da sexualidade e de Eros. A sexualidade vigora no sexo, no corte. O sexo se restringe ao exercício físico, a posições limitadas, executadas para aliviar apelos, para promover a procriação. Mais ampla é a atuação de Eros.

Fedro movimenta-se em matéria complexa. Erotiza o olhar, divide o erotismo em público e privado, trata Eros na presença da morte, deita as bases a futuras investigações.

Abre-se um intervalo, importante para a constituição do sujeito, que emerge do silêncio interposto entre um discurso e outro.

Pausânias

Quem é Pausânias? É um homem que pausa, segundo a observação jocosa de Aristodemo. Mas agora, na sequência dos oradores, Pausânias é convocado a falar como um homem que pensa. Deverá refletir sobre o que praticou impensadamente a vida toda, Eros. Como os ouvintes são amigos que sabem muito sobre Eros – o tema andava na pauta das reflexões –, Pausânias não repisa gratuidades. Pouco tempo lhe é concedido para organizar as ideias que lhe voam soltas pela cabeça. Enquanto Fedro fala, Pausânias pensa. Vem-lhe à mente a cidade de Atenas, outras cidades, sua própria vida.

Inquieta-o Corinto com o grande templo de Afrodite, abrigo de prostitutas sagradas de várias origens (sacerdotisas), de muitos preços e para gostos diferenciados. E as famílias senhoriais? Por que casam as pessoas? Para produzirem filhos? Para terem a quem legar o nome e transmitir as riquezas? Não haverá outro Eros, além do ligado ao prazer, ao prestígio, à dominação, à transmissão de bens? O belo que se tem em mira não teria sido alijado por outros interesses? Será esse o destino de Eros, ser degradado ao aparente, a apelos imediatos? Por que homens maduros procuram jovens em cujas faces despontam os primeiros fios de barba? Tudo isso deverá ser posto em bases teóricas.

Os sofistas observam o Belo e Eros na eficácia da ação. Pausânias, contra o hábito de seus pares, passa a refletir sobre o permanente, o imóvel. Eros se dissolve no interesse momentâneo, na satisfação imediata, na degradação do culto em comércio, na transmissão de títulos e de bens ou Eros impulsiona ao belo intemporal, prazer de todos os prazeres?

Platão brinca com o nome de Pausânias, derivado de *pauo* (fazer cessar) e *ania* (dor, preocupação, dificuldade). Pausânias é aquele que elimina a preocupação, que afasta as dificuldades, que faz cessar a dor. Mas o sistema elaborado por Pausânias está em contradição com o nome. Ao propor alterações notáveis, Pausânias renova as preocupações. Submissão ao mito não há. O mito é um recurso para interpretar a realidade. Mito é linguagem. Há duas versões para o surgimento de Afrodite. Uma, de Hesíodo; outra, de Homero. A de Hesíodo, provavelmente a mais antiga (por ser de fonte oral), tem como origem o Mar, inseminado pelo órgão amputado de Urano. O Zeus imperialista de Homero tende a submeter todos a seu poder. Gerando as Musas com a parceria da Memória, adona-se da linguagem; casado com Têmis, domina a lei; unido a Métis, submete a sabedoria; ligado a Dione, gera Afrodite.

Com a intenção de aprofundar as investigações sobre Eros, Pausânias aceita ambas as versões, partindo Afrodite

em duas: a Afrodite Urânia (celeste) e a Afrodite Pandêmia. A primeira, verbal, regrada, masculina, leva ao mundo das ideias. A Afrodite popular é de toda gente, feminina, orgiástica. A orgia, transcorrendo como negação da regra, da lei, da palavra, regressa à natureza. A Afrodite popular, a de toda gente, preside o mundo dos pactos, das rupturas, da traição, do ciúme, da prostituição, do enfado, da rotina, do cansaço, da inapetência (prematura, momentânea ou definitiva). A Afrodite popular desorganiza o Estado democrático por entronar a paixão em lugar da razão.

Pausânias contesta Fedro. Fedro tinha colocado o Eros masculino e o feminino no mesmo lugar. Homens e mulheres seriam igualmente capazes de ações nobres ou vis. Pausânias entende que o masculino e o feminino devem ser diferentemente tratados. Correr para todos os lados, desgaste, decepções, esbanjamento de dinheiro, de sentimentos, de falas, é isso que Pausânias pretende evitar. Quer fazer cessar a dor. Aí seu nome está correto. Textos seduzem enquanto soam, ao passo que, silenciando, nos largam no abismo. A aparência se resume no encanto de um momento. Como redimir os atormentados pela corrosão do instável? Os que se deliciam com o passageiro sofrem o abalo de mudanças bruscas. A instabilidade emocional larga incautos na tempestade depois de uma noite de estrelas.

A divisão da única Afrodite em duas entrega parte da existência ao aniquilamento. Para estabilizar o perecível, a Afrodite popular deveria deixar de ser o que é. Restaria a celeste (Urânia) em terra desolada. Seria a anulação do corpo, o fim do mundo.

No discurso de Pausânias, o Eros primitivo parte-se em dois. Contra todas as formas de erotismo terreno, Pausânias toma o partido do Eros urânio (celeste). Pretendendo distanciar-se da instabilidade terrena, desabriga o fundamento da vida. Pausânias enobrece o Eros masculino como estável, como protegido do vendaval das incertezas. Sendo a versão de Hesíodo posterior a de Homero, Hesíodo liberta Afrodite e

Eros da subordinação imperialista de Zeus para o belo, para o pensamento. Pausânias desmaterializa parte de Eros e o prepara para coisas que não estão no domínio da posse.

A ação não é avaliada como boa ou má, mas como bela ou não bela. Não bela seria uma ação que esbarra num corpo. Pausânias distancia-se do pensamento sofístico num ponto saliente. Para os sofistas não existe além. Pausânias degrada, ao contrário, o imediato (seja o corpo desejado, seja o discurso eleito) ao comum, ao popular, ao procedimento de toda gente, engodo de Fedro, encantado com o discurso de Lísias, no diálogo de mesmo nome. Os atolados no sensível não avançam, afundam, erotizados, no caos das relações humanas. A Afrodite Urânia vence a barreira do sensível.

Postas estão as questões: o saber subtrai a matéria? O masculino avilta o feminino? A degradação do sensível não afasta Pausânias de considerações sobre a importância política das relações eróticas. Começa por Élida e Beócia, regiões que em sua opinião não se ergueram ao exercício da palavra. Aí a submissão do erômeno aos desejos do erasta é imposta. Esse procedimento fere a ética porque nega ao erômeno o privilégio da escolha. A tirania se degrada a excessos que tais. No outro extremo situam-se povos do Oriente, que proíbem o amor masculino que lhes poderia dar acesso à filosofia. Na classificação de Pausânias, Atenas é uma esperança. Nas três situações de Eros, duas de silêncio e uma discursiva, só a ateniense é livre. Atenas livra o erotismo do controle da lei e o inscreve na ordem do discurso, lugar do jogo, da persuasão, da investigação, da liberdade. A persuasão, procedida com arte, distancia o discurso dos imperativos da natureza. Reabilitado está Orfeu e o encanto de suas canções. A retórica persuasiva incorpora o engano. Cabe ao ouvinte assumir diante dela a atitude que lhe convém.

O interesse pelo objeto de Eros não humilha o outro como na ficção de Sade. No papel de erasta, o sujeito erótico possui função educativa. Em Atenas nada é impossível, nem

a inversão das relações de erômeno e de erasta. E se colocarmos a alternância erômeno e erasta no mesmo indivíduo? Todos somos carentes de alguma coisa e todos temos algo a dar. O Eros discursivo entra no domínio da razão. O Eros livre é o fundamento do Estado livre. Onde Eros é tiranicamente imposto, os homens não são livres. Em Atenas a reprodução não depende de determinações do Estado, proposta de Platão na *República*.

A teoria dos cavalos alados desenvolvida por Sócrates no diálogo *Fedro* apoia a teoria de Pausânias. Lá Sócrates argumenta que a psique é comparável a um carro puxado por uma parelha alada, conduzido por um cocheiro. Os corcéis das psiques divinas são puros, místicos são os cavalos dos outros seres. Difícil é conduzir o carro. A psique que nunca contemplou a verdade não poderá alcançar a forma humana. Pois a espécie humana, recolhendo com o raciocínio, partindo de muitas percepções, deve concorrer no que chamamos *eidos* (forma imutável) em direção a uma só.

A Idade Média reafirma e agrava o dualismo erótico de Pausânias. Da divisão resultam duas vertentes. A cultura do espírito leva ao lirismo provençal e ao amor etéreo: Dante, Petrarca, Camões, barroco, romantismo, simbolismo. O erotismo carnal vem de Petrônio e, passando por Bocaccio, Rabelais, Sade, chega a Júlio Ribeiro. A ruptura divide o homem.

Como nosso propósito é pensar a partir de Platão, ignorados os prejuízos exclusivistas dos pensadores gregos, poderíamos ver na Afrodite Urânia um momento referencial para redimir o próprio feminino para áreas diversas da reprodução da espécie e da transmissão de riquezas. Antes de tudo, a Afrodite Urânia é mulher e, como tal, oferece ao feminino, onde quer que ele se manifeste, possibilidades que até aqui lhe foram negadas. Acima da mulher mítica, produtora de riquezas e de linhagens, Pausânias propõe, na Afrodite Urânia, uma mulher a ser inventada. O discurso de Diotima, a sacerdotisa que contesta a série de discursos masculinos, afirma a

mulher como via de acesso ao saber. Na *República*, Platão ganha a mulher para atividades não domésticas (arte militar, exercícios físicos não utilários, o desenvolvimento do próprio corpo, não o corpo a serviço de algo).

Erixímaco

A previsão é subvertida pelo imprevisto. O soluço altera a ordem. O corpo interfere na sequência dos discursos. Erixímaco fala, enquanto Aristófanes se recupera.

No sistema de Pausânias, o absolutismo masculino exclui o feminino. A Afrodite Celeste recusa a Popular. O pandêmico degenera em pandemônio. Harmonia dos contrários não há. Atento às omissões, Erixímaco vai ao pandêmico que Pausânias desprezara. Outros temem a instabilidade política, Erixímaco preocupa-se com perturbações orgânicas.

Heráclito não lhe foi indiferente. O filósofo de Éfeso ensinou a pensar. Repensada, a filosofia é operativa. Erixímaco experimenta teses teoricamente estabelecidas em seu campo de operação. O princípio abstrato deve satisfazer a exigências concretas. A diferença está na fronteira do homem com o universo. O homem transgressivo distancia-se do universo regido por lei de ferro. No homem interfere a possibilidade da transgressão. Só o médico judicioso exerce sabiamente a arte de curar.

Eros é o princípio geral. Compete aos profissionais de cada área repensá-lo para seus interesses específicos. Sem essa providência, humilham-se a aplicadores de conhecimentos impensadamente transmitidos. Harmonizar é uma arte, comum à música e à medicina, à política. A música não perturba os sentimentos. Pelo contrário, harmoniza os contrários. Enquanto que Pausânias vê os homens sujeitos a forças irreconciliáveis da natureza, Erixímaco intervém. A medicina é uma poética. Inventivo, Erixímaco é poeta – poeta do corpo.

Platão pensa que o homem corruptível não é nada comparado ao homem ideal, não passa de sombra de sombras.

O médico distancia-se do filósofo. Este considera o corpo com preocupações metafísicas, aquele observa o corpo como corpo. Surgem daí duas atitudes: um rejeita o corpo, o outro cuida do corpo. O erotismo médico para no corpo. Erixímaco mostra cuidado com o corpo desde o princípio do diálogo: equilíbrio entre excesso e moderação. Ligado à prudência, ao cuidado, Eros não é cego.

A harmonia não é fatal. Ela pode ser quebrada. O médico pensa no poder-ser. O equilíbrio é instável. Margeamos a enfermidade, ameaçados por ela. Há corpos sadios e corpos enfermos. Cada grupo demanda cuidado próprio. Labutamos longe do homem ideal. Transgredimos por falta de cuidado. O corpo é o outro sob nossa responsabilidade. Não somos com o corpo nem no corpo, somos para o corpo, exposto à morte, anunciada em cada ato nosso. A relação com o corpo não é só discursiva como querem os sofistas, é também física. Papel do discurso é orientar a intervenção.

Aristófanes

Como entender num diálogo de Platão a presença de Aristófanes, tão severo com Sócrates na comédia *As nuvens*? Um rapaz dilapida os bens do pai com uma vida de excessos. O pai o envia a Sócrates para aprender como livrar-se dos credores. O malandro ao retornar procura convencer os cobradores de que eles não têm nada a receber e passa a golpear o pai. À perplexidade do homem a quem o discípulo de Sócrates deve a vida, o discípulo de Sócrates responde que não há o que estranhar se ele, o insolente, apenas devolve o que recebeu na infância. O Sócrates de *As nuvens* está muito distante do Sócrates platônico. Em outras comédias, entretanto, a convergência das ideias de Aristófanes e de Palão é sensível. Em *As cidadãs*, peça em que o comediógrafo sugere que a participação das mulheres em decisões públicas poderia melhorar significativamente a administração ateniense, Aristófanes defende uma ideia cara a Platão. No

Aristófanes do *Banquete*, ressoa a voz do poeta que padece as dores de uma unidade partida, o mundo helênico fendido pelo confronto armado de duas grandes potências, Esparta e Atenas. A fenda que debilita o corpo da Grécia poderia ser curada pela intervenção de Eros? É o que Aristófanes aventa em *Lisístrata*. Se as mulheres se unissem para recusar favores sexuais, guerreiros inflamados poderiam no desespero ser forçados a celebrar a paz. *Lisístrata* e o *Banquete* brotaram do solo em que floresciam questões centradas em Eros.

A condição humana está na mira do Aristófanes platônico desde as primeiras palavras de sua fala. O poeta cômico é confrontado pelo discurso de um médico preocupado com o justo equilíbrio do corpo. Aristófanes acentua conflitos criados pelo corpo a corpo na sociedade humana. Como ignorar a sexualidade no convívio de todos os dias? Visto que o sexo estabelece o diverso, Aristófanes procura fundamentá-lo em princípios que regem o universo. Sendo poeta, só consegue raciocinar por imagens. Filósofos deverão fornecer-lhe princípios teóricos que justifiquem as imagens. Ocorre-lhe o atomismo de Demócrito. Átomos originários, divididos e combinados depois, poderiam explicar rupturas, buscas, sofrimentos, arranjos e desarranjos. O erotismo, uma das faces do espanto, dá-se como perda: no erotismo cósmico o homem perde o mundo, no erotismo humano o homem perde-se a si mesmo. "Estou perdido." Sempre estamos. Parte de nós fica no outro. O seccionamento hesiódico, que explica a genealogia universal, não basta ao comediógrafo por deixar sem fundamento a homossexualidade, masculina ou feminina.

Aristófanes golpeia a pretensão de Pausânias: resguardar para o masculino um lugar nobre. Nas três categorias, ocupantes do mesmo espaço, a carência é igual. No discurso de Aristófanes, Eros, responsável pela coesão social em falas anteriores, preside a ferida, o sofrimento, golpe no heroísmo triunfal. Como satisfazer inquietações originárias? Para a atração masculina, havia, além das particulares, reuniões

como a de agora, desejos femininos de aproximação espelham-se na lírica de Safo, o heterossexualismo fundamenta as casas senhoriais.

O sofrimento humano deriva de uma ferida que nos marca desde o nascimento. Seccionar para enfraquecer. A ferida não se limita ao golpe originário. Feridos somos quando nosso companheiro se distrai, quando dorme, quando lê, quando o atraem assuntos que não nos tocam diretamente, quando admira rostos alheios. Na impossibilidade de refazer a unidade perdida, o convívio comemora a dor. Aproximem-se a perda do outro (parcial ou total, temporária ou definitiva) e a consciência da morte. Feridas multiplicam e perpetuam o luto. A fissura é tragicômica. Aristófanes leva a tragédia ao cotidiano, à existência ferida.

A pele com que Apolo reveste a ferida deixa as rugas e a cicatriz umbilical como sinais do corpo ferido. Na função de limite e revestimento, a pele seduz os que procuram riquezas escondidas. Apolo, o artífice da pele, é o deus dos enigmas. Mãos percorrem a pele na sede de explorar o indecifrável. A pele se excita aos dedos que a visitam em busca do que se perdeu. Tecidos, loções, perfumes denunciam a insuficiência do revestimento natural. A pele cobre os contornos de um símbolo, um pedaço de uma unidade rompida. Ainda que deifiquemos o que nos escapa, o corpo que buscamos se move no território da nossa investigação.

No corte, o erotismo se humaniza. Eros instala-se na fenda, o lugar da linguagem, impregna o exercício verbal. Os homens divergem, diferem. Diferentes são as cidades em que pessoas se agrupam, diferentes são as constituições. Função de Eros é aproximar divergentes. Eros não solicita a intervenção de médico. Eros é cura. Erotizado, o sexo, desatrelado da obrigação de reproduzir, passa a ter valor em si mesmo.

Nas imagens que povoam a mente levanta-se a sombra de uma unidade robusta, gigantesca, perdida. Como explicar o corte se não tivéssemos sido feridos por um poder que nos excede? Aristófanes imagina uma batalha em que

se engalfinharam homens e deuses. Se os gigantes de que descendemos tivessem vencido, seríamos deuses. Por nos imaginarmos descendentes de seres excepcionais imaginamos gigantesca a pessoa pela qual nos apaixonamos. Erótico é o culto que se rende a heróis no campo dos esportes, do teatro, da guerra, do cinema, do saber. A indumentária que caracteriza triunfadores fascina por esconder a fraqueza, a ferida. Homenagem não recebe Zeus apenas, a divindade sanguinária, também os gigantes vencidos são cultuados. Gigantes perpetuam nomes em todas as artes.

Quem fende só é pleno no imaginário dos fendidos. Zeus fere com a ferida que o feriu para evitar perdas maiores. Constata-se em muitos textos míticos o temor do pai dos homens e dos deuses de que rebelados venham a destroná-lo. A necessidade de culto manifesta fraqueza.

A força perdida reaparece quando homens se agrupam a dois ou em multidões. Abraçados ou acolhidos no arrebatamento da multidão, sentimo-nos gigantescos, plenos. A proibição de reuniões determinada por regimes autoritários corresponde a golpes que fendem gigantes. Eros preside a reunião. Se Hefesto unisse com elos inquebrantáveis pessoas que se querem, ninguém protestaria, argumenta Aristófanes, lembrado do episódio em que o deus ferreiro algema Afrodite e Ares como narrado por Homero na *Odisseia.* O resultado de uniões construídas para durarem muito é dúbio. Os parceiros unidos por laços inquebrantáveis perdem a liberdade. Sonhamos com uma plenitude que funde um com o outro. Se a possuíssemos, deixaríamos de ser o que somos. Sonhos de liberdade traem a fidelidade jurada. O matrimônio gera o adultério, argumenta Aristófanes. O olhar adúltero mostra que o mundo é maior do que a unidade que se quer exclusiva.

Ao contrário dos que procuram explicação em determinada cultura para a eleição do parceiro sexual, a teoria aristofânica das esferas fundamenta-a miticamente em leis universais. Determinadas por acidentes de origem, as escolhas não são apenas atos da vontade. As ideias, sendo simples

e fixas, não saberiam responder a perguntas originadas por complexidades terrenas. A atenção de Aristófanes, absorvida pelo observável, fornece-lhe dados que respondam a indagações sobre a origem.

Os amigos de Eros são felizes porque alcançam o que desejam. Não é a lei, não é a violência, não é a inteligência que abre o caminho àqueles que nos podem tornar felizes. Essa tarefa cabe a Eros. Obedece ao general que se aproxima do desejado, não conduzido por fins escusos, mas por Eros. Vida eroticamente feliz é privilégio de poucos. Só os cultores de Eros obtêm esse favor.

Agaton

Visto que para Agaton e os sofistas o como falar é tudo, o tragedista busca produzir um discurso pleno em oposição a fraturas temáticas ou discursivas nas falas precedentes. Agaton falou como poeta, a verdade que lhe exige Sócrates não estava em seus projetos. Dispensa a escada erguida pelo ironista para elevar-se ao saber seguro. Aqui, todos os níveis se fundem no visível, palpável, audível. Erótica é a voz em Hesíodo, erótico é o corpo em Homero, erótica é a fala de Ulisses. Ouvidos seduzidos pelo jogo de palavras, imagens, ritmos e sons não buscam a verdade fora do discurso. Por que não ficar com o simulacro? Se os ouvintes de Homero estivessem interessados na verdade verificada fora da epopeia, a Odisseia desapareceria. O discurso proferido, por ser pleno, não demanda subordinação à verdade externa. Pode-se condená-lo por isso? Se o fizermos, instrumentalizamos a poesia. Mas o discurso-paródia de Agaton estadeia os recursos retóricos que Platão condena: frases feitas, de parca criatividade ou de criatividade nula.

Estratégia de Agaton: trazer Eros das origens míticas ao presente. Nada se pode saber com segurança de coisas que escapam à experiência. Como poderiam os deuses ser tocados por Eros, quando violentos são seus atos? Se conduzidos

pela Necessidade, como argumenta Agaton, eram forças da natureza, excluídos da liberdade.

À Necessidade opõe-se Eros, força que atua em corpos jovens em benefício da vida. Quando o tragedista declara Eros poeta e protetor dos poetas, já não sabemos se está falando de Eros ou se enveredou para a construção de uma metáfora de si mesmo. Procurar uma entidade temporal ou espacialmente distante está longe das preocupações do homenageado da noite.

Agaton decide primeiro falar sobre a natureza de Eros e, em seguida, dos seus efeitos. Mas à medida que delineia os contornos, os efeitos estalam. Eros, épico no discurso de Fedro, ergue-se dramático aqui. O espetáculo teatral não narra o que aconteceu, mostra o que está acontecendo. Se nada acontece, se tudo já aconteceu, não há teatro. Suave é o Eros dramatizado, contra a ferocidade guerreira dos heróis homéricos. Sendo suave, ataca os sentidos: encanta, deslumbra, entorpece.

Do discurso de Erixímaco, Agaton lembra os cuidados médicos com o corpo. Com um corpo lida Agaton, corpo verbal. Ao toque mágico de Agaton, ruídos da natureza se harmonizam em sons no corpo do discurso. Agaton consagra-se ao padroeiro do teatro e guia das Musas, Apolo. Zeus, ao encarregar Apolo de aliviar a dor dos homens mutilados, confiou corpos feridos às mãos de um artista. Como Apolo preside todas as artes, medicina, agricultura, ginástica e poesia se alinham no mesmo plano.

Erótico é o discurso de Agaton. Move-se com a elegância de um corpo jovem e vivo. A brevidade da peça é solicitada pela beleza. Os efeitos retóricos são curtos, luminosos, contundentes. Não há argumentos a desenvolver. Não há temas sobre os quais se deva refletir. O brilho do corpo, o torneio das frases, o equilíbrio dos períodos estão na mira de Agaton. Pausânias quer que se entenda o que diz como improviso. Agaton evita que a obra produzida à vista de todos lhe fuja do controle. O Eros jovem é brincalhão, o Agaton erotizado brinca: com palavras, com imagens, com sons.

Os recursos respingados ao longo da fala (some/assume, Erros/Eros, Eros/Ares, padece/apetece, balança/temperança) concentram-se em catarata no final apoteótico que deslumbra o auditório e chega a imobilizar Sócrates. A eloquência do tragedista assombra o filósofo como a morte. Consideremos dois dos sentidos: a audição e a visão. Sócrates os conecta. Ouve Agaton e pensa estar sob o poder de Medusa (Górgona, Gorgo). Sócrates sofre o impacto do pavor e da beleza conjugados. A vitória de Perseu sobre Medusa não diminui o risco. A Górgona, depois de morta, revive em toda parte: no escudo de Palas Atena, nas armas de Agamênon, nas sombras do reino dos mortos, nos amuletos que protegem o peito de olhares maus. Incrustada de olhos arregalados na égide de Atena, a Górgona vigia também o caminho que leva ao saber. Eloquente no discurso, Gorgo imobiliza.

Sócrates

Sócrates comporta-se como alguém que prestou atenção a tudo e que não sabe nada. Consideremos dois dos sentidos: a audição e a visão. Platão faz a conexão de ambos. Ouve Agaton, e pensa estar sob o poder de Medusa. Aos ouvidos de Sócrates, pavor e beleza se conjugam no discurso de Agaton. Os poetas distinguem o que Platão une. Hesíodo, ao se referir ao canto das Musas, fala em *eraté ossa* (voz erótica). Atraente é também a voz das Sereias. Qual é a diferença entre a voz das Musas e a voz das Sereias? A voz das Musas encanta sem destruir. Que toda a arte seja mortífera é exagero de Sócrates, preocupado em manter aberto o caminho ao saber que na opinião dele se situava além do discurso. A arte permite que nos aproximemos reflexivamente de atos que assustam. Haja vista o incesto. Convivemos com ele na tragédia de Sófocles sem que a beleza dos versos nos destrua ou nos prive da capacidade de raciocinar. A obra de arte vem emoldurada. A tragédia tem hora de começar e terminar. No fim da tragédia, as máscaras caem. A luz que vem da arte

ilumina a vida. Mas a arte tem tempo e lugar para acontecer. Se o ator se confunde com a máscara, poderá ter o destino de Narciso à beira do lago, preso até no mundo dos mortos à beleza de sua imagem refletida nas águas do Estige. Platão combatia o narcisismo de atores e poetas.

Beleza é poder. Medusa, quando jovem e bela, chega a seduzir um deus, Posidon. A presença da jovem sedutora em território consagrado a Palas Atena afronta a deusa virgem. Enfurecida, a filha de Zeus transforma em serpentes os cabelos esvoaçantes da jovem, pretensamente mais belos do que os da deusa. O aspecto horripilante da Górgona Medusa é obra da Atena guerreira, enciumada, vingativa. Postada à entrada do mundo dos mortos, Medusa é um desafio. A vitória de Perseu é, no entanto, parcial. Decapitada, a Górgona vive no peito e no escudo de homens que amedrontam. Na Górgona, a morte assombra no rosto de uma mulher. Desde o conflito Gaia/Urano, o homem teme a mulher que o atrai. Vêm as imagens da mulher castradora, da vagina dentada. Sonhos de imortalidade levantam o herói contra as ameaças da morte. A Górgona vinga-se com a magia do olhar. Colocá-la no escudo é uma homenagem da deusa guerreira à adversária odiada. No escudo de Palas Atena, Górgona não vigia apenas o acesso à morte, mas também o acesso ao saber. Para Sócrates, morrer é um modo de progredir no desvelamento da verdade.

É com o não saber que Sócrates agride o saber de Agaton. As perguntas de Sócrates se movem no campo da gramática, território em que o sofista Agaton se sentia seguro. "Eros é de alguém (algo) ou de ninguém (nada)? "A pergunta reduz o tema em debate a uma questão de linguagem, mina os fundamentos do discurso laudatório de Agaton. A indecisão entre "de alguém" ou "de algo" e "de ninguém" (nada) é provocada pelos pronomes gregos em genitivo *tinós* e *oudenós*, que tanto podem referir-se a pessoas como a coisas. Adiante! Pai é pai de alguém? Eros deseja e quer o que já tem? Eros é eros do belo? Se a resposta a essas perguntas é

"sim", Eros não pode ser belo, nem poderoso, nem pleno, nem pode se atribuir a ele nenhuma das virtudes louvadas por Agaton. Logo, Eros é carente.

Diante do interrogatório cerrado de Sócrates, o saber do tragedista desaba. Declara, desapontado: "Temo, Sócrates, não saber nada do que então eu disse." Note-se a força do "então" (*tote*). O "então" abre um abismo entre o agora e o antes, recua a uma distância de anos o que ocorreu há alguns momentos. Debilitado, Agaton reconhece que contradizer a clarividência de Sócrates não é possível. A resposta de Sócrates é lapidar: "Meu caro Agaton, é a verdade que não podes contradizer; contradizer Sócrates não é difícil".

A introdução de Diotima é recurso teatral. Em lugar do conceito, personagem viva, visível. Na presença de Diotima, Sócrates está diante da mãe. Mãe não é ponto de chegada. Para que a geração do saber aconteça, a sacerdotisa aponta o que está além dela. O corpo feminino como lugar de passagem lembra as pitonisas de Éfeso, atravessadas e iluminadas por vapores que sobem da terra. Mas nos textos platônicos, a iluminação não vem de uma rocha fendida, desce do radiante mundo das ideias. Sócrates não profere discurso, interpreta discursos e oferece as interpretações a outros intérpretes. O corpo de Sócrates, como o da mulher, é lugar de passagem.

Sócrates não abona as considerações de Pausânias sobre o saber masculino. O perguntador degrada o masculino, atribuindo-se um oco corpo de uma mulher, passagem ao excedente. Sócrates equipara-se à mulher por ela não saber e saber que não sabe. Não estará ela assim mais próxima do saber do que os homens que julgam saber?

Não se diga que Platão subordine os diálogos a Sócrates. Sócrates, enquanto personagem, sofre as vicissitudes das criações literárias. De diálogo a diálogo, Sócrates muda. Sócrates não é um só, Sócrates é muitos. Enumeremos alguns: o Sócrates matemático, o Sócrates místico, o Sócrates irônico, o Sócrates cômico, o Sócrates lírico, o Sócrates político...

Onde está o Sócrates histórico? Perdeu-se atrás das muitas máscaras inventadas por Platão. Sócrates é feio à proporção dos discursos imperfeitos. A verdade não está em Sócrates nem em outro discurso singular. Para chegar à verdade é preciso passar por muitos Sócrates e por muitos discursos.

É verdade, Platão privilegia Sócrates no *Banquete* e em outros diálogos, embora se trate de um privilégio equívoco. Platão, o ironista, não se poupa nem a si mesmo. Ele não se limita a demolir o discurso de Agaton. Demolindo-o, estabelece-o como negado. Como poderíamos ter noção do discurso bem-sucedido, se não possuíssemos o discurso falido de Agaton? Conclusão: todos os discursos do *Banquete* permanecem de pé. Todos são limitados. Como atuar fora de limites, fora das sombras? Sem limites, como falar, como saber? Sócrates declara no princípio do diálogo que só sabe de Eros. Este saber termina em não saber. Não vai nisso contradição. O saber não é posse. O saber é não saber. Não saber de Eros é estar em busca de Eros, não saber do que estamos embebidos. Saber de Eros é viver Eros, é sentir Eros em si.

E a fala de Sócrates? No *Banquete* ela não existe. Sócrates disse que não proferiria discurso e não o fez. Em vez do discurso, a poesia reinventada, a sedutora fala de Diotima. Qual o privilégio de Sócrates? Nenhum. Colocado estrategicamente no fim do diálogo, ele silencia. Silencia por quê? Porque o que Sócrates gostaria de dizer não é dizível: a fala rigorosa (*episteme*). Sócrates, ao passar a palavra a Diotima, reconhece a própria ignorância. Ele é coerente, não sabe e o demonstrou. O saber não é numérico. Sócrates é um só e pobre. Abala um homem que domina multidões.

Como sair da caverna? O segredo está com Diotima. Mas Diotima, reveladora e limitada como os demais, é lembrança mítica atraída ao jogo da interlocução. O golpe é definitivo. Em lugar do discurso autoritário de um, a fala plural de muitos. Diotima: não belo não é feio, não saber não é

ignorância. Quem sai da perfeição não perece na dissolução cotidiana. Entre um e outro extremo, há um longo caminho a percorrer. Viver aquém das ideias não significa padecer o luto da perda sem rastro. Vivemos nas ideias, ainda que estejamos longe delas. Aos exilados da verdade, resta o opinar correto. Diotima faz de Eros um ser em que mortal e imortal se aproximam. Percebemos a perfeição nas palavras imperfeitas que a nomeiam. No dêmon os contrários agem unidos. Eros opera tanto no erômeno quanto no erasta. Hesíodo já tinha colocado *Ímeros*, o Desejo, ao lado de Eros. Eros faz-se agora Desejo, vontade de saber. Os desejosos de saber não labutam fora do saber. Como desejar o que não se conhece? Ignorar já é um modo de saber. Centelhas de saber fulguram até em broncos. Releia-se *Mênon*.

A conversa com Diotima repensa o mito, fundado no acordo estabelecido entre Sócrates e Agaton: o amor é intermediário. Este raciocínio já se encontra em Hesíodo: não há oposição essencial entre dia e noite. Tanto o dia quanto a noite reúnem em si, em graus diversos, o Éter (a claridade absoluta) e o Érebo (a escuridão absoluta). Passagem entre *sophia* e *amathia* é Eros.

Poros (Caminho) e Penia (Penúria) encontram-se no natalício de Afrodite e geram Eros, partícipe dos atributos de ambos, ensina Diotima. Os dois Érotes de Pausânias são reduzidos a um Eros só. Impensáveis são as duas Afrodites de Pausânias. Não haveria passagem de uma a outra. As duas são reunidas em uma só. O masculino e o feminino não se opõem por natureza, opõem-se em grau. Em homens que pensam, gera-se a verdade. Isso já estava no exercício da maiêutica. A sacerdotisa coloca-se em lugar do que pensa. Diotima é uma imagem de Sócrates. Em vez de lugares estanques, fluxos. Eros evoca fraqueza.

A embriaguez entra na ordem divina. Sem a embriaguez de Poros, este *dêmon* não teria nascido. Imprevistas são as circunstâncias de seu nascimento. Imprevisto arde o

dionisismo sempre. Se por deuses entendemos seres puros, Eros não está nessa categoria. Ele é um *dêmon,* um híbrido, um intermediário. *Dêmon* é o filósofo, *dêmon* é a linguagem. O homem *demônico* deseja saber. A estas paragens arriba uma questão suscitada no Crátilo: um instrumento imperfeito como a linguagem presta-se à investigação filosófica? Sendo demônica, por que não? Vive na linguagem o desejo de saber.

Eros é a ligação entre o mortal e o imortal. Alceste e Aquiles, no desejo de imortalidade, cometeram atos conduzidos por Eros. Imortais queremos ser na reprodução e no heroísmo. Estraçalhar Orfeu não foi justo. Ele desejou, como todos os poetas, a imortalidade. Em precariedade e anelos, Eros recupera a realidade inteira.

O que significa desejar o Belo? Não se busque satisfazer a carência de beleza de uma hora para outra. A eternidade talvez não baste como se lê na *Apologia.* Não nos aproximaremos do Belo com um passe de mágica. Aguarda os anelantes trabalho penoso, demorado. Entretanto, não temam os que buscam, inúteis esforços de Sísifo. A ascensão é recompensada por contínua revelação. Quem discorre terá que atravessar discursos. O discurso de Agaton iludiu os ouvintes com a generosa dádiva do fim. Como estamos longe do fim!

Diotima passa do belo inventado ao belo contemplado. Depois da crise das essências, é-nos difícil passar da invenção para a contemplação. Platão escreve páginas memoráveis sobre a invenção. Não somos obrigados a acompanhá-lo até a contemplação, difícil para Sócrates, difícil para Platão, difícil para todos. Experiência contemplativa poderemos ter quando por momentos nos recolhermos como Sócrates. Permaneçamos teóricos. Fiquemos atentos ao projeto de submeter a realidade inteira ao domínio do belo. Projeto tão antigo como o autor da *Ilíada.* A guerra, para Homero, tinha um único objetivo, reconquistar o belo, poeticamente concentrado em Helena.

Em discussão estão a memória e a memorização. Memoriza-se um texto. Mas como recuperar o que está além do texto? Algo para o qual não existe texto: acontecimentos passados ou essências nunca acontecidas? A rememoração é um trabalho. Com falhas. Não houvesse fendas, não haveria filosofia. O discurso nunca será pleno a despeito de Górgias. Por sua própria natureza, o discurso é esburacado. O narrador concatena sobre abismos. O que se perdeu? Poderá ser apenas um ruído, mas ruídos levam a corpos que os provocaram. A linguagem, ainda que precária, prevalece sobre o vazio. O esquecimento devora a palavra, arrisca a integridade discursiva.

Platão subordina todos os discursos ao mesmo projeto. Discurso que se fecha sobre si mesmo não existe. Todo discurso construído sobre outro discurso trilha o caminho ao excedente. Mas alcançar o que está além de todos os discursos não passa de projeto.

Alcibíades

Com Alcibíades intervém a embriaguez medicamente excluída. Na borracheira banida e invasora, esconde-se uma verdade que de outra forma não viria à tona. O raciocínio lógico tem limites. Alcibíades irrompe como pura força dionisíaca. Circula além do bem e do mal, antes e depois de Sócrates. Macula-se de sacrilégio, arruína Atenas, bandeia-se à Esparta. O narcisismo de Alcibíades enreda-o em seus próprios interesses.

Pausânias incriminara a sentimentalidade feminina, e aqui temos um homem em quem sentimentos masculinos e femininos se misturam. A emotividade e a embriaguez tiraram-lhe a capacidade de raciocinar. Alcibíades, irremediavelmente ébrio: de glória, de amor, de vinho. Onde procurar inteligência serena? Não em Alcibíades. A verdade está em Aristófanes. Somos feridos. Como feridos, sofremos. Padecemos de uma ferida incurável. Feridos erramos e buscamos. O saber não nos cura, escapa-nos como a água e os frutos de Tântalo.

Eros tem um fundamento obscuro que se confunde com a embriaguez. Os impulsos de Alcibíades podem ser orientados. Alcibíades pode equivocar-se como equivocados estavam os feridos pela dor aristofânica. Alcibíades representa a feminilidade reprimida, o erasta encantado pelo homem capaz de coisas excepcionais. A cada negativa a excepcionalidade de Sócrates se acentua. Platão recorre a Alcibídes para contestar a tendência de permanecer no mundo físico. Alcibíades é o ponto de passagem da física à metafísica. Em jogo está um modo de ser e de pensar.

Alcibíades pretende louvar Sócrates por imagens. Platão condenara as imagens por distanciarem da verdade. Alcibídades recorre a elas para surpreender a verdade. Na verdade, o *Banquete* é todo imagem. Sócrates é imagem. Como fugir de imagens? Enredamo-nos em imagens quando queremos fugir delas. Platão critica seu próprio sistema. Alcibíades elogia o homem erótico, Sócrates. Exaltar Sócrates é exaltar um dêmon. Dêmon é também Alcibíades, embora equivocado, um demiurgo, um artista, construtor de imagens divinas. Nessa imagem revela-se não só o objeto trabalhado pela arte, mas também o artista apaixonado.

Sócrates é incorruptível. O que impede Sócrates de ceder aos apelos de Alcibíades? O Belo. O que distingue Sócrates de outros? Sócrates supõe o Belo fora e além dos corpos, de todos os corpos, também do seu. O brilho nos corpos, físico ou intelectual, não é mais do que reflexo do Belo ausente. Sócrates sabe que Alcibíades se equivoca. Alcibíades não deseja Sócrates, mas o que julga escondido em Sócrates. Sócrates precisa convencê-lo de que o que ambos buscam está além de todos. Eros vem de um vazio e esbarra num vazio. O erasta busca no erômeno o que ele não tem, mas a isso, sem o erômeno, ele não teria acesso. Eros provoca a alucinação (o sonho acordado), mas leva para além do imediato. O vazio é um lugar de passagem, o buraco que os sofistas queriam obturar. Acobertado pelo escuro da noite, longe da vigilância, Sócrates não cede, ainda que assediado pelo belo Alcibíades.

O que impede Sócrates de ceder aos apelos de Alcibíades? O conhecimento do bem. Sócrates viu o bem, conhece o bem e o segue. Poderia ter praticado a injustiça e não o fez. Não coloca nada em Alcibíades, não inibe nada, orienta.

A noite ática invade a sala. As pessoas que pensam se retiram. A algazarra expulsa os últimos restos de discurso. Dioniso reina soberano sem promessa de ordem apolínea.

A CAVERNA:

SAIR OU PERMANECER?

Donaldo Schüler

Findo o *Banquete,* começa nosso banquete. Queremos o silêncio, e o silêncio quer que falemos.

No espaço privado Eros está ligado ao sexo, à reprodução, à preservação da vida, à transmissão da propriedade. No espaço público temos uma erótica dessexuada (sem conjunção física: nem masculina, nem feminina), erótica política. Rejeitem-se as ideias platônicas, ficam os discursos. Em lugar do discurso pleno, a sequência. O movimento erótico da travessia. O que quis a ironia socrática? Distinguir os discursos. Se saltarmos à modernidade de Roland Barthes, cairemos no extremo oposto, mistura de textos, a Babel sem ressentimento, a "Babel feliz". Não fugimos da contradição, vivemos na contradição. Barthes quis a reerotização do texto, mas não o retorno a Platão. O pensamento moderno (com a psicanálise) esbarra no útero materno ou na cadeia metonímica. O escritor é alguém que brinca com o corpo da mãe. Além do discurso já não está o mundo das ideias, mas o vazio de que procede Eros, a fenda de lábios descerrados. Erótico não é passar além, erótica é a fenda. O prazer vem de rupturas, de colisões. Erótica é a intermitência. No *striptease* da leitura interminável, sob cada véu, abre-se outro véu. O texto como o dos sofistas tem forma humana. Doxa se faz de paradoxos. O texto de prazer é utópico. O mundo da beleza seria o mundo da fruição. Mas a fruição surge sempre como um escândalo. O prazer é dizível, a fruição é indizível, interdita. Texto sem sombra é o texto ideológico, improdutivo, infecundo, estéril. Caraterizado está o discurso: lacunoso,

intermediário, carente, sem pai. Não se reduzirá toda narrativa ao conflito de Édipo? Narrar não será sempre procurar a origem? Na época em que as essências eram vivas, o prazer legítimo vinha do que ficava além do discurso. Desde Nietzsche, habituamo-nos a viver na caverna. Como sentir prazer na caverna, como fruir? Roland Barthes quer que tomemos "prazer" em três sentidos. O prazer fetichista desperta o leitor para a sonoridade, para a dança das palavras. O prazer metonímico arrebata para as revelações calculadas da narrativa. A terceira modalidade de prazer deriva para a fruição. Enquanto o prazer, nas duas primeiras versões, se acomoda, a fruição, atraindo o leitor ao desejo do próprio escritor, provoca o colapso do já produzido na promessa de produção infinita. O ponto utópico da fruição ativa a produtividade da escrita. A utopia desencadeia a sensação de perda. O além-homem renasce como produtor ferido empenhado num projeto sem fim. Texto algum é prazeroso em si mesmo. Prazer solitário não há. O prazer estala na relação. Homens de cultura costumam reverenciar o consagrado, aclamam o que leem. Leitura desconstrutiva pode levar a fruição a quaisquer textos. Prazer e fruição não se opõem, solicitam-se. A fruição é a meta, o prazer é o percurso. Fruição é fim desejado e adiado. A fruição resiste à análise, por não se deixar absorver em outra linguagem. A fruição ergue o erotismo a um ato revolucionário. Textos de fruição são os que rompem com a letargia da opinião consagradora. O conflito com a linguagem é provocado pela insatisfação com o patrimônio universal, com o disponível, com o consolidado. Fragmentação e fruição se unem na revolução literária. O prazer ataca a seriedade universitária, a festa sapa a disciplina científica.

Na lição de Joyce, a origem do livro é feminina. Ela escreve. A mulher [*Ishah*] *Ishcreve.* A mulher é a origem da escrita, a passagem do ser ao não ser, das coisas palpáveis ao sonho.

Lacan começa onde Platão termina, no Belo. Relendo Platão como psicanalista, esboça uma história do Belo: Platão o localizou no mundo das ideias, Aristóteles o baixou à esfera das estrelas fixas, o mundo contemporâneo o volatilizou no pó das galáxias. Demolido o Belo, Lacan inicia um novo Banquete, o da transferência. Sócrates não pretende saber nada além do amor, não diz quase nada, e este quase é o essencial. Em torno dele gira a cena. No princípio foi o amor, como desejo e como dádiva. No caminho do erômeno ao erasta, Lacan dá com a falta. O outro, objeto de amor, não é mais do que fantasma. A mão que se estende ao fruto, que demanda a flor, que se levanta a um deus, procura o Real, que impregna a realidade inteira sem confundir-se com ela. O que busca o analista? Busca o inconsciente e, no inconsciente, o conhece-te a ti mesmo, um não-saber fundamental. No fim da análise está a falta, a metáfora de uma falta. A realidade se desdobra entre essas duas faltas, situadas no princípio e no fim. A ação é acionada pela falta. Castração ou *Penisneid* são metáforas da falta. O falo é a falta, é o que me falta.

No trajeto do analista ao analisante e do analisante ao analista, a descoberta é a mesma, o Outro inconsciente, que é falta inconsciente porque da falta não há consciência. O amor não é coisa divina. Amar é dar o que não se tem. O erômeno nunca sabe o que tem. O amor se realiza no devir e não no que o amado supostamente tenha. Amor se faz transferência. Estamos entre fantasmas. Fantasma é o objeto com o qual desejamos satisfazer o amor. O objeto está para sempre perdido. Como o amor se perde no infinito, perdeu o caráter trágico.

Admitamos que o belo seja pó cósmico a nos envolver. Raciocinemos com Lacan: a mulher não existe, existe uma mulher, logo, o belo não existe, existe um belo, este que agora temos diante dos olhos. Não se procure o belo aqui ou ali, ele vive na relação. Se não há correspondência (*rapport*) sexual, como almejar correspondência estética? O que se busca excede inapelavelmente o que se tem. A volatili-

zação do belo provoca luto, palpável na pulsão de morte. Volatilizado o belo excedente, resta-nos a caverna em que nos movemos como sombras. Mas sem sol não haveria nem sombras. Por que não ver o infinito iluminar o instante que explode? Momentos de gozo pleno desfilam voláteis, volúveis, incomensuráveis. Por que persistir em vereda platônica com o olhar fixo no vazio em que o Belo foi para os ares? A discussão Lacan-Platão nos leva a redefinir o belo. Se não admitimos o belo como um corpo no mundo das ideias, podemos derramá-lo pelo perceptível. Eros foi concebido num dia de festa. O que é o belo? É embriaguez, é festa. Festiva e bela eleva-se em momentos privilegiados a vida. O belo não é um *ktema* objeto que se possa comprar ou vender. Belo é antes o exercício de uma *práxis,* a construção de si mesmo. Vencido o esforço de recuperar experiências passadas, podemos, quem sabe, entender o *santhoma* (traduzimos assim o *sinthome* lacaniano) como o que se enreda no inelutável projeto de si mesmo. Ao construir, o santhoma (santo+homo [homem]+sintoma+Tomás de Aquino) reconstrói até mesmo o que já viveu. O sintoma e o santhoma se unem e se opõem. O sintoma represa o que o santhoma liberta. Consiste nisso a epifania, a emergência do inesperado. O belo não é, ele se faz. Nasce da penúria e demanda o que não tem fronteiras, o Real. O belo é o inesperado, a esperança que irrompe até mesmo em lugares inesperados, numa conversa, no lixo. Belinda descobre a carta de que brota o *Finnegans Wake* num monturo. O belo não nasce do que a carta diz, mas do que ela não diz, nasce dos furos, da deterioração, da decomposição. Dédalo, o artista, o construtor do labirinto, inventa o inusitado, asas, para não morrer nas ruelas entre a arquitetura das paredes que ele mesmo inventou. O santhoma, o homem criador, provoca assim a epifania do que é, do que foi e do que será.

A arte migrou nos últimos anos da captação do momento que passa à expressão de elaborações oníricas. A arte já não imita a vida, é a vida que, na concepção de alguns,

imita a arte. A tendência já não é de produzir o eterno, mas de atuar na agonia do perecível. Sejam quais forem as opções, o belo baixou ao cotidiano. Belo é o nada que se dá, belo é o nada que o erômeno dá. Não o dá de si, mas se ele não fosse atravessado pelo luminoso pó das galáxias, como poderíamos ter acesso ao belo, como saberíamos que ele existe? Volatilizado o Belo, o que nos resta do *Banquete*? Resta-nos Eros, o *dêmon* que inflama partículas de pó galáctico, que alvoroça corações de homens *demônicos*, que nos eleva ao que não tem fim. Resta o corpo da mulher, prazeroso lugar de passagem, luminosa fonte de saber. Resta-nos o dom que não temos e que nos elegeu como lugar para se doar.

Sobre o tradutor

Donaldo Schüler nasceu em Videira, Santa Catarina, em 1932. É doutor em Letras, livre-docente pela Universidade Federal do Rio Grande do Sul e pela Pontifícia Universidade Católica do Rio Grande do Sul e professor titular emérito em língua e literatura grega da UFRGS. Realizou estágio de pós-doutorado na Universidade de São Paulo, concluído com a publicação do trabalho *Eros: dialética e retórica* (Edusp, 2001). Ministrou cursos em nível de graduação e de pós-graduação em vários países, como Estados Unidos, Canadá, Uruguai, Chile e Argentina, e lecionou no Curso de Pós-Graduação em Filosofia da PUCRS, além de atuar como conferencista e professor em várias instituições e universidades. Publicou diversos livros, entre os quais *Teoria do romance* (Ática, 1989), *Narciso Errante, Na conquista do Brasil* (Ateliê Editorial, 2001), *Heráclito e seu (dis)curso* (L&PM POCKET, 2000), *Origens do discurso democrático* (L&PM POCKET, 2002), *A construção da Ilíada* (L&PM, 2004) e, no gênero romance, *A mulher afortunada* (Movimento, 1982), *Faustino*, *Pedro de Malasartes* e *Império caboclo*. Realizou várias traduções, entre as quais a *Odisseia*, de Homero, *Antígona* e *Édipo em Colono*, de Sófocles, *Os sete contra Tebas*, de Ésquilo e *As fenícias*, de Eurípedes, todas publicadas na Coleção L&PM POCKET. Sua versão para o português do romance *Finnegans Wake*, de James Joyce (Atelier Editorial, 2003), recebeu o prêmio Jabuti, o prêmio de Melhor Tradução da Associação Paulista de Críticos Literários, o prêmio Açorianos e o prêmio Fato Literário, concedido pela RBS e pelo BANRISUL. Por *Finnício Riovém* (Lamparina, 2004), recebeu o Prêmio Açorianos na categoria literatura infantojuvenil.

Coleção **L&PM** POCKET (Lançamentos mais recentes)

1156.**Um punhado de centeio** – Agatha Christie
1157.**A interpretação dos sonhos (Mangá)** – Freud
1158.**Peanuts: Você não entende o sentido da vida** – Charles M. Schulz
1159.**A dinastia Rothschild** – Herbert R. Lottman
1160.**A Mansão Hollow** – Agatha Christie
1161.**Nas montanhas da loucura** – H.P. Lovecraft
1162(28).**Napoleão Bonaparte** – Pascale Fautrier
1163.**Um corpo na biblioteca** – Agatha Christie
1164.**Inovação** – Mark Dodgson e David Gann
1165.**O que toda mulher deve saber sobre os homens: a afetividade masculina** – Walter Riso
1166.**O amor está no ar** – Mauricio de Sousa
1167.**Testemunha de acusação & outras histórias** – Agatha Christie
1168.**Etiqueta de bolso** – Celia Ribeiro
1169.**Poesia reunida (volume 3)** – Affonso Romano de Sant'Anna
1170.**Emma** – Jane Austen
1171.**Que seja em segredo** – Ana Miranda
1172.**Garfield sem apetite** – Jim Davis
1173.**Garfield: Foi mal...** – Jim Davis
1174.**Os irmãos Karamázov (Mangá)** – Dostoiévski
1175.**O Pequeno Príncipe** – Antoine de Saint-Exupéry
1176.**Peanuts: Ninguém mais tem o espírito aventureiro** – Charles M. Schulz
1177.**Assim falou Zaratustra** – Nietzsche
1178.**Morte no Nilo** – Agatha Christie
1179.**Ê, soneca boa** – Mauricio de Sousa
1180.**Garfield a todo o vapor** – Jim Davis
1181.**Em busca do tempo perdido (Mangá)** – Proust
1182.**Cai o pano: o último caso de Poirot** – Agatha Christie
1183.**Livro para colorir e relaxar** – Livro 1
1184.**Para colorir sem parar**
1185.**Os elefantes não esquecem** – Agatha Christie
1186.**Teoria da relatividade** – Albert Einstein
1187.**Compêndio da psicanálise** – Freud
1188.**Visões de Gerard** – Jack Kerouac
1189.**Fim de verão** – Mohiro Kitoh
1190.**Procurando diversão** – Mauricio de Sousa
1191.**E não sobrou nenhum e outras peças** – Agatha Christie
1192.**Ansiedade** – Daniel Freeman & Jason Freeman
1193.**Garfield: pausa para o almoço** – Jim Davis
1194.**Contos do dia e da noite** – Guy de Maupassant
1195.**O melhor de Hagar 7** – Dik Browne
1196(29).**Lou Andreas-Salomé** – Dorian Astor
1197(30).**Pasolini** – René de Ceccatty
1198.**O caso do Hotel Bertram** – Agatha Christie
1199.**Crônicas de motel** – Sam Shepard
1200.**Pequena filosofia da paz interior** – Catherine Rambert
1201.**Os sertões** – Euclides da Cunha
1202.**Treze à mesa** – Agatha Christie
1203.**Bíblia** – John Riches
1204.**Anjos** – David Albert Jones
1205.**As tirinhas do Guri de Uruguaiana 1** – Jair Kobe
1206.**Entre aspas (vol.1)** – Fernando Eichenberg
1207.**Escrita** – Andrew Robinson
1208.**O spleen de Paris: pequenos poemas em prosa** – Charles Baudelaire
1209.**Satíricon** – Petrônio
1210.**O avarento** – Molière
1211.**Queimando na água, afogando-se na chama** – Bukowski
1212.**Miscelânea septuagenária: contos e poemas** – Bukowski
1213.**Que filosofar é aprender a morrer e outros ensaios** – Montaigne
1214.**Da amizade e outros ensaios** – Montaigne
1215.**O medo à espreita e outras histórias** – H.P. Lovecraft
1216.**A obra de arte na era de sua reprodutibilidade técnica** – Walter Benjamin
1217.**Sobre a liberdade** – John Stuart Mill
1218.**O segredo de Chimneys** – Agatha Christie
1219.**Morte na rua Hickory** – Agatha Christie
1220.**Ulisses (Mangá)** – James Joyce
1221.**Ateísmo** – Julian Baggini
1222.**Os melhores contos de Katherine Mansfield** – Katherine Mansfied
1223(31).**Martin Luther King** – Alain Foix
1224.**Millôr Definitivo: uma antologia de *A Bíblia do Caos*** – Millôr Fernandes
1225.**O Clube das Terças-Feiras e outras histórias** – Agatha Christie
1226.**Por que sou tão sábio** – Nietzsche
1227.**Sobre a mentira** – Platão
1228.**Sobre a leitura *seguido do* Depoimento de Céleste Albaret** – Proust
1229.**O homem do terno marrom** – Agatha Christie
1230(32).**Jimi Hendrix** – Franck Médioni
1231.**Amor e amizade e outras histórias** – Jane Austen
1232.**Lady Susan, Os Watson e Sanditon** – Jane Austen
1233.**Uma breve história da ciência** – William Bynum
1234.**Macunaíma: o herói sem nenhum caráter** – Mário de Andrade
1235.**A máquina do tempo** – H.G. Wells
1236.**O homem invisível** – H.G. Wells
1237.**Os 36 estratagemas: manual secreto da arte da guerra** – Anônimo
1238.**A mina de ouro e outras histórias** – Agatha Christie
1239.**Pic** – Jack Kerouac
1240.**O habitante da escuridão e outros contos** – H.P. Lovecraft
1241.**O chamado de Cthulhu e outros contos** – H.P. Lovecraft

1242.**O melhor de Meu reino por um cavalo!** – Edição de Ivan Pinheiro Machado
1243.**A guerra dos mundos** – H.G. Wells
1244.**O caso da criada perfeita e outras histórias** – Agatha Christie
1245.**Morte por afogamento e outras histórias** – Agatha Christie
1246.**Assassinato no Comitê Central** – Manuel Vázquez Montalbán
1247.**O papai é pop** – Marcos Piangers
1248.**O papai é pop 2** – Marcos Piangers
1249.**A mamãe é rock** – Ana Cardoso
1250.**Paris boêmia** – Dan Franck
1251.**Paris libertária** – Dan Franck
1252.**Paris ocupada** – Dan Franck
1253.**Uma anedota infame** – Dostoiévski
1254.**O último dia de um condenado** – Victor Hugo
1255.**Nem só de caviar vive o homem** – J.M. Simmel
1256.**Amanhã é outro dia** – J.M. Simmel
1257.**Mulherzinhas** – Louisa May Alcott
1258.**Reforma Protestante** – Peter Marshall
1259.**História econômica global** – Robert C. Allen
1260(33).**Che Guevara** – Alain Foix
1261.**Câncer** – Nicholas James
1262.**Akhenaton** – Agatha Christie
1263.**Aforismos para a sabedoria de vida** – Arthur Schopenhauer
1264.**Uma história do mundo** – David Coimbra
1265.**Ame e não sofra** – Walter Riso
1266.**Desapegue-se!** – Walter Riso
1267.**Os Sousa: Uma famíla do barulho** – Mauricio de Sousa
1268.**Nico Demo: O rei da travessura** – Mauricio de Sousa
1269.**Testemunha de acusação e outras peças** – Agatha Christie
1270(34).**Dostoiévski** – Virgil Tanase
1271.**O melhor de Hagar 8** – Dik Browne
1272.**O melhor de Hagar 9** – Dik Browne
1273.**O melhor de Hagar 10** – Dik e Chris Browne
1274.**Considerações sobre o governo representativo** – John Stuart Mill
1275.**O homem Moisés e a religião monoteísta** – Freud
1276.**Inibição, sintoma e medo** – Freud
1277.**Além do princípio de prazer** – Freud
1278.**O direito de dizer não!** – Walter Riso
1279.**A arte de ser flexível** – Walter Riso
1280.**Casados e descasados** – August Strindberg
1281.**Da Terra à Lua** – Júlio Verne
1282.**Minhas galerias e meus pintores** – Kahnweiler
1283.**A arte do romance** – Virginia Woolf
1284.**Teatro completo v. 1: As aves da noite** ***seguido de*** **O visitante** – Hilda Hilst
1285.**Teatro completo v. 2: O verdugo** ***seguido de*** **A morte do patriarca** – Hilda Hilst
1286.**Teatro completo v. 3: O rato no muro** ***seguido de*** **Auto da barca de Camiri** – Hilda Hilst
1287.**Teatro completo v. 4: A empresa** ***seguido de*** **O novo sistema** – Hilda Hilst
1289.**Fora de mim** – Martha Medeiros
1290.**Divã** – Martha Medeiros
1291.**Sobre a genealogia da moral: um escrito polêmico** – Nietzsche
1292.**A consciência de Zeno** – Italo Svevo
1293.**Células-tronco** – Jonathan Slack
1294.**O fim do ciúme e outros contos** – Proust
1295.**A jangada** – Júlio Verne
1296.**A ilha do dr. Moreau** – H.G. Wells
1297.**Ninho de fidalgos** – Ivan Turguêniev
1298.**Jane Eyre** – Charlotte Brontë
1299.**Sobre gatos** – Bukowski
1300.**Sobre o amor** – Bukowski
1301.**Escrever para não enlouquecer** – Bukowski
1302.**222 receitas** – J. A. Pinheiro Machado
1303.**Reinações de Narizinho** – Monteiro Lobato
1304.**O Saci** – Monteiro Lobato
1305.**Memórias da Emília** – Monteiro Lobato
1306.**O Picapau Amarelo** – Monteiro Lobato
1307.**A reforma da Natureza** – Monteiro Lobato
1308.**Fábulas** ***seguido de*** **Histórias diversas** – Monteiro Lobato
1309.**Aventuras de Hans Staden** – Monteiro Lobato
1310.**Peter Pan** – Monteiro Lobato
1311.**Dom Quixote das crianças** – Monteiro Lobato
1312.**O Minotauro** – Monteiro Lobato
1313.**Um quarto só seu** – Virginia Woolf
1314.**Sonetos** – Shakespeare
1315(35).**Thoreau** – Marie Berthoumieu e Laura El Makki
1316.**Teoria da arte** – Cynthia Freeland
1317.**A arte da prudência** – Baltasar Gracián
1318.**O louco** ***seguido de*** **Areia e espuma** – Khalil Gibran
1319.**O profeta** ***seguido de*** **O jardim do profeta** – Khalil Gibran
1320.**Jesus, o Filho do Homem** – Khalil Gibran
1321.**A luta** – Norman Mailer
1322.**Sobre o sofrimento do mundo e outros ensaios** – Schopenhauer
1323.**Epidemiologia** – Rodolfo Saracci
1324.**Japão moderno** – Christopher Goto-Jones
1325.**A arte da meditação** – Matthieu Ricard
1326.**O adversário secreto** – Agatha Christie
1327.**Pollyanna** – Eleanor H. Porter
1328.**Espelhos** – Eduardo Galeano
1329.**A Vênus das peles** – Sacher-Masoch
1330.**O 18 de brumário de Luís Bonaparte** – Karl Marx
1331.**Um jogo para os vivos** – Patricia Highsmith
1332.**A tristeza pode esperar** – J.J. Camargo
1333.**Vinte poemas de amor e uma canção desesperada** – Pablo Neruda
1334.**Judaísmo** – Norman Solomon
1335.**Esquizofrenia** – Christopher Frith & Eve Johnstone
1336.**Seis personagens em busca de um autor** – Luigi Pirandello
1337.**A Fazenda dos Animais** – George Orwell
1338.**1984** – George Orwell

IMPRESSÃO:

PALLOTTI
GRÁFICA

Santa Maria - RS | Fone: (55) 3220.4500
www.graficapallotti.com.br

Platão

(427 a.C.-347 a.C.)

Platão nasceu em Atenas por volta de 427 a.C., numa família aristocrática. Aos vinte anos, tornou-se discípulo de Sócrates (469-399 a.C.), sábio que vagava pela cidade incitando os jovens à reflexão. Depois da morte do mestre (executado por impiedade), viajou por cerca de doze anos, retornando a Atenas em 387 a.C., quando fundou sua escola, a Academia, à qual se dedicou até morrer, em 347 a.C., e onde formou, entre outros alunos, Aristóteles. Compôs mais de duas dezenas de diálogos, entre os quais se destacam *Protágoras*, *Górgias*, *Crátilo*, *Banquete*, *Fedro* e *República*. Sua obra é marcada pela contínua tentativa de definir ideias essenciais, como coragem, beleza e justiça, e pelo ataque sem trégua aos sofistas, professores itinerantes que, mediante gorda remuneração, ensinavam todo tipo de arte – principalmente a da persuasão (a Retórica), que se associava a um relativismo moral e era arma importante para o sucesso político na Grécia dos séculos V e IV a.C.

Livros do autor na Coleção **L&PM** POCKET

Apologia de Sócrates precedido de *Sobre a piedade (Êutifron)* e seguido de *Sobre o dever (Críton)*

O banquete

Sobre a inspiração poética (Íon) & Sobre a mentira (Hípias Menor)